文化傳承發展與中華民族現代文明

《文学遗产》编辑部 编

中国社会科学出版社

图书在版编目(CIP)数据

文化传承发展与中华民族现代文明/《文学遗产》编辑部编 .—北京：中国社会科学出版社，2024.5
ISBN 978-7-5227-3533-7

Ⅰ.①文…　Ⅱ.①文…　Ⅲ.①中华文化—研究　Ⅳ.①K203

中国国家版本馆 CIP 数据核字(2024)第 091551 号

出 版 人	赵剑英
责任编辑	宫京蕾
责任校对	王佳玉
责任印制	郝美娜

出　　版	中国社会科学出版社
社　　址	北京鼓楼西大街甲 158 号
邮　　编	100720
网　　址	http://www.csspw.cn
发 行 部	010-84083685
门 市 部	010-84029450
经　　销	新华书店及其他书店

印刷装订	北京君升印刷有限公司
版　　次	2024 年 5 月第 1 版
印　　次	2024 年 5 月第 1 次印刷
开　　本	710×1000　1/16
印　　张	15
插　　页	2
字　　数	260 千字
定　　价	88.00 元

凡购买中国社会科学出版社图书，如有质量问题请与本社营销中心联系调换
电话：010-84083683
版权所有　侵权必究

目　录

推动文化传承发展，建设中华民族现代文明（代序）　…刘跃进（ 1 ）

担负起新时代新的文化使命　建设中华民族现代文明

赓续历史文脉　谱写当代华章　………………………… 王　博（ 2 ）
让古典名著焕发现代光彩　……………………………… 莫砺锋（ 6 ）
建设中华民族现代文明的意义与路径　………………… 安德明（ 11 ）
中国早期两大主流治世理念的生成文化背景及政治
　　影响　………………………………………………… 郑杰文（ 18 ）
"第二个结合"与建设中华民族现代文明　…………… 吴　超（ 26 ）
中华文明的多维度解读　………………………………… 周　勇（ 33 ）
论人类文明新形态格局中的中华民族现代文明　……… 王　莹（ 41 ）
中华文明包容性与中非文明互鉴　……………………… 郭　佳（ 48 ）
"大一统"：中华文明的核心文化符号　………………… 朱　尖（ 56 ）

文化传承发展的跨学科思考

文化传承发展中的屈原文化及其当代价值　…………… 刘跃进（ 66 ）
"人的全面发展"与文学本质的深化认识　……………… 韩经太（ 79 ）
传统文化的继承和发展要坚持历史唯物主义　………… 张建刚（ 86 ）
中华传统文化的"两创"发展与"破圈"传播　……… 王　艳（ 94 ）
复变之道：中国文学发展的唯物辩证规律　…………… 赵德波（100）
民族文学视域中的中华文明突出特性　………………… 杨杰宏（107）
从"以人民为中心"看"第二个结合"　………………… 李广子（115）

从哲学和现代逻辑角度看文化传承发展 ………………… 刘新文（122）
踵事增华：民族文化研究的"双创" ………………… 宋小飞（128）
"天人合一"：传统生态智慧与中国生态文明建设 ……… 高国荣（135）

中华优秀传统文化与中国文学自主知识体系的建构

孔子资源与马克思主义文艺思想体系中国化建构 ……… 徐正英（144）
契合与共振：马克思主义与中国文学精神 ……………… 郭　杰（152）
"两个结合"：中国现代化所激发的文化自信与自觉 …… 关爱和（161）
文学批评的"中国式"话语构建与学术表达 …………… 傅道彬（168）
努力赓续和复兴中国传统文学的创造方式 ……………… 彭玉平（195）
从"自信"到"自主"：关于建构中国文论知识
　　体系的思考 ……………………………………… 罗剑波（216）

编后记 …………………………………………………………（223）

推动文化传承发展，建设中华民族现代文明（代序）

刘跃进

在文化传承发展座谈会上，习近平总书记站在党和国家事业发展全局的战略高度，强调要用中国道理总结好中国经验，把中国经验提升为中国理论，在新的历史起点上继续推动文化繁荣、建设文化强国、建设中华民族现代文明，真正实现精神上的独立自主。习近平总书记在讲话中对中华文化传承发展的一系列重大理论和现实问题作了全面系统深入的阐述，具有很强的政治性、思想性、战略性和指导性。这既是新时代党对领导文化建设经验的理论总结，更是指导学术研究工作的根本遵循。

为了更好地学习贯彻习近平总书记的讲话精神，《文学遗产》编辑部及时组织稿件，围绕着中国式的学术体系、话语体系、学科体系建设等相关问题开展深入研究，在担负起新时代新的文化使命、建设中华民族现代文明、文化传承发展的跨学科思考、中华优秀传统文化与马克思主义中国化、立足中华文化立场、深化中华文学研究等重大问题上，取得了高度的共识。

结合学习习近平总书记重要讲话精神，我谈几点体会，借此抛砖引玉。

一 思想解放拓宽文化发展空间

文化传承发展需要思想解放。我曾撰文指出，近代以来，民族危机、社会危机、文化危机、政治危机、经济危机无时不在，无处不在。严酷的社会现实激起了部分先进知识分子"救亡图存"的民族意识。在当时的思想界，无政府主义、个人主义、法国大革命思想、尼采的悲剧哲学以及俄国革命思想等此消彼长，你方唱罢我登场。面对积贫积弱的现实，中国最早一批睁开眼看世界的先行者，深刻地理解了弱肉强食的进化论法则，所以进化论成为当时思想界的主流。进化论思潮极大地推动了近代中国思想界的革命，其积极意义不可否认。但是，文化的发展并不是一个非此即彼、优胜劣汰的进化过程。进化论并不能为文化发展过程中遇到的所有复杂问题提供合理的解释。恪守进化论的观点，也不能从根本上解决中国文化发展的方向性问题。在理论探索过程中，以毛泽东同志为代表的中国共产党人创造性地开辟了马克思主义中国化的历史道路。

如何理解马克思主义与中华优秀传统文化的关系，是需要解决的理论问题。"五四"运动以来，对传统文化与马克思主义的关系存在一种认识误区，认为传统文化是农业文明的产物，在遇到工业文明产物的马克思主义之后，其历史糟粕便一览无余。因此，有人主张用西方文化（包括马克思主义）取代中国传统文化。但从人类历史的发展来看，工业文明并没有完全取代农业文明，而是对农业文明的继承性超越；文化的进化更不可能是一个非此即彼、优胜劣汰的过程，其中复杂的原因迄今仍是有待论证的重要课题。另外，马克思主义对历史传统向来主张辩证地批判继承，并没有直接地否定传统，更没有消解民族文化的倾向。如果把马克思主义理解为对传统文化的否定，主张以之替代传统文化，马克思主义的批判功能、反思功能就将消逝，这无疑背离了马克思主义的基本精神。

习近平总书记多次强调指出，马克思主义中国化的必由之路，就要同中华优秀传统文化相结合。在庆祝中国共产党成立100周年大会上的重要讲话中，习近平总书记强调"坚持把马克思主义基本原理同中国具体实际相结合、同中华优秀传统文化相结合"。不久，"两个结合"作为"开辟马克思主义中国化时代化新境界"的重要理论成果被写进党的二十大报告中，这是我们在探索中国特色社会主义道路中得出的规律性认识，是我们取得成功的最大法宝。这是又一次的思想解放，是中国共产党对马克思主义中国化时代化历史经验的深刻总结，是对中华文明发展规律的深刻把握，表明我们党对中国道路、理论、制度的认识达到了新高度，表明我们党的历史自信、文化自信达到了新高度，表明我们党在传承中华优秀传统文化中推进文化创新的自觉性达到了新高度。马克思主义与中华优秀传统文化相结合，让我们能够在更广阔的文化空间中，充分运用中华优秀传统文化的宝贵资源，探索面向未来的理论和制度创新。

二　五大特性彰显中华文明魅力

中国文化源远流长，中华文明博大精深。"求木之长者，必固其根本；欲流之远者，必浚其泉源。"① 只有全面深入了解中华文明的历史，才能更有效地推动中华优秀传统文化的创造性转化、创新性发展，更有力地推进中国特色社会主义文化建设，建设中华民族现代文明。习近平总书记2016年5月17日在哲学社会科学工作座谈会上的讲话指出："中华民族有着深厚的文化传统，形成了富有特色的思想体系，体现了中国人几千年来积累的知识智慧和理性思辨。这是我国的独特优势。"② 这一重要论断界定了中华文明的不可复制性，既是走向现代化的深厚根基，也是走向世界的必然路径。习近平总书记在2014年9月24日召开的国际儒学联合会第五届大会上指出，包括儒家思想在内的十五大类思想，蕴藏着解决当代人类面临难题的重要启示。2023年6月2日，在文化传承发展座谈会上的讲话中，习近平总书记又进一步从五个方面对中华民族现代文明的重要元素和突出特性作了精深概括。

第一是延续性。中华文明是世界上唯一一个经历漫长的历史岁月而从未中断的文明。不少学者指出，西方文明带有很强的断裂性特征，特别是近三百年来的西方近代文明，其与古典文明之间经历了长期的断裂。反观中国，文明的传承绵延不绝。在思想领域，"大一统"学说以"天地之常经，古今之通谊"的特性，成为维系中华民族的精神纽带和保持中华文明连续性的关键。在史学领域，考古学发现中华文明是以中原文化为中心不断发展的，继而形成满天星斗的局面。修史传统，尤其是自《史记》以下的正史文献，对于强化中华文化历史的统一性和传承性，具有重要意义。在文学领域，《诗经》和《楚辞》奠定了中国文学的经典传统，汉代以下两千年的中国文学，自觉绍续诗骚传统，弘扬风雅精神，发挥比兴艺

---

① 刘昫等：《旧唐书》卷一七，中华书局2002年版，第2551页。
② 习近平：《在哲学社会科学工作座谈会上的讲话》，人民出版社2016年版，第17页。

术，使文学的发展变化也有了内在的传承性和一致性。正是这样一种文明的延续，从根本上决定了中华民族必然走自己的路。如果不从源远流长的历史连续性来认识中国，就不可能理解古代中国，也不可能理解现代中国，更不可能理解未来中国。

第二是创新性。中华文明不是落后和保守的，《礼记》云："苟日新，日日新，又日新。"《周易》云："天行健，君子以自强不息。"类似这样的论述还可以举出很多，旨在强调中华文明积极进取、追求创新的品格。但是，中华文明的这种进取不会以损害全人类所生存的自然环境为代价，不能以人与人之间的相互残害或片面追求个人欲望为目的，而要在和谐融通中追求进取，在事态平衡中谋划创新。这就从根本上决定了中华民族守正不守旧、尊古不复古的进取精神，决定了中华民族不惧新挑战、勇于接受新事物的无畏品格。

第三是统一性。董仲舒曾在《春秋繁露》中推举《春秋公羊传》所提出的"进于中国则中国之"的夷夏观，不论哪个民族，只要接受了华夏礼乐文明，就当以华夏视之。这是以文化而非种族为标准来区分夷夏，深刻展现出了中华文明的内在统一性和包容性。周秦汉唐，中国封建社会真正实现了国家的统一、富强，奠定了中国大一统的基础，此后历朝历代，官方无不尊奉中华始祖。明代嘉靖年间在南京还修建了中华帝王庙，清代康、乾时期将帝王庙迁移到了北京。乾隆认为："天下者，天下人之天下也，非南北中外所得私。"他特别强调了"中华统绪，不绝如线"的历史事实。这是中华民族源远流长、历久弥新的根本所系。习近平总书记提出"构建人类命运共同体"等理论观念，多次强调"文明只有姹紫嫣红之别，但绝无高低优劣之分"，构建了以平等和尊重为前提的中华文明基本框架，这就从根本上决定了中华各民族文化融为一体、即使遭遇重大挫折也牢固凝聚，决定了国土不可分、国家不可乱、民族不可散、文明不可断的共同信念，决定了国家统一永远是中国核心利益的核心，决定了一个坚强统一的国家是各族人民的命运所系。

第四是包容性。中华文明的包容性以"江海下百川"的宽怀心态对待本国文明和外来文明，不仅要"和而不同"，还要"求同存异"，注意不同文明在对立统一中的相互吸收和补充，坚持美人之美、美美与共。正如习近平总书记所强调的那样："各种文明本没有冲突，只是要有欣赏所有文明之美的眼睛。我们既要让本国文明充满勃勃生机,又要为他国文明发展创造条件,让世界文明百花园群芳竞艳。"① 中华文明的包容性从根本上决定了中华民族交往、交流、交融的历史取向,决定了中国各宗教信仰多元并存的和谐格局,决定了中华文化对世界文明兼收并蓄的开放胸怀。

第五是和平性。习近平总书记2014年10月15日在文艺工作座谈会上的讲话又指出:"古往今来,中华民族之所以在世界有地位、有影响,不是靠穷兵黩武,不是靠对外扩张,而是靠中华文化的强大感召力和吸引力。"我们先人早就认识到"远人不服,则修文德以来之"的道理。《周易·象辞》:"刚柔交错,天文也;文明以止,人文也。观乎天文,以察时变;观乎人文,以化成天下。"在中华文化中,无论是天文,还是人文,都强调一个"文"字。文为本,化为用,以文化人,以文化天下,不断追求文化的交流互鉴,坚定维护文明的合作共赢,绝不会把自己的价值观念与政治体制强加于人,更不会搞对抗,搞"党同伐异"的小圈子。这从根本上决定了中国始终是世界和平的建设者、全球发展的贡献者、国际秩序的维护者。

三 "两个结合"是当代马克思主义的原创性贡献

"两个结合"是推进马克思主义中国化时代化的根本途径,是开辟和发展中国特色社会主义的必由之路。"第一个结合"是马克思主义基本原理同中国具体实际相结合,这是以毛泽东同志为核心的中国共产党人在新民主主义革命和社会主义建设中探索出来的一条推动中国革命走向胜利的法宝。在此基础上,习近平总书记立足新时代的特点,创造性地提出了"第二个结合",即把马克思主义基本原理同中华优秀传统文化相结合,这是习近平总书记对马克思主义中国化时代化做出的新的原创性贡献。

首先,马克思主义和中华优秀传统文化来源不同,但彼此存在高度的契合性。在马克思主义中国化的历史进程中,中国共产党成功地建立了新

---

① 习近平:《深化文明交流互鉴 共建亚洲命运共同体——在亚洲文明对话大会开幕式上的主旨演讲》,人民出版社2019年版,第6—7页。

生的社会主义政权，从新民主主义革命到社会主义革命再到社会主义建设，马克思主义的意识形态性在革命、建设、改革时期都得以充分发挥和表现。历史发展到今天，全面认识我们的国情，系统总结我们的制度，认真回顾我们的道路，我们发现，中华文化基因与中国化的马克思主义有着高度的契合，在中华民族现代文明建设中发挥着越来越重要的作用。

其次，要实现马克思主义的中国化，就必须遵循中国文化规律，将马克思主义的科学真理转化为中国本土化的内容，实现马克思主义中国化的创造性转化，才能实现创新性发展。延安时期，以毛泽东同志为代表的中国共产党人围绕着马克思主义与中华优秀传统文化的关系问题，作了系统的思考，提出了一系列主张。作为中华民族的文化血脉和文化基因，中华优秀传统文化历经数千年又历久弥新，潜移默化地影响着人们的思维方式和行为模式。1944年，毛主席在延安与美国记者斯诺谈话时再次强调："继承中国过去的思想和接受外来思想，并不意味着无条件地照搬，而必须根据具体条件加以采用，使之适合中国的实际。我们的态度是批判地接受我们自己的历史遗产和外国的思想。我们既反对盲目接受任何思想也反对盲目抵制任何思想。我们中国人必须用我们自己的头脑进行思考，并决定什么东西能在我们自己的土壤里生长起来。"[①] 无论是古代的遗产，还是外国的精华，最终都要经过我们自己的头脑思考、过滤，然后决定选取哪些有益东西播种在自己的土壤中。马克思主义在中国生根发芽，激活了传统文化的生命力。马克思主义和中华优秀传统文化的结合，其结果是相互成就，造就了一个有机统一的新的文化生命体，让马克思主义成为中国的，中华优秀传统文化成为现代的，让经由"结合"而形成的新文化成为中国式现代化的文化形态。

最后，"两个结合"筑牢了中华民族现代文明的道路根基，生成了"新的文化生命体"。从中国历史上看，每到重要转折时期，思想的抉择，文化的建设，往往能够决定一个民族的生存方式及其发展方向。汉、唐是中国历史上的盛世，而此前的秦、隋都是短命王朝，世祚不久。究其原因，其中一个重要因素是秦、隋在思想文化建设方面存在重大缺陷。汉、唐则充分吸取了历史经验教训，在建国后逐渐由武功转向文治，文武兼擅，内圣外王，经过百年努力，走向鼎盛。从当前世界范围看，资本主义

---

① 中共中央文献研究室编：《毛泽东文集》第3卷，人民出版社1996年版，第192页。

正在走向衰落，新的政治形态正在形成，这已成为历史发展的大势。政治形态的确立必将深深地根基于一个国家、一个民族的文化形态。中国式现代化赋予了中华文明以现代力量，中华文明赋予了中国式现代化以深厚底蕴。"两个结合"让中国特色社会主义道路有了更加宏阔深远的历史纵深，拓展了中国特色社会主义道路的文化根基。

四　中华民族现代文明必将照亮新的世纪

习近平总书记在文化传承发展座谈会上提出了"中华民族现代文明"的全新概念。以人类学视野观之，新历史起点上的文化传承创新的目标就是要构造中华民族现代文明。前现代社会，中华文明是人类世界文明中最为重要的形态。现代社会，基于五千多年文明史的中华民族现代文明也一定能够在多样文明中展示自身独特的魅力。对此，在《展望二十一世纪：汤因比与池田大作对话录》中，汤因比与池田大作两位学者形成高度共识：中国文明将照亮21世纪。相较于其他类型的文明，新时代中国彰显了尊重多样、平等协商、宽广包容等现代文明观。习近平总书记多次论述了人类文明的基本特征，认为文明的多样性、平等性和包容性是构建人类命运共同体、创造人类文明新形态的重要根基和前提。

文明的多样性，如同自然界物种的多样性，"物之不齐，物之情也"。正是这种多样性，构筑了我们这个星球的生命本源。没有多样性，就没有人类文明的繁荣。不同文明、制度、道路的多样性及交流互鉴可以为人类社会进步提供强大动力。中华文明历来强调"天人合一""老吾老以及人之老""天下大同"等具有中华民族特色的平等观，认为没有平等性就没有人类文明的交流和发展。"海纳百川，有容乃大。"我们应该尊重各国自主选择社会制度和发展道路的权利，消除疑虑和隔阂，把世界多样性和各国差异性转化为发展活力和动力。以文明交流超越文明隔阂，以文明互鉴超越文明冲突，以文明共存超越文明优越。没有包容性，就没有人类文明的进步。

总之，人类文明因为多样才需相互交流，人类文明因为平等才会相互尊重，人类文明因为包容才能共同进步。习近平总书记关于现代文明的论述，具有重要的现实意义，彰显了我们党对历史的自觉能动而坚固的执政理念。对于民族而言,这一主张给中华文明赋予了丰富的现代内涵,展现了中华文明源远流长、生生不息的生命活力。对于世界而言,这一主张为中华民族搭建了与世界对话的平台,为现代世界文明建设注入了新鲜活力。

五 不负重托勇毅担当新的文化使命

在建设中华民族现代文明的伟大征程上,哲学社会科学工作者承担着重要的使命和责任。2016年11月30日,习近平总书记在中国文联十大、中国作协九大开幕式上的讲话中指出:"中华文化延续着我们国家和民族的精神血脉,既需要薪火相传、代代守护,也需要与时俱进、推陈出新。要加强对中华优秀传统文化的挖掘和阐发,使中华民族最基本的文化基因与当代文化相适应、与现代社会相协调,把跨越时空、超越国界、富有永恒魅力、具有当代价值的文化精神弘扬起来,激活其内在的强大生命力,让中华文化同各国人民创造的多彩文化一道,为人类提供正确精神指引。"[1] 如何加强对中华优秀传统文化的挖掘和阐发,党的十九大报告指出了明确的方向:"以马克思主义为指导,坚守中华文化立场,立足当代中国现实,结合当今时代条件,发展面向现代化、面向世界、面向未来的,民族的科学的大众的社会主义文化。"党的二十大报告进一步指出:"中国共产党人深刻认识到,只有把马克思主义基本原理同中国具体实际相结合、同中华优秀传统文化相结合,坚持运用辩证唯物主义和历史唯物主义,才能正确回答时代和实践提出的重大问题,才能始终保持马克思主义的蓬勃生机和旺盛活力。""两个结合"开辟了马克思主义中国化时代化的新境界,是建设中华民族现代文明的根本保证。做好学术研究工作,也必须以此为指导。

首先,坚持学术研究的继承性和民族性,做好中华优秀传统文学经典的研究工作。中国文学的实践告诉我们,经典作家作品地位的确立来自历史的选择。这种选择,最为传统也最为有效的方式,就是选本与总集的编

---

[1] 习近平:《在中国文联十大、中国作协九大开幕式上的讲话》,人民出版社2016年版,第15—16页。

定。从孔子删定《诗》《书》、王逸编选《楚辞》、萧统辑录《文选》，到后世《乐府诗集》《唐宋八大家文钞》《古文观止》的出现，都是经典确定的最重要方式。经过大浪淘沙留存下来的经典作品，具有强大的引导力、感召力和塑造力，可以充分发挥其言微旨远的审美作用和明辨是非的教育作用，可以满足人民群众的精神文化需求，可以增加现代社会的精神文化财富，可以强化中华民族的精神文化自信。

其次，坚持学术研究的原创性与时代性，重点做好现当代文学，包括台港澳文学的研究工作。习近平总书记《在中国共产党第十九次全国代表大会上的报告》（2017年10月18日）指出："满足人民过上美好生活的新期待，必须提供丰富的精神食粮。"现当代优秀的文艺作品是中华民族现代文明的重要组成部分，积淀着丰富的人文内涵和道德情操，体现着民族精神的感染力和文学艺术的创造力，我们应当以宏通而又严谨的学术态度，编选一套《中国文学读本》，重点凸显20世纪以来的经典作品，为新时代文学的繁荣发展做出贡献。

最后，坚持学术研究的系统性与专业性，在此基础之上做好文化普及。新时代文学研究者，不仅要以专业态度系统研究文学经典，普及文学经典知识，还要努力把我们的普及著作打造成经典。如果没有深入系统的学术研究作基础，如果没有学术研究的专业性素质作保障，文学研究工作就会误入歧途，文学经典的推广与普及就会流于形式，甚至贻害无穷。

繁荣发展中国的哲学社会科学，要从我做起，从具体的科研实践做起，把高远的学术理想与脚踏实地的研究工作结合起来，坚守中华文化传统，立足当代社会现实，借鉴外国先进文化，既不能食古不化，也不能食洋不化；必须充分挖掘中国历史资源，把握当代社会脉搏，发展繁荣中国的哲学社会科学，创造当代中华文化的辉煌；必须热情地关怀人类，面向未来，全面展现中华优秀传统文化的特色、风格、气派，为中华民族伟大复兴提供强大的精神力量。"一切有理想、有抱负的哲学社会科学工作者都应该立时代之潮头、通古今之变化、发思想之先声，积极为党和人民述学立论。"[1] 我们要响应习近平总书记的号召，把论文写在祖国的大地上，积极为党和人民述学立论，不辜负时代的重托。

---

[1] 习近平：《在哲学社会科学工作座谈会上的讲话》，人民出版社2016年版，第8页。

担负起新时代新的文化使命 建设中华民族现代文明

赓续历史文脉　谱写当代华章

王　博

习近平总书记在文化传承发展座谈会上的重要讲话，以宏大的历史感和鲜明的时代感，提出在新时代建设中华民族现代文明的新的文化使命。"两个结合"特别是"第二个结合"为建设中华民族现代文明提供了根本遵循。习近平总书记在文化传承发展座谈会上的重要讲话，贯通过去、现在和未来，深刻而系统地阐述了中华文明的突出特性，阐述了"两个结合"尤其是"第二个结合"的重大意义。马克思主义和中华优秀传统文化既彼此契合，又互相成就，造就了一个有机统一的新的文化生命体。这个文化生命体确立并巩固了当代中华文化主体性，为中国道路提供了坚实的文化根基，也为理论和制度创新提供了新的文化资源。习近平总书记指出，"第二个结合"是又一次的思想解放。这次思想解放的核心是坚定的历史自觉和文化自觉，自觉地贯通五千多年中华文明和中国特色社会主义道路，自觉地立足中国本土文化资源开创中国式现代化新路，让中国式现代化成为传统和现代交融的现代化：一方面促进中华文明形态的现代更新，另一方面不断推动马克思主义中国化时代化，在这个基础上创造属于我们这个时代的新文化。

习近平总书记从五个方面刻画了中华文明的突出特性，即连续性、创新性、统一性、包容性、和平性。其中，连续性和创新性一起构成了中华文明守正创新的文化气质，统一性和包容性则共同呈现了中华文明多元一体的文化格局，和平性表达的是中华文明尊道贵德的文化价值。

一是守正创新的文化气质。作为世界上唯一没有中断的文明体，连续性是中外学者共同承认的中华文化的基本特征。"今天生活在这片土地上的人就是那创造古老文明的先民之后裔，在这片土地上是同一种文明按照自身的逻辑演进、发展,并一直延续下来。"① 造成这种连续性的原因有很多,如东亚大陆宽阔而独立的地理环境、相对稳定的生产生活方式和社会结构、众多的人口和大规模的文明体、大一统的政治形态等,但不容忽视的是守正创新的文化气质。习近平总书记指出"连续不是停滞,更不是僵化",而是守正和创新的辩证统一。创新性构成了连续性的基础。守正的核心是中华文化主体性的自觉传承,创新的实质是在守正前提之下对时代问题的回应,从而不断巩固和丰富中华文化主体性。中华文化主体性在三代已经初步确立,周初跃动的人文精神和三代一贯的礼乐文明就是最好的证明。孔子对于三代的理解,是"殷因于夏礼,所损益,可知也;周因于殷礼,所损益,可知也"②,虽然有损益,但其根本的精神和制度却是一致的,这在考古发现和文献记载中都可以得到证明。孔子对于古代文化的态度是"述而不作,信而好古"③,所以祖述尧舜、宪章文武、尊崇周公,"游文于六经之中,留意于仁义之际"④,表现出明确的历史自觉和文化自觉。其影响所及,汉儒董仲舒"奉天而法古",宋代儒家追法三代,确立并弘扬道统,维护的都是这种文化主体性。守正并不是一成不变,恰恰相反,只有通过不断地创新,文化之正才能得到延续和光大。孔子、董仲舒、朱熹都是采取"旧瓶装新酒"的方式,寓作于述。每当历史的转折关头,中华文化总是表现出巨大的调适能力和创新力量。周秦之变,从封建到郡县,大一统的趋势不可逆转,以董仲舒为代表的汉儒顺应这一趋势,借助于春秋战国百家争鸣的思想成就,以儒家为主,吸收融汇道家、法家、墨家、阴阳家和名家等的知识资源,构建起一个囊括宇宙、政治、社会、人生的庞大体系,奠定了大一统国家的文化基础。唐宋之变,从外向到内敛,文化的主体性和民族的凝聚力面临挑战。以朱熹为代表的宋儒面对时代提出的问题,上追孔孟,下辟佛老,以理为中心重构儒家的思想体系和经典体系,重新确立了儒家的正统地位,中华文化的发展进入一个新的阶段。清末民初之际,中华民族遭遇前所未有的挑战,中华

---

① 袁行霈、严文明、张传玺、楼宇烈主编:《中华文明史》第1卷,北京大学出版社2006年版,第4页。
② 朱熹:《论语集注》卷一《为政》,《四书章句集注》,中华书局1983年版,第59页。
③ 朱熹:《论语集注》卷四《述而》,《四书章句集注》,第93页。
④ 班固撰,颜师古注:《汉书》卷三〇《艺文志》第6册,中华书局1962年版,第1728页。

文明面临存亡绝续的考验,历经洋务派、维新派和革命派的失败后,中国共产党人找到了马克思主义和社会主义,经由把马克思主义基本原理同中国具体实际、同中华优秀传统文化相结合,不断实现马克思主义中国化时代化的飞跃,不断推动中华优秀传统文化的创造性转化和创新性发展。守正创新,正是中华文化生生不息、连绵不绝的不二法门。

二是多元一体的文化格局。多元一体是中华民族在历史实践中不断塑造形成的文化格局。从考古学上来看,早在新石器时代,我们的先民就在黄河、长江、辽河等流域创造了丰富多彩的文明,河姆渡文化、仰韶文化、大汶口文化、红山文化、良渚文化、龙山文化等如满天星斗般散布在中华大地上,经过长期的文化交流融合,逐渐形成了以中原为中心、四通八达、血脉贯通的文化体系。不同地域的文化既呈现出差异性,又具有明显的相互影响痕迹。夏商周三代统一政治中心的出现,极大促进了不同族群的融合以及经济和文化的一体化。秦始皇统一度量衡、车同轨、书同文、行同伦,政治上的统一促进了文化上的一体。以《史记》为代表,大一统的历史观得到确立,各族群源出于一、纵横叠加,虽有华夷之分,但四海同源之说为天下一统提供了知识支撑,也为各民族大融合提供了知识支撑。这造就了中华文明追求统一性的文化基因。但统一性不是单一性、同质性,中华文明始终以博大的胸襟,在开放交流之中接受、吸收并消化各种外来文化。南北朝的对峙、唐宋之间的割据、元朝和清朝的建立,少数民族逐鹿中原甚至建立政权,都为中华文化增添了新的元素,与作为主体的汉族一起丰富了中华民族的文化世界,奠定了中华民族共同体的文化基础。佛教的输入、西学的引进,与居于主流地位的本土文化相互激荡,共同塑造了中华民族的精神世界。中华民族立足于文化主体性,以开放、包容的心态吸收借鉴多元文化因素,始终以多元滋养一体,以一体凝聚多元,极大促进了中华民族共同体意识的形成,也推动了中华文明的兴盛和繁荣。

三是尊道贵德的文化价值。价值是文化的根本,无论是文化的确立还是进步,都离不开价值观的支撑。周人总结三代文化,提炼出尊天法祖、敬德保民的古典价值,在此基础上建立礼乐秩序,开辟出"郁郁乎文哉"的文化世界。伴随着哲学时代的开启,从战国百家争鸣到明清尊崇理学,中华民族的价值世界日益丰富,发展出仁爱、民本、诚信、正义、和合、大同、天人合一、道法自然等价值观。这些价值观集中体现在道和德两种观念之中。道奠定了最基本的价值原则和方向，德是以道来塑造生命和社会。以儒家为例，仁义是道的核心，是爱和敬、情和理、刚和柔、亲亲和尊贤、天道和人道的统一，以此修身、齐家、治国、平天下，便是明明德，便是亲民，便是止于至善。儒家讲仁爱，从亲亲开始，亲亲而仁民，仁民而爱物。推至极处，则是宋明时代儒者常常说的以天地万物为一体的境界。《礼记·礼运》："大道之行也，天下为公。选贤与能，讲信修睦，故人不独亲其亲，不独子其子，使老有所终，壮有所用，幼有所长，矜寡孤独废疾者皆有所养。男有分，女有归。货恶其弃于地也，不必藏于己；力恶其不出于身也，不必为己。是故谋闭而不兴，盗窃乱贼而不作，故外户而不闭，是谓大同"①，就是这种价值理想的具体表达。尊道贵德的价值理想，造就了中华文化尚德不尚力的和平品格，成就了中华民族刚健中正、厚德载物的文化生命。

我们不是在一张白纸上建设中华民族现代文明，而是传承发展五千多年的中华文明，贯通旧邦和新命，在历史积淀中开创未来，也是当代中国人的使命和责任。了解历史、尊重历史并不是回到过去，"对历史最好的继承，就是创造新的历史；对人类文明最大的礼敬，就是创造人类文明新形态"②，新时代的学人应该秉持"守正不守旧，尊古不复古"③的态度，赓续历史文脉，谱写当代华章。

---

① 郑玄注，孔颖达疏：《礼记正义》卷二一《礼运》，阮元校刻《十三经注疏》第 3 册，中华书局 2009 年版，第 3062 页。
② 习近平：《在文化传承发展座谈会上的讲话》，《求是》2023 年第 17 期。
③ 习近平：《在文化传承发展座谈会上的讲话》，《求是》2023 年第 17 期。

让古典名著焕发现代光彩

莫砺锋

在 2023 年 6 月 2 日的文化传承发展座谈会上，我以《普及古典名著，弘扬传统文化》为题作了发言，主要内容有以下三点：第一，观念文化是中华优秀传统文化体系中最核心的深层结构，它能为我们实现民族复兴提供积极的思想资源；第二，观念文化的载体是世代相传的中文典籍，只有对历代经典进行研究、阐释和弘扬，才能深刻领会其中所蕴含的思想精华；第三，经典著作流传至今的主要价值是供大众阅读、学习，从而获得精神滋养。学术界的重要任务是精选价值最高的经典优先介绍给社会大众，并对它们进行准确可靠的注释及生动灵活的解说，从而让古典名著脱离学术象牙塔的束缚走进千家万户。其后我聆听了习近平总书记的重要讲话，在这方面又有了进一步的认识。习近平总书记指出："在五千多年中华文明深厚基础上开辟和发展中国特色社会主义，把马克思主义基本原理同中国具体实际、同中华优秀传统文化相结合是必由之路。"他还指出："'第二个结合'是又一次的思想解放，让我们能够在更广阔的文化空间中，充分运用中华优秀传统文化的宝贵资源，探索面向未来的理论和制度创新。"[①] 我认为，"第二个结合"不仅是党史上的理论创新，也是中国近代史上前所未有的理论创新。"五四"以来，中华传统文化曾受到很多误解甚至批判，我们曾误以为那是植根于农耕文明的文化形态，是属于过去的，是保守、落后的。习近平总书记深刻地指出，其实中华传统文化一向具有创新性的基本特征，它与马克思主义的基本原理有许多相同或相近的精神内核，不但彼此契合，而且互相成就，这就成功地解决了长久困惑我们的理论难题，我们可以理直气壮地弘扬中华优秀传统文化，让中国式现

---

① 习近平：《在文化传承发展座谈会上的讲话》，《求是》2023 年第 17 期。

代化赋予中华文明以现代力量，也让中华文明赋予中国式现代化以深厚底蕴，从而完成中华民族伟大复兴的时代使命。我学习习近平总书记的讲话后有两点主要心得：首先，既然"第二个结合"的一方是以思想形态呈现的马克思主义基本原理，那么作为另一方的中华优秀传统文化的宝贵资源应该不是指物质文化，而是观念文化。其次，"第一个结合"已经被中国共产党及其领导的全中国人民的革命实践证明是正确的，"第二个结合"则指出了全党全国人民继续奋斗的方向。"第一个结合"之所以取得辉煌成就，根本原因在于它团结了千百万中国人民共同参加一项伟大的事业，它为中国人民指明了奋勇前进的正确方向，从而激发出一往无前的奋斗精神，万众一心所爆发出来的精神力量是战无不胜的。这就启示我们，"第二个结合"也应该是千百万中国人民共同参加的伟大事业。所以，习近平总书记的讲话既为从事中国古代文学研究的学术界注入了新的动力，也为我们指明了继续前进的方向。

中华传统文化博大精深，它既有物质文化、制度文化，也有精神文化，或称观念文化。观念文化既是整个中华文化体系的核心价值，也是中华文化生生不息、世代长存的基因密码。动植物的生命奥秘在于一代一代地复制基因，文化的生命就在于某些基本精神的代代相传。一种观念也好，一种习俗也好，一定要维系相当长的历史时段，才称得上是文化，那些稍纵即逝的观念或习俗是称不上文化的。所以，习近平总书记指出，中华优秀传统文化的五大突出特性中，第一点就是连续性。孔子和朱熹是为文化传承做出巨大贡献的古代学者，他们用毕生的精力增强了中华文化的连续性。孔子是中国传统文化整体上的祖师，朱熹甚至说"天不生仲尼，万古长如夜"[1]，但孔子自己的志向却是传承前代文化。他声称"述而不作，信而好古"[2]，以韦编三绝的精神从事古代典籍的整理研究，所谓"自卫反鲁，然后乐正，《雅》《颂》各得其所"[3]，对《诗经》进行整理，使之条理清晰、便于诵读。朱熹也是如此，他对儒学的最大贡献就是注解简明、讲解清晰的《四书章句集注》。在文学方面，朱熹尽管博学多才，在古文与诗歌写作上完全有能力自成一家，但他把古代典籍的整理与研究

---

[1] 黎靖德编，王星贤点校：《朱子语类》卷九三《孔孟周程张子》，中华书局1986年版，第2350页。
[2] 朱熹：《论语集注》卷四《述而》，《四书章句集注》，中华书局1983年版，第93页。
[3] 朱熹：《论语集注》卷五《子罕》，《四书章句集注》，中华书局1983年版，第113页。

看成自己的天职，耗尽心血编撰《楚辞集注》与《诗集传》，直到临终前的三天还在"修《楚辞》一段"。《楚辞集注》与《诗集传》成为后人读骚、读《诗》的重要注本，这是朱熹对经典传承的伟大贡献。

中国古代文学在中华传统文化中无疑属于观念文化，而且是其中最重要的一类观念文化。中国古代文学不但在艺术上登峰造极，而且蕴含着丰富的人文精神和社会价值。它不但是中华传统文化中最为耀眼的精华部分，也是最为鲜活生动、元气淋漓的核心内容，而且广泛、深刻地影响着中华文化的其他组成部分。中国古代文学直观地反映着中华民族的民族品格，生动地表述着中华民族的社会理想和人生态度，忠实地记录着中华民族的喜怒哀乐。古代文学的审美价值和认识功能历久弥新，它是沟通现代人与传统文化的最便捷的桥梁，也是其他文化背景的人们了解中华文化的最佳窗口。中国古代的文学经典无不身兼优美的文学作品与深刻的人生指南的双重身份，在陶冶情操、培育人格等方面有着不可或缺的巨大作用。在建设现代中华文明的伟大事业中，中国古代文学无疑应该而且能够发挥重大的作用。但是由于古代文学的典籍浩如烟海，多数作品又比较高雅、深奥，它在当代社会的普及和传播都存在一些困难。而我们从事古代文学研究的学者又往往把活动局限在大学或研究机构里，其研究成果仅见于学术刊物或学术专著，与一般的民众基本绝缘。其实从根本的意义上来说，古代文学中的经典作品流传至今的意义并不是专供学者研究，它更应该是供大众阅读欣赏，从而获得精神滋养。严肃深奥的学术论著只会在学术圈内产生影响，生动灵活的注释与讲解却能将古典名篇引入千家万户。从深入研究到准确阐释，再到广泛弘扬，这是从事古代文学研究的学者义不容辞的庄严责任。由于受到现行学术评价体系的影响，许多学者虽然是在研究古代文学，心中却时时想着如何"创新"。不管是发表论文，还是申请项目，要是缺少"创新点"，就会无疾而终。久而久之，追求"创新"似乎成为学术界的价值导向。学术研究当然不能陈陈相因，但是对于从事古代文学研究的学者来说，更应强调的是保持对传统的敬畏和传承。在当前的新形势下，我们尤其应该以习近平总书记的重要讲话精神为指引，在普及古典名著、弘扬传统文化上做出应有的贡献。

普及古典名著是一个系统工程，需要整个学术界的共同努力。我认为，应在三个层面上展开工作：一是对中国古代文学的文化精神与教化功能进行深入的学理探讨，全方位地准确理解古代文学的真正价值和核心精神，以证明它在建设现代中华文明过程中应该发挥的作用。二是对历代文学经典进行全面细致的整理，以及准确深刻地阐释和解说，以便于现代读者阅读和理解。三是将学术研究成果融入各类学校的教学活动，提高当代学生阅读中华文学经典的能力和自觉性，并通过普及读物、公众讲座等方式向全社会进行普及。

我们南京大学的"两古"学科，即中国古代文学与古典文献学这两个学科的全体同人，近年来在普及工作上取得了一些成绩，主要内容如下：第一，我们集体承担了教育部重大攻关项目"中国古代文学艺术与现代中国社会研究"，其最终成果是题为《千年凤凰浴火重生》的一部学术著作。由于我是该项目的首席专家，故由我领衔署名，全书的主要内容是从学理上论证中国古代文学艺术在古代社会文明形成过程中曾经起过巨大的作用；论证中国古代文学艺术对于加强中华民族的认同感和凝聚力具有非凡的影响；论证中国古代文学艺术曾经对周边国家产生过巨大、深远的影响，曾是古代中国强大"软实力"的重要组成部分；论证中国传统文化具有海纳百川的宽广胸怀，中国古代文学艺术既善于汲取多民族文化的优点又坚持自身传统；论证中华传统文化具有自我更新的强大生命力，中国古代文学艺术能在形式上发展演变以适应新的时代。该书的主要价值在于，它将中国古代文学艺术作为一个整体来思考、研究，并从中归纳总结出可供现代中华文明建设运用的精神资源。第二，我们承担了大型断代文学总集的整理、编纂工作，《全唐五代诗》《全清词》这两部卷帙浩繁的巨著即将完成。此外，我们还推出一批关于文学经典的选注、讲解、鉴赏等方面的读物，如程千帆的《古诗今选》《读宋诗随笔》《唐诗课》《程千帆古诗讲录》，周勋初的《文心雕龙解析》《唐人轶事汇编》《宋人轶事汇编》，卞孝萱的《刘禹锡集》《十朝诗乘》，莫砺锋的《杜甫诗选》《宋诗鉴赏》《莫砺锋讲唐诗课》《莫砺锋讲宋诗课》《莫砺锋讲杜甫诗》，程章灿的《唐诗入门》《南北朝诗选》，武秀成的《嵇康诗文选译》，严杰的《白居易集》，苗怀明的《风起红楼》等。第三，我们针对中学生编写了《国学文选》，由我与徐兴无主编，南大"两古"学科的二十多位同人参加撰写，全书从历代有关传统观念文化的原典中精选192篇古文，按内容分成12个单元，每个单元都有导言，每篇文章都有注释与评析，以供中学生与一般的国学爱好者阅读。我们还规划了一些面向社会大众的古代文学系列讲座。许结曾为上海电视台做"文化中国"系列讲座，内容包括"大文豪司马相如"8集、"中国古代五大爱情故事"5集，均已播出。张伯伟曾为香港城市大学做"中国文化讲座系列"，内容包括"域外汉籍研究序说""从周边文献拟测唐代的诗学畅销书""从朝鲜、日本文献看18世纪的东亚汉文学世界"等，都得到听众的高度肯定。我本人曾为中央电视台《百家讲坛》栏目做"诗歌唐朝"系列讲座，播出后结集为《莫砺锋说唐诗》；又为《百家讲坛》栏目做"白居易"系列讲座，播出后结集为《莫砺锋评说白居易》。2023年5月，我在眉山三苏祠所做的"风雨人生中的人格典范"，以及在成都杜甫草堂博物馆所做的"杜甫与传统文化"两场讲座，线下线上的听众人数均多达200万。我们认为，这些面向大众的古代文学讲座，对于宣传古典名著、引导公众阅读名著有一定的推动作用。

总之，我们曾经自发地做过一些普及经典名著的工作，现在学习了习近平总书记的重要讲话，对做好普及工作有了更加明确的自觉性和强烈的积极性。我们决心为普及古典名著、弘扬传统文化做出力所能及的贡献。

建设中华民族现代文明的意义与路径

安德明

党的十八大以来，习近平总书记在一系列讲话中，把中华优秀传统文化定位为巩固和发展中国特色社会主义的根基，为新时代坚定民族文化自信、赓续民族血脉、坚持中国道路发挥了重要指导作用。2023年6月2日，习近平总书记出席文化传承发展座谈会并发表重要讲话（以下简称《讲话》），体现了国家领导人对传统文化前所未有的重视。《讲话》集中系统地展示了习近平新时代中国特色社会主义思想的文化观，全面深刻地论述了中国文化和中华文明的基本特征与发展规律。其中有关中华文明具有突出的连续性、创新性、统一性、包容性、和平性五个特性的概括[1]，为我们全面认识和理解中国文化传统的内在属性提供了崭新视角。它不仅有助于我们更加深入地认识中华文明与中国文化自身的丰富性、多样性，对于文化研究的理论与方法也具有极大的拓展和深化作用。《讲话》所发出的建设中华民族现代文明的倡议，是围绕新时代文化建设的使命提出的新要求，需要文化研究者做出积极有效的回应。

发掘和揭示中华文明与中国传统文化的特性。首先，为了更加全面正确地认识我们所持文化传统的伟大，增强和坚定中华民族的文化自信。《讲话》所概括的中华文明五个突出特性，作为相辅相成的五个有机要素，对我们认识中华优秀传统文化中以往未曾看到或因某种西方中心主义视角影响而受到遮蔽的许多重要面向，具有重要的启发意义。例如，受近年来盛行的区域研究、个案研究影响，中国文化的统一性问题被不少学科忽略，甚至遭到排斥，取而代之的是对地方性、差异性话题的热烈讨论。这样的研究，虽在深入揭示地方文化的内在属性，展现中国文化的多样

---

[1] 习近平：《在文化传承发展座谈会上的讲话》，《求是》2023年第17期。

性、丰富性等方面，取得了一定的成绩，但如果结合对中华民族文化统一性特征的强调来思考，我们又会发现，这些研究某种程度上可能导致弱化文化统一性乃至民族共同体意识的危险，值得从学理上进行认真反思。又如，对于中国传统戏曲、小说及民间故事中最常见的大团圆结局，过去研究者更多地会以"落入俗套"来批评，如果结合中华文明和平性的特征来理解这类叙事大量存在且广受欢迎的现象，我们会认识到，这类情节实际上表达着一代又一代中国人对和平与幸福的永恒追求。可以说，在有关五个特性的概括所体现的新视角下，我们能够更加准确恰当地把握各种具体的传统文化事项的全貌，对这些文化作出更加公正、客观的评价，进而从根本上改变自己对于民族文化的态度，增强文化自信心。

其次，发掘和揭示中华文明与中国传统文化的特性。为了朝向未来，给新时代文化建设事业提炼和积累更有力的资源，为了更好地建设中华民族现代文明，进而为解决国际社会面临的种种难题、推进构建人类命运共同体做出切实有力的贡献。进入21世纪以来，国际社会面临的挑战与危机日趋复杂，诸如全球经济增长动能不足，发展鸿沟日益显著，恐怖主义、网络安全、重大传染性疾病等非传统安全威胁持续蔓延之类的难题，都给人类社会的和平与发展带来了严重威胁。这客观上表明，当前主要以西方价值观为主导确立的国际关系理念，亟须进行新的调整、补充和完善。在这种形势下，提出建设中华民族现代文明，其目的就在于通过建设、发展和繁荣符合新时代要求的先进文化，在促进中华民族伟大复兴的同时，为解决当今世界面临的挑战贡献中国智慧和中国方案。

建设中华民族现代文明，必须坚持马克思主义基本原理同中国具体实际、同中华优秀传统文化相结合。清楚认识传统文化的特性，坚定文化自信，是进一步传承、发扬中华民族文化传统、推动其转化为现代文明建设资源的前提。而这些丰厚的传统文化资源，要实现自身的现代化，要转化为现代文明的有机组成，必须经历创造性转化和创新性发展的过程。促成这种转化和发展的力量，就是马克思主义。《讲话》指出："在五千多年中华文明深厚基础上开辟和发展中国特色社会主义，把马克思主义基本原理同中国具体实际、同中华优秀传统文化相结合是必由之路。"而其中的"第二个结合"，尤其具有"又一次的思想解放"的意义，它"造就了一个有机统一的新的文化生命体，让马克思主义成为中国的，中华优秀传统文化成为现代的，让经由'结合'而形成的新文化成为中国式现代化的文化形态"①。

我们经常说中华文化源远流长，生生不息。但在承认文化传统的连续性的同时，又必须认识到，这些文化之所以能够绵延不绝地传承，同它始终保持着"革故鼎新"的内在精神直接相关。早在先秦时期，"天行健，君子以自强不息""苟日新，日日新，又日新"的思想就已逐渐普及，并形成了对"刻舟求剑""故步自封"的警惕和批评。这种强调变化、注重革新的精神，是保证中国文化具有持续活力和生机的动力，也是保障近现代以来中华民族自觉接受马克思主义的重要基础，更是《讲话》指出的马克思主义和中华优秀传统文化之间"高度契合性"的体现。简言之，从世界观方法论的角度来说，中国传统文化中，自古就包含着从发展、运动的视角来看待和处理天人关系与社会关系的唯物辩证法理念，同马克思主义的基本立场有着高度的一致性。

建设中华民族现代文明，又必须同中国式现代化的发展道路相协调、相结合。有关"中国式现代化"的系统论述，构成了党的二十大报告最为核心的理论之一。作为区别于西方现代化的崭新道路，中国式现代化新道路"筑就了人类文明新形态的道路基石，而人类文明新形态突破了西方资本至上、自由主义和西方中心论的局限，是中国式现代化新道路的实践成果"②。可以说，《讲话》中提出的建设中华民族现代文明的目标，同构建人类文明新形态，实际上是一而二、二而一的关系。它们既是朝向当下、朝向中国自身的目标，是推动实现中华民族伟大复兴的重要基础，又是面向世界、面向未来的任务，是为解决当前人类社会面临的种种难题而提供的新方案。而它们的实施和完善，都必须以中国式现代化道路为根基。中国式现代化，是中国共产党领导的社会主义现代化，既有各国现代化的共同特征，更有基于自己国情的中国特色。是人口规模巨大的现代化，是全体人民共同富裕的现代化，是物质文明和精神文明相协调的现代化，是人与自然和谐共生的现代化，是走和平发展道路的现代化。③这种概括和论述，既立足于对包括中国在内世界各国上百年来的现代化历程的全面比较与总结，又融会了中国近十年来更加自觉的理论反思与实践探

---

① 习近平：《在文化传承发展座谈会上的讲话》，《求是》2023年第17期。
② 夏一璞：《中国式现代化新道路：开启人类文明新形态》，《今日中国》2021年第9期。
③ 习近平：《高举中国特色社会主义伟大旗帜　为全面建设社会主义现代化国家而团结奋斗——在中国共产党第二十次全国代表大会上的报告》，《人民日报》2022年10月26日。

索，对于全面建设社会主义现代化国家，具有重要的理论引领和实践指导价值。这些价值主要体现在以下五个方面。

第一，中国式现代化的理念，立足于丰富而卓有成就的中国经验，以高度的历史自信与自立自强精神，纠正了世界许多发展中国家，以及我国近现代以来较长一段时期内存在的错误认识与实践偏颇。在这种认识和实践中，现代化通常被简单地理解为全盘西化，与本土的传统处于严重对立的状态。过去很长一段时期，学术界出现了大量讨论传统与现代关系的论著。这些著作中，相较于从传承与变异、继承与创新等历时性角度所做的一般探讨，发展中国家研究者的论述，往往多了一种基于横向比较的焦虑，乃至趋于文化自卑的心理倾向。这种情况的产生，同上述认识偏颇的影响直接相关，我国"五四"时期一些学者的极端主张和行动，就是这方面的典型例子。有关"中国式现代化"概念的提炼和系统阐释，对纠正把现代化与本土化、民族化截然对立的偏颇认识，并解决相关实践难题，具有重要作用。它有力地证明了，发展中国家完全可以探索和构建一条既有国际共性又保持鲜明民族个性的现代化道路。

第二，中国式现代化的理念，是通过对国内外现代化历程的全面总结与反思而提出的，体现了整体考察和把握中外相关实践的全局观，具有突出的系统性、整体性特征。其对共同富裕、物质文明与精神文明协调发展、人与自然和谐共生及和平发展等事实和观念的强调，既是以中国近十年来自觉反思并主动纠正以往国内外现代化进程中多方面失误为基础以及对"五位一体"协调发展所取得成就的总结，又是对今后更加健康有效地推进现代化做出的系统规划。这些规划，对于缓解或避免许多发达国家出现的贫富差距加大、生态恶化、社会关系失范等"现代化恶果"[1]提供了重要的解决方案，也有助于从整体上解决中国自改革开放以来长期困扰社会各界的物质文明与精神文明顾此失彼、难以两全的难题。

第三，中国式现代化的理念，体现着强烈的"胸怀天下"的气魄和视域。它的提出，既以中国实践及党的十八大以来的成功经验为基础，又保持着与世界各国现代化实践的积极比较，包含着自觉的"文明互鉴"意识。因此，它必然能够起到促进与国际社会的交流、合作，并帮助不同

---

[1] Barbro Klein, "Cultural Heritage, the Swedish Folklife Sphere, and the Others", *Cultural Analysis* 5 (2006): 57-80.

国家解决现代化过程中面临的相关难题的作用。也正是在这个意义上，党的二十大报告同时指出：中国式现代化也是推进构建相互理解、相互尊重、共同发展的人类命运共同体，创造人类文明新形态的重要路径。

第四，中国式现代化的理念，深化了人类文明互鉴的互为主体的交流原则，为建设更加合理的国际交流秩序提供了重要参考准则。十多年以前的中国，主要是以一种被动接受发达国家经验、模式的方式来实施现代化。随着我国综合国力的提高，尤其是新时代以来，随着国家从制度层面对"四个自信"的高度重视和广泛宣传，中国日益从现代化的被动接受者变成主动参与者。中国社会各界以更加坚定的民族自信，以更加自觉的历史主动和主体能动性，推进了中国自身现代化的长足发展，为整个世界的全面现代化发挥了重要作用。由此积累的中国式现代化经验，对于改善东西方关系、建设新时代的国际秩序，也将提供重要的启示。

第五，中国式现代化的理念，始终坚持以人民为中心的根本立场。它强调"共同富裕"原则，在总结过去、规划未来的过程中又始终不忘"人口规模巨大"的国情，这些都体现了我国在现代化进程中始终立足于人民、始终坚持发展为了人民的根本出发点。这种以保障广大人民的基本权益、促进社会公平正义为目标的现代化，可以说既是中国式现代化赖以完成的基础，也是使它与西方资本主义现代化卓尔不同的根本原因。

从以上五个方面可以看出，"中国式现代化"理念在历史总结、理论创造与方法论创新等方面都体现出了重要价值。它以坚定的历史自信和历史主动，以开阔的国际眼光与世界情怀，对改革开放以来，尤其是进入新时代以来中国特色社会主义建设取得的辉煌成就做了深刻全面的总结，并以过去的实践为基础，系统深入地阐释了现代化的新思路、新方向。对于中华民族现代文明建设而言，它能够为我们更好地处理实践与理论、本土与国际、历史与现实之间的关系问题，提供重要的启发。

建设中华民族现代文明，必须坚持系统观念，推动文化事业的整体发展。系统观念，是贯穿在习近平新时代中国特色社会主义思想中的世界观、方法论的重要内容，它注重从整体、联系、发展的角度来认识事物和解决问题。这方面的内容，鲜明体现在文化发展传承座谈会的讲话中，不仅有效增强了《讲话》的说服力和指导作用，也为文化研究者提供了具有方法论意义的启发。对于当前的文学研究而言，尤其能够起到加强大文学观建设、促进文学事业整体繁荣的引导作用。

大文学观,"指的是以文化整体的眼光来认识文学现象、总结文学发展规律、探索文学基本属性并推动文学研究学科建设的观点和方法"[①]。从古至今,文学的内容和类型总是处在不断拓展的状态,有关文学的理解,也必然要适应对象的发展规律,不断突破狭义的领域而向更广阔的范围发展,唯此方能保证认识和结论的全面性、有效性。从这个角度来认识和理解文学及文学史,是"五四"以来新文学观念的一个重要特征。后来经过延安新文艺运动的进一步丰富和充实,特别是在新中国成立之后,由于中华人民共和国文化制度的保障,这种可以用"大文学观"来概括的文学思想,在文学研究所首任领导郑振铎、何其芳,以及钟敬文等学者的共同推动下,得到了长足的发展。它不仅为确立和发展新中国文学创作、传承与研究的基本格局奠定了基础,也为作为现代民族国家的社会主义中国的建设和完善贡献了不容忽视的智力支持。这种大文学观既朝向本土又胸怀天下,既坚持汉族文学传统又维护和发展各少数民族文学,既观照上层文人大传统又注重民间小传统,同时着力揭示和促进大小传统的积极互动与动态交流,从而使小说、戏曲、歌谣、神话等诸多内容按照以往墨守成规的狭义文学观念根本无法进入文学殿堂,登堂入室成为文学研究领域不可或缺的对象,从多民族文学与文化多样性方面丰富中华民族文学,巩固中华民族多元一体格局,为从世界文学的眼光来认识自我、从中国文学的立场来繁荣世界文学,发挥了至关重要的引领作用。

我国文学研究领域设立的二级学科,特别是少数民族文学和民间文学,可以说都是这种大文学观影响下的产物。受这种大文学观的影响,在中国社会科学院文学研究所一代又一代的研究者中,始终保持着对新生文学现象的敏感。一批同人在较早时期就对网络文学予以持续关注,并以此为基础促成文学研究所网络文学研究室的成立,就是这方面的一个鲜明例证。除了强调对文学对象的兼容并蓄,这种大文学观,还尤其注重把文学具体问题视为整体文学文化系统的组成部分,从综合、比较的角度予以观照,进而为更加全面完整地认识和揭示具体对象的内在属性奠定了基础。

然而遗憾的是,随着文学研究领域各个学科的不断发展完善,学科之间的界限、隔阂也日趋严重,有时甚至出现了各自为政、敝帚自珍、相互

---

① 安德明:《发展新时代大文学观 推动中华民族现代文明建设》,《中国社会科学报》2023年6月15日。

轻视的状况。这不仅有悖于大文学观的基本理念，而且严重制约了当前学术研究的发展潜力和创新活力。

通过对《讲话》的学习，特别是通过结合其中体现的系统观、整体观来重新思考大文学观，我们可以更加清楚地看到当前各学科之间壁垒分明的弊端及其危害，也能够增强进一步发展和推广以整体、融合、比较为特征的新时代大文学观的动力和决心。在这种大文学观的引领下，研究者必将更加准确、全面地认识不同民族、不同国家、不同类型的文学实践及其多样性，以及文学实践主体的多元性，进而促成基于广泛主体间性的相互理解；必然更加自觉地把文学理解为复杂文化有机体的重要组成部分，从文化史、社会史的角度来理解文学，反过来又从文学的角度进一步认识和理解文化的完整性。最终，它必将有助于推动文学创作与文学研究适应新的历史条件并结合时代需要不断获得勃勃生机。

总之，习近平总书记在文化传承发展座谈会上的讲话，不仅为新时代切实推进文化领域的各项工作提供了指南，也为广大文化工作者和人文社会科学研究者从本土文化传承与创新的优秀实践经验出发，积极探索既朝向民族内部又面向全球的文明新形态的建设，提供了有指导性的理论框架。在这种框架引领下，自觉总结和反思文学研究领域的成绩与挑战，既是有效推进文学研究三大体系建设的重要举措，也是从文学文化研究的角度为建设中华民族现代文明积极行动贡献力量。

中国早期两大主流治世理念的生成文化背景及政治影响

郑杰文

习近平总书记在出席文化传承发展座谈会时指出，中华文明有突出的连续性、创新性、统一性、包容性、和平性，他强调："在五千多年中华文明深厚基础上开辟和发展中国特色社会主义，把马克思主义基本原理同中国具体实际、同中华优秀传统文化相结合是必由之路。"① 在新的历史起点上，为继续推动文化繁荣、建设文化强国、建设中华民族现代文明，提供了根本遵循。

中国早期有两大主流治世理念，即"从古而治"和"从天而治"，它们都是顺应社会发展需求而产生的社会政治理念。社会发展，治乱相依。周人灭殷，周公旦等用"姜嫄履大人迹生后稷"，故后稷也像殷人先祖契那样是"神的儿子"，因而有做天子的资质；用"天命靡常，惟德是辅"论周文王、武王有德而殷纣失德，故而姬周应该享有天下，来回答周初"仇民"的质疑，平息他们的"心仇"；并为传扬"德政"而设立教导、监督、诤谏后世周王的训诫系统，换来西周前中期数百年的社会承平。

历史前进使社会形势发生变化，正如马尔萨斯"人口论"所言，随着社会的发展，以算术级数增长的社会物质生产速度，越来越比不上以指数规律增长的社会人口增加速度，诸侯封域内初封时由于"地广人稀"所产生的"衣食无忧"局面，越来越受到挑战。于是为果腹而开垦的"私田"大量出现，导致"季氏富于周公"局面的形成和"初税亩"政策的出现，以至于"普天之下莫非王土""天子代天封赏下民以土地"的传统理念崩塌，引发僭越公行、战争频仍、社会动荡的不堪局面，故而诸

---

① 习近平：《在文化传承发展座谈会上的讲话》，《求是》2023 年第 17 期。

子蜂起以探寻治世理民、救人心的社会建构新理念。

综合来看，先秦诸子建构的社会治理理念主要有儒、墨等家的"从古而治"（或言"从先王而治""从史而治"）模式和道家（含黄老）、纵横家等的"从天而治"（或言"从四时而治""从自然而治"）模式，它们各有不同的生成文化背景。

一 "从古而治"及其生成文化背景

"从古而治"的口号是"法先王"与"法后王"，即以前王治世、掌民的社会治理规范为准的来制订国家治理政策、方式、方法。孟子曰："规矩，方员之至也；圣人，人伦之至也。欲为君尽君道，欲为臣尽臣道，二者皆法尧舜而已矣。不以舜之所以事尧事君，不敬其君者也；不以尧之所以治民治民，贼其民者也。"[①] 他主张在社会管理"规矩"的制订上学习尧舜，推崇尧舜之道，被称为"法先王"。"法后王"就是以后世君王的做法为规范制订社会管理"规矩"，这种治世理论的代表是荀子。荀子说："故千人万人之情，一人之情是也；天地始者，今日是也；百王之道，后王是也。君子审后王之道而论于百王之前，若端拜而议。推礼义之统，分是非之分，总天下之要，治海内之众，若使一人，故操弥约而事弥大。"[②] 又说："欲观圣王之迹，则于其粲然者矣，后王是也。彼后王者，天下之君也，舍后王而道上古，譬之是犹舍己之君而事人之君也。"[③] 与"法先王"相比，荀子的"法后王"更能适应新一统王朝社会形势的新需求。

孟、荀这种比照"过去"的"从古而治"的"向后看"治世思维方式，从理念发展溯源，可以追寻到周公和孔子。周公为了化解周初殷商遗民的"心仇"，论证周人执掌天下的合理性，顺应殷人"崇天"的传统信仰，强调周先王之灵在天、且后王能广大其业，说"下武维周，世有哲

[①] 朱熹：《孟子集注》卷七《离娄章句上》，《四书章句集注》，中华书局1983年版，第277页。

[②] 王先谦撰，沈啸寰、王星贤点校：《荀子集解》卷二《不苟》，中华书局1997年版，第48—49页。

[③] 《荀子集解》卷三《非相》，第80—81页。

王。三后在天,王配于京"①,宣扬周先王之灵在天而周"济济多士,秉文之德。对越在天,骏奔走在庙"②,对过世的先王加以推崇。孔子接受这种治世思维方式,主"从周"论,盛赞西周礼乐制度曰"周监于二代,郁郁乎文哉",坚定地表示"吾从周"③,正式确立"向后看"的"从古而治"治世理论模式,孟子进一步提出"法先王",荀子主张"法后王",丰富了儒家"从古而治"的理论架构。

这种"从古而治"的"向后看"治世方式,从文化历史溯源角度来看,导源于原始农业社会的"经验优先"发展模式。原始农业从采集经济发展到种植经济后,在同一片土地上,在相同的自然条件下,欲求原始农业的发展,欲获得更多收获物,生产经验便成为主要决定性因素。播种时节的确定,每一生产环节的人工措施等,都离不开生产经验的积累与传递,因而曾出现"农业始祖神"崇拜。传说上古之时,神农氏"因天之时,分地之利,制耒耜,教民农作"④,故被奉为农业的始祖,这正是崇拜"农业经验先导"的"传说性折射"。在姬周传世文献中,这种"经验先导崇拜"有更多的呈现。在《诗经》中,教民稼穑的后稷甚至被尊为神灵。《周颂》"思文后稷,克配彼天",郑笺:"后稷之功能配天。"⑤ 清人金鹗谓:"配字,古与妃通。《尔雅》:'妃,合也,匹也,对也。'《释名》:'配,辈也。'然则配享之人,必相对相匹而后可。"⑥ 后稷身份可与天帝相匹,被尊为神祇,故《国语》谓:"辰马,农祥也……后稷之所经纬也。"⑦ 均视其为农神。较之于儒家经典,未经过改造的《山海经》中的记载,可能更近于原始宗教文化的旧貌。其《大荒西经》曰:"有西周之国,姬姓,食谷。有人方耕,名曰叔均。帝俊生后稷,稷降以百谷。

---

① 程俊英、蒋见元:《诗经注析·大雅·下武》,中华书局1991年版,第791页。
② 《诗经注析·周颂·清庙》,第934页。
③ 《论语集注》卷二《八佾》,《四书章句集注》,第65页。
④ 陈立撰,吴则虞点校:《白虎通疏证》卷二《号》上册,中华书局1994年版,第51页。
⑤ 郑玄笺,孔颖达疏:《毛诗正义》卷一九《周颂·思文》,阮元校刻《十三经注疏》第1册,中华书局2009年版,第1271页。
⑥ 金鹗:《求古录礼说》卷七《禘祭考》,山东友谊出版社1992年版,第408页。
⑦ 徐元诰撰,王树民、沈长云点校:《国语集解·周语下》,中华书局2002年版,第125页。

稷之弟曰台玺，生叔均。叔均是代其父及稷播百谷，始作耕。"① 由此推之，周是以谷物为主食的部族，稷始教民播种百谷，故被周人崇拜。这也是崇拜"农业经验先导"的文献遗留。

综上所述，在以尊后稷为标示的原始农业社会"经验优先"文化背景上，产生了以尊祖为特点的"向后看"治世理念，周公歌颂"有德之文王武王"，孔子"从周"设计"礼、仁、孝"三位一体的教化民众治世策略②，孟子号召"法先王"以设政，荀子力主"法后王"而设立"政治一体化、经济一体化"建国方针③，形成了一套"从古而治"施政理民的建国治国策略，成为传统治世理念的主流之一。

二 "从天而治"及其生成文化背景

中国早期还有一种治世理念，《鬼谷子·持枢》曾说："持枢，谓春生、夏长、秋收、冬藏，天之正也。不可干而逆之，逆之者，虽成必败。"又说："故人君亦有天枢，生、养、成、藏，亦复不可干而逆之，逆之者，虽盛必衰。此天道，人君之大纲也。"④ 主张人君治世要仿照自然界"春生、夏长、秋收、冬藏"的自然运行法则，制订"生养成藏"政策，顺应自然规律，休养生息，使民以时，便民休息。《鬼谷子》成书时间学界有争议，我曾从文献对比角度加以考证，指出《鬼谷子》是战国后期既已流传的文献，它涵括了纵横家学说，应是先秦诸子文献之一。⑤ 因此，《鬼谷子》所论顺应自然"生养成藏"的运行规律制订管理国家的政策策略，应是中国早期治世理念的一种代表性论说。

这种治世理念论说，在纵横家以外的先秦诸子文献中亦可找到踪迹。道家始祖老子主张人世应该效法天道自然，说"夫物芸芸，各复归

---

① 郭世谦：《山海经考释·大荒西经》，天津古籍出版社 2011 年版，第 677 页。
② 郑杰文：《试论孔子的社会治理构想》，《东岳论丛》1993 年第 1 期。
③ 拙文《荀子的国家管理一体化与社会经济一体化构想》，《儒林》第 4 辑，山东大学出版社 2008 年版。
④ 许富宏：《鬼谷子集校集注·持枢》，中华书局 2010 年版，第 239—240 页。
⑤ 郑杰文：《墨家与纵横家论丛》，山东大学出版社 2023 年版，第 541—543 页。

其根。……知常容，容乃公，公乃王，王乃天，天乃道，道乃久，没身不殆"①，故应该"人法地，地法天，天法道，道法自然"②。又说人事应该遵循天道，否则便会失败："将欲取天下而为之，吾见其不得已。天下神器，不可为也。为者败之，执者失之。"③ 因此，老子主张社会治理应顺天之道，不作人为干预："是以圣人处无为之事，行不言之教。万物作焉而不辞，生而不有，为而不恃，功成弗居。夫唯弗居，是以不去。"④ 又说"其政闷闷，其民淳淳；其政察察，其民缺缺。……是以圣人方而不割，廉而不刿，直而不肆，光而不耀"⑤，主张政治治理应该顺应自然态势。基于此，老子特别反对儒家那种以社会道德干预自然治理的治世理念，主张无为以御民，说："以正治国，以奇用兵，以无事取天下。吾何以知其然哉？以此。天下多忌讳，而民弥贫；民多利器，国家滋昏；人多伎巧，奇物滋起；法令滋彰，盗贼多有。故圣人云，我无为而民自化，我好静而民自正，我无事而民自富，我无欲而民自朴。"⑥ 从老子的这些论说中，不但可以找到纵横家论说人君治世应顺应"生养成藏"之天道自然而不可"干而逆之"的理论源出，还可看到这种治世理念与儒家等以社会道德干预自然治理的治世理念的斗争残影。

老子开创、纵横家明确论说的这种顺应天道自然规律无为治世的社会理念的产生，有其自家的理论推导基础。作为老子学说继承者、丰富者的庄子提出"人之生，气之聚也；聚则为生，散则为死"，所以他说"生也死之徒，死也生之始，孰知其纪"⑦，认为人生而复死、死而复生的生命过程，同自然界其他生物的生生死死过程是一样的，故而主张"万物一也"，即人的生命特质与自然界其他生物的生命特质是一样的，都是"通天下一气"的"气之聚"的形体，所以，它们的治理方式应该是相通的，都应以顺应天道自然规律为基本原则。这种理论，是超越儒家习用的

---

① 王弼注，楼宇烈校释：《老子道德经注校释》，中华书局2010年版，第36—37页。
② 《老子道德经注校释》，第64页。
③ 《老子道德经注校释》，第76页。
④ 《老子道德经注校释》，第6—7页。
⑤ 《老子道德经注校释》，第151—152页。
⑥ 《老子道德经注校释》，第149—150页。
⑦ 吕惠卿撰，汤君集校：《庄子义集校》卷七《知北游第二十二》，中华书局2009年版，第394页。

"社会性类比式思维",运用"跨社会的类推式思维"去观察整个人类生存空间后深度思考才得出的结论。

老子开创"人法自然"的理念,庄子继而向"深层"发掘,论说"人法自然"理念的合理性在于人与自然界其他生物一样"通天下一气",是自然界的一分子。纵横家就老子理念向"前方"开拓,发展为以"人法自然"的"生养成藏"运行规律来治世的理论,形成中国早期另一种可与"以古为治"治世理念相匹敌的主流治世理念。

由道家开创而纵横家明确论述的这种用"跨社会的类推式思维"去观察人类生存空间而深度思考得出顺应"生养成藏"之天道自然运行规律以治世的理念,是在中国早期另一种社会生产方式——原始手工业生产方式基础上产生的。

与姬周是原始农业部族,故而能在商周之交那个仰韶温暖期后的第一个寒冷期靠粮食收买诸侯、聚集起伐纣联盟而代殷不同,殷商所用控制诸侯的手段是利用祭神器特别是青铜祭器的铸造特权,在那个"神学笼罩人世间一切"的时代,谁掌握了沟通天地民神的特权谁就是天下共主;谁的祭神青铜器越精美、越华贵就越能获得神佑而给臣民藩属带来福祉。对此,张光直曾论证"商周的青铜礼器是为通民神,亦即通天地之用的"[1],并进一步联系甲骨卜辞所见及以萨满作法为例,论证商周的青铜祭器上的动物植物纹饰是帮助作法者、祭祀者沟通神灵用的[2]。我们说,这与古人用龟甲兽骨及蓍草占卜的原始理念相通,都是想借助动植物的"不可见"力量来沟通神界,获得预知,避祸求福。而在这种借龟甲兽骨及蓍草探求神意、铸动物植物纹饰于青铜祭器以求天、神佑护的原始理念的背后,所隐含的道理是"物人相通",人与自然界其他生物乃至无生物在神灵面前的资格是平等的,甚至认为某些自然界其他生物乃至无生物,较人更能通神灵而感知冥冥之中的神意,更能体现自然界早已固化的那些"规律"。这种原始理念延续到春秋战国时期,便蕴生出道家论说、纵横家完善的中国早期的一种主流治世理念——"从天而治"理念。

---

[1] 张光直:《中国青铜时代》,生活·读书·新知三联书店1983年版,第322页。
[2] 《中国青铜时代》,第326—327页。

三 "从古而治"和"从天而治"的政治影响

"从古而治"理念和"从天而治"理念，都曾在中国历史上被实践（或部分实践）过，因而产生过重大社会政治影响。

秦人重耕战、尚法治以集合国内力量，活用纵横术以利用国外力量，终破六国而统华夏。然其在已经变化了的、天下一统的和平状态中，却依然施行战争状态中适用的"重战尚法"国策，导致"天下苦秦久矣"而使民间起义蜂起，终致十四载而忽亡。西汉王朝接受这一教训，更兼其基于族源文化基因所接受的长江流域治制手工业文化的影响，在执政之初便认可"从天而治"的治世理念，施行黄老学说，实施"与民休息"的国策，是先秦诸子"从天而治"理念的首个实践者。

黄老学说托黄帝名义而实际上是发展老子"清静无为"、使民"自富""自朴"之说而形成的"从天道自然规律而设政理民"的一种为政术。这种顺应自然规律而无为无作、无为而治却以静御动的统治政术，符合汉初社会安定民众、恢复经济的客观需要，故为从楚文化背景中成长起来的汉初刘氏执政集团所采用。刘邦入咸阳后与关中父老"约法三章"以减轻秦王朝原有的苛法重役，开实施"从天而治"之端；后经曹参、陈平等推行，"从天而治"的治术遂获得实践机会。曹参为齐王相而"闻胶西有盖公，善治黄老言，使人厚币请之。既见盖公，盖公为言治道贵清静而民自定"，曹参从其说，首先在齐地实施"从天而治"的清静无为政术，"故相齐九年，齐国安集，大称贤相"①。萧何卒后，曹参由"齐相"而晋升汉王朝相，继用"从天而治"的无为政术治理天下，大得民心，故百姓歌曰"载其清净，民以宁一"，也获司马迁赞许："参为汉相国，清静极言合道。然百姓离秦之酷后，参与休息无为，故天下俱称其美矣。"②曹参之后，有"少时，本好黄帝、老子之术"的陈平继为丞相，继续用"理阴阳，顺四时""育万物之宜"的"从天而治"政术来治理天下，亦终称"贤相"③。直至田蚡为相，"绌黄老、刑名百家之言，延文

---

① 司马迁：《史记》卷五四《曹相国世家》第6册，中华书局1982年版，第2029页。
② 《史记》卷五四《曹相国世家》，第6册，第2031页。
③ 《史记》卷五六《陈丞相世家》，第6册，第2061、2063页。

学儒者数百人"而倡导儒学①，才使黄老学退出宫廷，"从天而治"的治术理念也随之淡出执政者视野。

汉初接受"从天而治"理念而实施的"与民休息"政策，虽然使社会经济迅速恢复元气，出现"文景之治"的盛大局面，但也由于遵循"顺天""无为"的"从天而治"执政理念，以致滋长政治分裂，导致诸侯坐大、尾大不掉的政治局面出现。汉景帝时期的"七国之乱"惊醒了执政王朝，故汉武帝支持国相田蚡绌黄老而倡儒学、用儒生，举贤良对策，欲以儒术治国。董仲舒把握住执政集团的这一现实需要，将长江流域冶制手工业社会生产基础上生成的"天人哲学"框架，装入先秦儒学中的社会政治治理理念，对《春秋》等儒家经典重新阐释、发挥，对儒学进行理论改造，建构起新儒学体系，并为具有楚文化基因的西汉王朝所接受。汉武帝实施"独尊（新）儒术"政策，进而罢黜百家，使得"从古而治"的政治理念获得实践机会，逐渐成为主导中国乃至周边汉文化圈长达两千多年社会治理的主流政治理念。

习近平总书记指出："只有全面深入了解中华文明的历史，才能更有效地推动中华优秀传统文化创造性转化、创新性发展，更有力地推进中国特色社会主义文化建设，建设中华民族现代文明。"② 每种历史存在都有其社会合理性。从今天来看，由原始农业"经验优先"基础上生成的"从古而治"和由原始手工业"物人相通"基础上生成的"从天而治"，都有各自生成的文化背景，都曾被用于社会治理实践，都曾对中华历史文明发展做出过贡献。一张一弛之谓道，这两种治世之术，也为后世国家治理政策的制定提供了有益的借鉴。

---

① 《史记》卷一二一《儒林列传》，第 10 册，第 3118 页。
② 习近平：《在文化传承发展座谈会上的讲话》，《求是》2023 年第 17 期。

"第二个结合"与建设中华民族现代文明

吴 超

文化关乎国本、国运，一个国家、一个民族的强盛，总是以文化兴盛为支撑条件。习近平总书记在文化传承发展座谈会上指出："在新的起点上继续推动文化繁荣、建设文化强国、建设中华民族现代文明，是我们在新时代新的文化使命。"[①] 在五千多年中华文明深厚基础上开辟和发展中国特色社会主义，把马克思主义基本原理同中国具体实际、同中华优秀传统文化相结合是必由之路。"两个结合"是在探索中国特色社会主义道路中得出的规律性的认识，是取得成功的最大法宝。习近平总书记特别对"第二个结合"作出深入系统论述，称其是又一次的思想解放。站在新的历史起点上，全面理解"第二个结合"的重大意义，不断开辟马克思主义中国化时代化新境界，建设中华民族现代文明，是新时代赋予哲学社会科学工作者的历史责任和文化使命。

一 建设中华民族现代文明的前进方向和根本遵循

习近平总书记用"三个新高度"阐述"第二个结合"的重大意义："表明我们党对中国道路、理论、制度的认识达到了新高度，表明我们党的历史自信、文化自信达到了新高度，表明我们党在传承中华优秀传统文化中推进文化创新的自觉性达到了新高度。"[②] "第二个结合"是中国共产党对马克思主义中国化时代化历史经验的深刻总结，是对中华文明发展规律的深刻把握，为建设中华民族现代文明、扎实推进社会主义文化强国建

---

① 习近平：《在文化传承发展座谈会上的讲话》，《求是》2023 年第 17 期。
② 习近平：《在文化传承发展座谈会上的讲话》，《求是》2023 年第 17 期。

设，指明了前进方向、提供了根本遵循。

马克思主义是我们立党立国、兴党强国的根本指导思想。中华优秀传统文化是中华文明的智慧结晶和精华所在，是中华民族的根和魂。在马克思主义中国化时代化的理论创新中，马克思主义是"魂脉"，中华优秀传统文化是"根脉"。马克思主义和中华优秀传统文化来源不同，但彼此存在高度的契合性，相互契合才能有机结合。共产主义理想与"大同社会"、实践观与知行观、群众史观与民本思想等高度契合，中华优秀传统文化充实了马克思主义的文化生命，推动马克思主义不断实现中国化时代化的新飞跃，显示出日益鲜明的中国风格与中国气派。习近平新时代中国特色社会主义思想以中华文明为源头活水，对中华优秀传统文化进行创造性转化和创新性发展，使中华优秀传统文化成为中华民族的突出优势和最深厚的文化软实力。这一思想是当代中国马克思主义、二十一世纪马克思主义，是中华文化和中国精神的时代精华，为新时代党和国家事业发展提供了根本遵循。马克思主义科学理论和中华民族最深层次的精神追求内在贯通，使五千多年文明发展史的厚重底蕴与中国式现代化的奋斗目标紧密融通，使人类文明的交流互鉴与现代化的中华文明横向联通，形成了马克思主义中国化时代化的最新理论成果和中华文明的现代化表达话语体系，让中华优秀传统文化在世界舞台上再次绽放新的时代光彩。

根深才能叶茂，本固才会枝荣。中国具有百万年的人类史、一万年的文化史、五千多年的文明史，中华优秀传统文化是中华民族生生不息、长盛不衰的文化基因，也是在世界文化激荡中站稳脚跟的根基。"如果没有中华五千年文明，哪里有什么中国特色？如果不是中国特色，哪有我们今天这么成功的中国特色社会主义道路？"[①] 中国特色社会主义道路，是在马克思主义指导下走出来的，也是从五千多年中华文明史中走出来的。中国特色社会主义是实现中华民族伟大复兴的必由之路，从根本上改变了中国人民和中华民族的前途命运。中国人民坚持和发展中国特色社会主义，创造了中国式现代化新道路，创造了人类文明新形态。中华文明具有突出的连续性、突出的创新性、突出的统一性、突出的包容性、突出的和平性，决定中国独特的发展道路和历史命运。中华优秀传统文化蕴含的天下为公、民为邦本、为政以德、革故鼎新、任人唯贤、天人合一、自强不

[①] 习近平：《习近平谈治国理政》第4卷，外文出版社2022年版，第315页。

息、厚德载物、讲信修睦、亲仁善邻等，是中国人民在长期生产生活中积累的宇宙观、天下观、价值观、历史观、文明观的重要体现，给推进中国式现代化以重要启示。在马克思主义基本原理同中华优秀传统文化相结合的过程中，中国式现代化赋予中华文明以现代力量，中华文明赋予中国式现代化以深厚底蕴。"第二个结合"让中国特色社会主义道路有了更加宏阔深远的历史纵深，拓展了中国特色社会主义道路的文化根基。

中华优秀传统文化是中华文明的智慧结晶和精华所在，是中华民族的根和魂，是中国在世界文化激荡中站稳脚跟的根基。"结合"打开了创新空间，掌握了思想和文化主动，并有力地作用于道路、理论和制度。中华民族始终以"苟日新，日日新，又日新"的精神不断创造自己的文明，在很长的历史时期内作为最繁荣最强大的文明体屹立于世。在中国特殊国情下取得革命胜利，进而建设社会主义，是前无古人的艰巨事业，不可能从马克思主义的"本本"上找到现成答案。一百多年来，中国共产党坚持从中华优秀传统文化中汲取营养，推动了马克思主义中国化时代化。习近平总书记强调："中国共产党人始终是中国优秀传统文化的忠实继承者和弘扬者，从孔夫子到孙中山，我们都注意汲取其中积极的养分。"[1]"第二个结合"使中华民族现代文明深深植根于中华优秀传统文化，体现出科学社会主义的先进本质，代表着人类文明进步的发展方向。毛泽东同志为"修学好古，实事求是"赋予时代价值，推动形成实事求是的思想路线。邓小平同志的"小康社会"构想体现出深厚的中国文化底蕴。"第二个结合"贯通过去、现在和未来，让我们能够在更广阔的文化空间中，充分运用中华优秀传统文化的宝贵资源，探索面向未来的理论和制度创新。

二 "第二个结合"开辟中华民族现代文明新境界

中华文明以其独特的精神品格和价值追求，凝聚和鼓舞着中华民族和中国人民一代又一代接续奋斗。"第二个结合"让中华文明重焕荣光，马

---

[1] 习近平：《在纪念孔子诞辰2565周年国际学术研讨会暨国际儒学联合会第五届会员大会开幕会上的讲话》，人民出版社2014年版，第13页。

克思主义与中华优秀传统文化相结合，造就了一个有机统一的新的文化生命体，开辟了中华民族现代文明新境界。经由"结合"而形成的新文化成为中国式现代化的文化形态，中国从千年文明古国迈向现代文化强国，中华文明实现了生命更新和现代转型。

中国共产党自成立以来，领导人民的伟大奋斗是强国复兴的历史进程，也是文明转型的艰辛探索。从民本到民主，从九州共贯到中华民族共同体，从万物并育到人与自然和谐共生，从富民厚生到共同富裕，中华文明实现了从传统到现代的跨越，发展出中华文明的现代形态。中华民族现代文明是中国共产党领导的社会主义文明，是植根中华优秀传统文化、具有中华文化主体性的文明，是借鉴吸收人类一切优秀文明成果的文明。这种新型文明既遵循人类文明发展的普遍规律，又具有鲜明的民族特色和时代特征，体现科学社会主义先进本质，代表人类文明进步的发展方向。中华民族现代文明坚持全面协调发展，在坚持以经济建设为中心的同时，着力推进在高质量发展中保障和改善民生，发展全过程人民民主，以社会主义核心价值观引领文化建设，促进人与自然和谐共生，协同推进人民富裕、国家强盛、中国美丽。在谱写人类文明新篇章的进程中，不断夯实人民幸福生活的物质条件，同时大力发展社会主义精神文明，实现物质文明和精神文明相互促进、相得益彰，克服资本主义文明形态过于重视物质的先天性弊病，促进物的全面丰富和人的全面发展。

文化兴则国运兴、文化强则民族强，没有高度的文化自信，没有文化的繁荣兴盛，就没有中华民族伟大复兴。改革开放以后，中国共产党坚持物质文明和精神文明两手抓、两手硬，推动社会主义文化繁荣发展，振奋了民族精神，凝聚了民族力量。中华文明再次迸发出强大精神力量，铸就了中华文化新辉煌。以习近平同志为核心的党中央坚持以社会主义核心价值观引领文化建设，弘扬以伟大建党精神为源头的中国共产党人精神谱系，建设具有强大凝聚力和引领力的社会主义意识形态，建设社会主义文化强国，激发全民族文化创新创造活力，为创造人类文明新形态提供文化滋养和精神支撑。坚持把社会效益放在首位、社会效益和经济效益相统一，推动文化事业全面繁荣和文化产业快速发展，用社会主义先进文化、革命文化、中华优秀传统文化培根铸魂，不断丰富人民精神世界，不断提升文化整体实力和竞争力。意识形态领域形势发生全局性、根本性转变，全国各族人民文化自信明显增强，全社会凝聚力和向心力极大提升，为新时代开创党和国家事业新局面提供了坚强思想保证和强大精神力量。中华文化与世界交流互鉴，中国作家接连获得诺贝尔文学奖、雨果奖、国际安徒生奖等世界文学奖项，向世界展示中华文化魅力。登得上城楼、望得见古塔、记得住乡愁的文化长卷，在中华大地上徐徐展开，中国人民焕发出前所未有的历史主动精神、历史创造精神。

大道之行，天下为公。中华民族现代文明是坚持为世界谋大同的人类文明新形态，是用马克思主义真理力量激活的中华文明的当代形态。面对百年未有之大变局，中国把自身文明发展置于人类发展的坐标系中，从中华优秀传统文化中汲取中华文明的精华，提出共建"一带一路"、推动构建人类命运共同体，提出全球发展倡议、安全倡议、文明倡议等一系列具有中国特色且解决全球问题的立场观点方法，开辟了一条合作共赢、共建共享的人类文明发展新道路。中华优秀传统文化孕育积淀的世界观、天下观、治理观、国家观、价值观等契合了科学社会主义价值观主张，从根本上滋养了人类文明新形态，蕴藏着丰富而珍贵的解决当代人类难题的思想智慧。"为生民立命，为万世开太平"的理想追求，"兼爱非攻""亲仁善邻""以和为贵"的和平思想，"协和万邦""天下大同""和而不同"的开放包容理念等，为人类文明的多元共生奠定文脉基因，赋予人类文明新形态以强大的历史穿透力与文化感召力。以中华文明为根基的中国式现代化超越了西方工业文明，打破了"国强必霸"的大国崛起传统模式，打破了"现代化＝西方化"的迷思，拓展了发展中国家走向现代化的路径选择，深刻改变着世界文明格局和话语格局。中华民族现代文明既属于中国，也属于世界，既造福中国人民，又促进世界共同发展，是强国建设、民族复兴的康庄大道，也是谋求人类进步、世界大同的必由之路。中国提倡平等、互鉴、对话、包容的文明观，成为引领时代潮流和人类前进方向的鲜明旗帜。中华民族现代文明以包容、开放的姿态引领世界文明发展进程，以文明交流超越文明隔阂、文明互鉴超越文明冲突、文明共存超越文明优越，推动建设持久和平、普遍安全、共同繁荣、开放包容、清洁美丽的新世界。

三 以"第二个结合"推进中华民族现代文明建设

在五千多年中华文明深厚基础上开辟和发展中国特色社会主义，"两个结合"是必由之路,是取得成功的最大法宝。"第二个结合"是中国共产党对马克思主义中国化时代化历史经验的深刻总结,是对中华文明发展规律的深刻把握。在新的历史起点上继续推动文化繁荣、建设文化强国、建设中华民族现代文明,必须不断推进"第二个结合",把马克思主义思想精髓同中华优秀传统文化精华贯通起来,在实践创造中造就有机统一的新的文化生命体,切实担负起新的文化使命。

第一,坚定文化自信,实现精神上的独立自主。文化自信是更基础、更广泛、更深厚的自信,是更基本、更深沉、更持久的力量。中国有坚定的道路自信、理论自信、制度自信,其本质是建立在五千多年文明传承基础上的文化自信。中华文明历经数千年而绵延不绝、迭遭忧患而经久不衰,是在修齐治平、尊时守位、知常达变、开物成务、建功立业过程中逐渐形成的有别于其他民族的独特标识,成为中华民族最基本的文化基因。这些最基本的文化基因,始终滋养着中华民族永续发展,赋予当代中国独特的发展优势,坚定了民族自信心和自豪感。贯穿党的百年奋斗伟大历程的一个基本点就是中国的问题必须从中国基本国情出发,由中国人自己来解答。坚定文化自信,必须立足中华民族伟大历史实践和当代实践,用中国道理总结好中国经验,把中国经验提升为中国理论,走好自己的路。认真汲取中华优秀传统文化的思想精华和道德精髓,深入挖掘和阐发中华优秀传统文化讲仁爱、重民本、守诚信、崇正义、尚和合、求大同的时代价值,大力弘扬以爱国主义为核心的民族精神和以改革创新为核心的时代精神。让中华优秀传统文化成为涵养社会主义核心价值观的重要源泉,把文化自信融入全民族的精神气质与文化品格中,养成昂扬向上的风貌和理性平和的心态。

第二,秉持开放包容,不断培育和创造新时代中国特色社会主义文化。只有充满自信的文明,才会在保持自己民族特色的同时包容、借鉴、吸收各种不同文明。开放包容始终是文明发展的活力来源,也是文化自信的显著标志。中华文明具有突出的包容性,从根本上决定了中华民族交往交流交融的历史取向,决定了中华文化对世界文明兼收并蓄的开放胸怀。中华民族以"天下大同""协和万邦"的宽广胸怀,谱写了万里驼铃万里波的浩浩丝路长歌,创造了万国衣冠会长安的盛唐气象,在同其他文明的交流互鉴中不断焕发新的生命力。在各国前途命运紧密相连的今天,不同的文明只有包容共存、交流互鉴,才能促进各国人民相知相亲、推动人类文明发展进步。秉持开放包容，必须坚持马克思主义中国化时代化，传承发展中华优秀传统文化，促进外来文化本土化，更加广泛地开展同各国的文化交流，积极主动地学习借鉴人类创造的一切优秀文明成果。弘扬全人类共同价值，推动不同国家、不同民族、不同文化和谐共处、互学互鉴，破解"古今中西之争"，让世界各国文明交流对话、求同存异，丰富世界文明百花园。在"人类知识的总和"中汲取一切优秀思想文化资源，不断培育和创造新时代中国特色社会主义文化，创造一批熔铸古今、会通中西的文化成果，增强中华文明的传播力影响力。

　　第三，坚持守正创新，铸就中华文明新辉煌。中华文明具有突出的创新性，从根本上决定了中华民族守正不守旧、尊古不复古的进取精神，决定了中华民族不惧新挑战、勇于接受新事物的无畏品格。习近平总书记指出："每一种文明都延续着一个国家和民族的精神血脉，既需要薪火相传、代代守护，更需要与时俱进、勇于创新。"[①] 守正才能不迷失方向、不犯颠覆性错误，创新才能把握时代、引领时代。坚持守正创新，必须坚持马克思主义这个立党立国、兴党兴国之本不动摇，坚持植根本国、本民族历史文化沃土发展马克思主义不停步。在马克思主义指导下真正做到古为今用、洋为中用、辩证取舍、推陈出新，在推动马克思主义基本原理同中华优秀传统文化相结合的"双向互动"中，实现创造性转化和创新性发展。把马克思主义思想精髓同中华优秀传统文化精华贯通起来、同人民群众日用而不觉的共同价值观念融通起来，用马克思主义激活中华优秀传统文化中富有生命力的优秀因子并赋予新的时代内涵。在传承中华文明优秀文化基因的基础上，赋予中华优秀传统文化以新的时代内涵和当代表达，在守正创新中构筑中华文化新气象、激发中华文明新活力、铸就中华民族新辉煌。

　　[①] 习近平：《出席第三届核安全峰会并访问欧洲四国和联合国教科文组织总部、欧盟总部时的演讲》，人民出版社2014年版，第17页。

中华文明的多维度解读

周 勇

习近平总书记在文化传承发展座谈会上的讲话指出，中华文明具有突出的连续性、创新性、统一性、包容性、和平性。"五性"的总结科学深刻、切中实质，表明我们党在传承中华优秀传统文化中推进文化创新的自觉性达到了新高度，必定成为今后我们理解中华文明的重要框架，更为新时期世界文化交流提供了中华文明的明确定位。从这些基本命题出发，在对这些特性分析的基础上，可以对中华文明进行多维解读，包括中华文明的时间维度、空间维度、格局维度、外交维度、领域维度等。

一 时间维度下的中华文明：连接过往，创造未来

中华文明通过长期的历史传承而不断厚积，显示出强大的文明积累能力。"中华文明探源工程"以考古资料证明了我国五千多年的文明史，以及中华文明"多元一体、兼容并蓄、绵延不断"的总体特征。中华文明通过对优秀传统文化创造性转化，显示出强大的文明利用能力。将观念的文化转化为现实的文化，将文化的只言片语转化为经世的能量，将泛泛的文化表述转化为具体的改造世界的力量，将文化资源转化为经济、政治、社会发展资源，将文化转化为执政为民的规则、措施，将文化转化为社会进步的动力、蓝图。在历史的关键期，特别是重大转折关头，甚至战乱频仍、国将不国时期，中华民族追求统一的文化基因往往能够力挽狂澜，国土不可分、国家不可乱、民族不可散、文明不可断的共同信念，决定了国家统一永远是中国的核心利益，决定了一个坚强统一的国家是各族人民的命运所系，因此每一次分裂最终都走向统一。当前中国国家的统一要求不仅仅体现在疆域、政令、军事上，更体现在经济等基础性领域，新时代建

设社会主义市场经济，加快完善社会主义市场经济体制，需要破除地方保护、区域分割导致的要素流动不畅、资源配置效率不高等问题，打通经济活动的"堵点"，形成统一大市场，构建以国内大循环为主体、国内国际双循环相互促进的新发展格局。

中华文明通过对优秀传统文化的创新性发展，显示出强大的文明开创能力。中国历朝历代都留下了丰厚的文化遗产，以二十四史为代表的正史，通过传承弘扬正统观念保证了中华文明一脉相承的主线。同时各个时期又有不同的文明开拓，如唐诗、宋词、元曲、明清小说，都是独具特色的文化成果。中华文化推崇革故鼎新，《周易》云"革，去故也；鼎，取新也"[1]，就是"新底包含旧底，继续旧底，而不是取消旧底"[2]。造纸术、指南针、火药、印刷术四大发明是中国古代创新的智慧成果，对中国古代的政治、经济、文化的发展产生了巨大的推动作用，经各种途径传至西方后，对世界文明发展产生了巨大的影响。

党的十八大以来，中国进一步开拓创新，取得了经济社会发展各方面的重大成就，比如创立新时代中国特色社会主义思想；提出并贯彻新发展理念，构建新发展格局，推动高质量发展，实施供给侧结构性改革，制定一系列具有全局性意义的区域重大战略；产业上建设成为世界工厂；在人工智能（AI）、关键量子技术、能源、生物技术以及先进材料等高水平科技领域取得重大进展；全面加强了党的领导；全面推进了中国特色大国外交。划时代的变革和焕然一新的面貌显示了在时间维度下中华文明实现了进一步创造性发展，并将继续创造新的伟业。

二 空间维度下的中华文明：统筹内地和边疆两个大局

中国疆域概念的形成伴随着两个过程：一是由分裂走向统一的过程；二是主体民族发展，其他民族不断融合成一体的过程。中国之所以能够不断从分裂走向统一，就因为其疆域观中始终持有内部统一、外部和平的理念。几千年来，民族地方间乃至封建割据政权间虽然屡经和战，但都是以

---

[1] 王弼撰，楼宇烈校释：《周易注校释》，中华书局2012年版，第188页。
[2] 冯友兰：《贞元六书》，中华书局2014年版，第93页。

华夏认同为前提。分裂和政权更替没有引起民族性的、种族性的大清洗，反而能够通过休养生息政策，使政权由乱而治，不仅有利于促进民族融合，也有利于统一的多民族国家的巩固。中华文明与西方文明有别，西方虽然对外部谋求征服，但内部却较为分散，自由主义盛行，历史上许多欧洲国家是由一些松散的城邦组成，国家统一的纽带极为脆弱。欧洲大陆由于被分裂成众多的小国，所以外交成为其一项繁重的事务，国家间的战争乃至贸易争端频繁，国内发展和国际发展难以平衡，两次世界大战均在欧洲爆发。中华民族在多元一体的形成过程中，始终注意统筹内地和边疆两个大局，内求统一，外求稳边，保证了中华民族共同体范围的不断扩大、内部向心力的不断增强。直到今天，我国还是坚持"治国必治边"的战略思想①。而且边疆政策是综合性、基础性的，着眼长远，坚持绵绵用力、久久为功。当前更是多措并举，推进兴边富民、稳边固边，大力改善边境地区生产生活条件，完善沿边城镇体系，支持边境口岸建设，加快抵边村镇和抵边通道建设。不断推进内地和边疆基础设施建设，尤其是各种运输方式一体化融合发展，完善综合运输大通道，加强出疆入藏、中西部地区、沿江沿海沿边战略骨干通道建设，有序推进能力紧张通道升级扩容。在传统基建之外，发力新基建，比如以5G、物联网、工业互联网、卫星互联网为代表的通信网络基础设施，以人工智能、云计算、区块链等为代表的新技术基础设施，以数据中心、智能计算中心为代表的算力基础设施等进一步强化了内地和边疆地区的交流和协作。许多边疆欠发达地区进一步发展成为内地对外开放的前沿，内地对边疆地区的帮扶、支撑和腹地作用越来越显著。

中国内地和边疆的统筹既有历史传统，也有新时代新创造。自古以来，史书就有关于军屯、民屯、商屯的记载，新中国成立以后，尤其是改革开放以来，我国创造性地推出了治边稳边政策。比如已经形成了较为完善的援藏援疆机制，不仅通过转移支付、投资，补齐资源短板等物质项目支边，更通过为商品找销路，以及产业、技术、教育、医疗等能力项目援边，援藏援疆在铸牢中华民族共同体意识、推进民族团结进步、促进民族和区域间交往交流交融、兴边富民、维护边境地区稳定、保障国家安全和生态安

---

① 《习近平在中央第六次西藏工作座谈会上强调，依法治藏富民兴藏长期建藏，加快西藏全面建成小康社会步伐》，《西藏日报》2015年8月26日。

全方面发挥了重大作用。空间维度下的中华文明重视内地和边疆一同发展，内地支持边疆，边疆护卫内地，两者共同保障了中国国土的安全。

三 格局维度下的中华文明：走自己的路，与志同道合者同行

中华文明具有特立独行、自成体系，而又胸怀天下的格局。党的二十大报告指出，以中国式现代化推进中华民族伟大复兴，统揽伟大斗争、伟大工程、伟大事业、伟大梦想。走别人的路，有被别人断路的危险，这样的路很难保证连续。比如近年来中国在高科技领域受到以美国为首的西方国家联合打压，许多企业面临生存危机，有的甚至倒闭，就是因为没有走自己的路，发展道路被剥夺。对于这些一时的波折，中国人壮士断腕，丢掉幻想，着力攻关，在美西方打压下反而加速了中国高水平科技独立自主的进程，中华文明再一次勃发出奋斗的雄风。只有走自己的路，才能掌握主动性，中华文明长期以来一直在东亚大陆发展，很长时间里没有其他文明可以与之匹敌，前进的道路也没有其他文明可以借鉴，从而形成了独立发展、自立自强的特性。

中国人历来坚持走自己的路，与志同道合者同行。基于自己的文化价值，准确认识世界之变、时代之变、历史之变，坚信和平、发展、合作、共赢的历史潮流不可阻挡，人心所向、大势所趋决定了人类前途终归光明。当前，恃强凌弱、巧取豪夺、零和博弈等霸权霸道霸凌行径危害深重，贸易战、科技战违背市场规律，人为"筑墙设垒"，强推"脱钩断链"的逆全球化思潮泛起，和平赤字、发展赤字、安全赤字、治理赤字加重，人类社会面临前所未有的挑战，中国发扬伟大的斗争精神，正在和友好国家共建"一带一路"，在全世界倡导人类命运共同体建设，共同维护世界和平发展。"一带一路"和人类命运共同体既是中华文化对世界的贡献，同时也是中华文化对世界发展的主张，正获得世界上越来越多国家的响应，大家在共同发展中践行这一伟大愿景。在高水平科技创新过程中国自立自强和交流协作并举，一方面，坚持面向世界科技前沿、面向经济主战场、面向国家重大需求、面向人民生命健康，构建中国自主可控的科学技术体系，积聚力量进行原创性、引领性科技攻关，坚决打赢关键核心技术攻坚

战。另一方面，努力增进国际科技界开放、信任、合作，打造好国际交流互动的科技协作体系，如构筑国际基础研究合作平台，设立面向全球的科学研究基金，加大国家科技计划对外开放力度，围绕气候变化、能源安全、生物安全、外层空间利用等全球问题，拓展和深化中外联合科研。

中华文明和而不同，世界尽管文化有差异、宗教信仰有不同，但发展是大家共同的主题，中华文明以其务实的态度，求同存异的处世之法，更以其自强不息、以和为贵的价值观念，得到了世界其他国家的尊重。当前，无论是官方交往还是民间交流，中国都是世界发展的中流砥柱，尤其多年来对世界经济发展一直发挥着重要推动作用，全世界已经有182个国家与中国建立外交关系，全球198个国家中，中国是其中128个国家的最大贸易伙伴。

四 外交维度下的中华文明：以史为鉴，命运共同

中国人在处理人与人、国与国之间关系时讲"信"，《礼记》云："大道之行也，天下为公，选贤与能，讲信修睦"[1]；重义，孟子云："言不必信，行不必果，惟义所在"[2]；追求信义基础上家庭秩序、社会秩序、国家秩序、天下秩序的和谐。这与西方物竞天择、零和博弈、以邻为壑，甚至不择手段的思想倾向迥然不同。如果不从源远流长的历史连续性来认识中国，就不可能理解古代中国，也不可能理解现代中国，更不可能理解未来中国。对西方而言，也可以说，如果不从漫漫历史长河中了解中国，就不可能认识中国古代为什么行，也不可能认识中国式现代化为什么行得通，更不可能认识到中国的未来依旧前途光明。所以，历史的连续性也是西方认识中国、了解中华文明的重要钥匙。比如中国式现代化是全体人民共同富裕的现代化，而不是西方一味追求市场化、恶性竞争、贫富悬殊、马太效应下的现代化。中国一直追求中央协调地方协同、国家统一地方分权下可控的经济社会发展体制，个人、地方、小群体利益总是从属于国家利益，而国家发展成果要尽可能让广大人民群众共享。历史上的封建王朝

---

[1] 杨天宇：《礼记译注》，上海古籍出版社2004年版，第263页。
[2] 朱熹：《孟子集注》卷八《离娄章句下》，《四书章句集注》，中华书局1983年版，第292页。

往往民生有保障时政权稳，民不聊生则政权危。西方虽然有类似于第三次分配的社会慈善和捐助体系，但根本无法改变社会贫富差距悬殊的现实，最多是富人向穷人极其有限的一点施舍，与我国全体人民共同富裕的现代化有着本质的区别。联系到世界发展，处理国与国之间关系，中华文明有着重要的借鉴意义。只有以发展为主题，胸怀天下，让世界人民、全球各国，无论南方北方、东方西方、发达国家与欠发达国家，都获得发展红利，国际关系才会稳定，世界格局才会和谐。

党的二十大报告指出，中国坚持在和平共处五项原则基础上同各国发展友好合作，推动构建新型国际关系，深化拓展平等、开放、合作的全球伙伴关系，致力于扩大同各国利益的汇合点。促进大国协调和良性互动，推动构建和平共处、总体稳定、均衡发展的大国关系格局。"亲仁善邻"意指与仁者亲近，与邻邦友好，是中国人典型的外交风范。中国的国际融入也是创新性的融入，古代的丝绸之路、海上丝绸之路，都是中国国际融入的创新性举措。当代的"一带一路"倡议，人类命运共同体建设，更是中国和友好国家一起倡导的世界发展新愿景。中华文明推崇天下共治，儒家"以天下为一家，以中国为一人"①，道家"执一为天下式"②，意指圣人不是靠权力、势力和力量来推广自己的理念和主张，而是通过"道"来实现。正如当前中国坚持亲诚惠容和与邻为善、以邻为伴的外交方针，深化同周边国家友好互信和利益融合；秉持真实亲诚理念和正确义利观，加强同发展中国家团结合作，维护发展中国家共同利益。中国步入世界中心的进程早已开始，而且都以和平的方式宣示，郑和船队装载的都是货物，陆上商队驮运的都是货品，没有用野蛮的殖民武装开路，而是以货易货、以礼物互赠扩大友好交流范围；不是给世界其他地区带去冲突，而是促进了世界和平。

五　领域维度下的中华文明：全面发展，各领域异彩纷呈

中华文明辉煌，各领域亚文化灿烂，交相辉映。从细分层次来

---

① 《礼记译注》，第275页。
② 陈鼓应：《老子今注今译》，中华书局2020年版，第141页。

看，中国不同领域文化具有特有的典型性特质。如中国的历史文化，它以连续性为重要特征。中华文明是世界上唯一没有中断过的文明。尽管不同时期改朝换代，但中国的历史文化一以贯之，从来没有失去过中华文明的主体性。这种历史文化的连续性甚至与主体民族盛衰强弱无关，主体民族和其他少数民族共同创造了中华文化，使中华文化成为其共有文化。历史上无论哪个民族当政，都不影响中华文化的传承和光大。这也说明，中华文化是优秀的文化，而且是各民族公认的优秀文化，令各民族自觉汇入中华文化之中。中国历史文化的连续性也与地区的中心与否无关，很多文明，在文明的中心区影响力大，而在偏远区影响力微弱，比如欧洲早期的爱琴文明，仅限于地中海沿岸，对欧洲大陆特别是北部山地影响有限。而中华文明，正如《诗经》所言"溥天之下，莫非王土，率土之滨，莫非王臣"[1]，在中华大地上具有完全性、普遍性。也正是因为有这种完全性、普遍性，中华文明才能连续。在某些历史时期，中华文明可能一个地方受到外来文化侵扰，但由于地大物博，外来文化难以全盘攻陷中华文明，只要获得一线生机，中华文明即能够光大。

中国的现代文化，它以创新为重要特征。中华文化尽管保持数千年辉煌，但近代以来，在科技文化，尤其科学文化上落后于西方。由于错过了科学革命及其后的工业革命，中国经济、政治和军事发展陷入全方位困境，并饱受西方列强侵略，中国现代文明的进程，既是救国救民的进程，也是创新发展的进程。比如从洋务运动、戊戌变法到新文化运动，进行的是一系列创新。从器物创新到制度创新，再到观念创新，只要理解了创新过程，就明晰了中国现代文化的发展脉络。

中国的国家文化以统一为重要特征。中国虽然在历史上经历过多次分裂，但一直以来追求统一都是各个时代的主题，即使是在分裂时期，民心也是向着统一。同时，割据政权间也极不稳定，统一是各个政权追求的目标。因此也可以说，在中国文化中分裂是非常态，统一才是常态。即便形势上分裂，内在精神上仍是统一的；即使一时分裂，长期总会统一；即使条件不够，不得已而分裂，一旦条件具备终将统一。在社

---

[1] 郑玄笺，孔颖达疏：《毛诗正义》卷一三《小雅·北山》，阮元校刻《十三经注疏》第 1 册，中华书局 2009 年版，第 994 页。

会意识中，统一国家者受到尊崇，因为它减少了分裂带来的战乱频仍、民不聊生，创造了和平红利。在这个意义上，也可以说，美国等西方国家妄图分裂中国的图谋注定不可能得逞。中华各民族文化融为一体，就像石榴籽一样紧紧抱在一起，即使遭遇重大挫折也牢固凝聚。

论人类文明新形态格局中的中华民族现代文明

王 莹

2023年6月2日，习近平总书记出席文化传承发展座谈会并发表重要讲话。这次讲话，为广大文化工作者指明了新时代新征程赶考之路上的方向，也标志着新的文化使命的庄严确立。习近平总书记这样说道："在新的起点上继续推动文化繁荣、建设文化强国、建设中华民族现代文明，是我们在新时代新的文化使命。要坚定文化自信、担当使命、奋发有为，共同努力创造属于我们这个时代的新文化，建设中华民族现代文明。""中华文明具有突出的创新性，从根本上决定了中华民族守正不守旧、尊古不复古的进取精神，决定了中华民族不惧新挑战、勇于接受新事物的无畏品格。"[1] 因此，"中华民族现代文明"的提出，本身就彰显着中国共产党一贯守正创新、踔厉奋发、勇毅前行的无畏品格，也顺应和体现了中华文明演进过程中自身发展的必然规律，中华民族现代文明将成为人类文明新形态的重要组成部分。习近平总书记的这次讲话，为新征程上的文化传承发展提供了极具远见卓识的顶层设计，意义重大。

一 用"结合"开启创新"四个自信"多向耦合

习近平总书记在文化传承发展座谈会上的重要讲话指出："中国文化源远流长，中华文明博大精深。只有全面深入了解中华文明的历史，才能更有效地推动中华优秀传统文化创造性转化、创新性发展，更有力地推进

---

[1] 《担负起新的文化使命　努力建设中华民族现代文明》，《人民日报》2023年6月3日。

中国特色社会主义文化建设，建设中华民族现代文明。"①

优秀传统文化是一个国家和民族共有的精神家园，是一个国家、一个民族传承和发展的重中之重。而中华优秀传统文化作为中华民族的文化根脉，其中蕴含着最具中华民族精神标识的思想智慧、道德规范、文化内涵、品格风骨，应大力发掘其中最能凸显中华优秀传统文化特色的经典性元素和标志性符号，提炼和展示其中的当代价值和世界意义，追求传承传播效果的最优化和最大化。特别是在全球化语境下传承和传播中华优秀传统文化，建设中华民族现代文明，也将为解决全人类共同的问题提供中国智慧独具特色的思想资源支持。

新时代中国特色社会主义文化建设离不开中华优秀传统文化的滋养和支撑，中华优秀传统文化的内涵为当代文艺创作提供了强大的道德教化力和感召力，而优秀的当代文艺作品又弘扬了中华优秀传统文化中"厚人伦，美教化，移风俗"的精神价值，呈现着我们中华民族铮铮铁骨的凛然正气，蕴含着将生命引入崇高壮美境界，牵系于伟大光明事业的高尚情操。在习近平总书记文化传承发展座谈会上的重要讲话的指引下，我们更需要做到在"结合"中建设中华民族现代文明。这离不开以下两个方面的努力。

第一，将艺术创造力和中华优秀传统文化价值相融合。创新是艺术的生命。中华优秀传统文化极其丰富、极其博大、极其精深，为新时代中国特色社会主义文化建设提供了宝贵的精神资源。我们应以创新来引导继承，在继承的基础上实现创造性转化和创新性发展，只要我们坚持古为今用、推陈出新、服务当代、面向未来的原则，就能激活中华文化的生命力，建设起中华民族现代文明，让收藏在博物馆的文物、陈列在全国各地的遗产、书写在古籍里的文字都活起来、动起来，为当下社会主义文化事业的繁荣提供精神底蕴。中华优秀传统文化为文艺创作提供了宝贵的精神资源、价值引领，我们应以创新来引导传承，在传承基础上实现创造性转化和创新性发展，赋予中华优秀传统文化新境界、新释义。

第二，将中华美学精神和当代审美追求相统一。中华美学讲求托物言志，寓理于情，讲求言简意赅、凝练节制，讲求形神兼备、意境深远，强调知、情、意、行相统一。中华美学精神是中华优秀传统文化在美学方面

---

① 《担负起新的文化使命　努力建设中华民族现代文明》，《人民日报》2023年6月3日。

的重要体现，蕴含着中华民族对中华文化独特的美学经验、理论创造和实践总结。它深刻影响了从古至今的审美创造，涵养培育了中国人的审美情趣、审美习惯和价值取向。当代社会主义文化建设应从中华美学精神中汲取营养，努力将中华美学精神与当代审美追求相统一，学习借鉴世界优秀文化成果，坚持洋为中用、中西合璧、融会贯通，为人民创造出更多富有中华文化底蕴、气韵、神韵的优秀作品，传递出新时代积极向上的中国精神、中国风格、中国气派。

习近平总书记在文化传承发展座谈会上的重要讲话中还谈道："'第二个结合'，是我们党对马克思主义中国化时代化历史经验的深刻总结，是对中华文明发展规律的深刻把握，表明我们党对中国道路、理论、制度的认识达到了新高度，表明我们党的历史自信、文化自信达到了新高度，表明我们党在传承中华优秀传统文化中推进文化创新的自觉性达到了新高度。""'结合'打开了创新空间，让我们掌握了思想和文化主动，并有力地作用于道路、理论和制度。"① 从中我们可以看到，以中华优秀传统文化作为文化自信的基石，为"四个自信"共同迈向新高度发挥了无可替代的作用。而文化自信作为"四个自信"中最深沉、最持久的自信，新时代新征程，正在日益迸发出与其他三个自信多向耦合、联动发力的巨大效能，"四个自信"交互作用激发的强大力量，也让其成为习近平新时代中国特色社会主义思想体系中最具活力的代表性元素之一，在新时代中国特色社会主义文化创新推进的历史进程中，产生着深刻的影响。

新时代新征程，我们应充分认识中华优秀传统文化在建设中华民族现代文明中的重要作用，提炼其中能够获得最广泛人类共鸣的、永不过时的道德价值和伟大情感，通过创新文艺形式，弘扬中华美学精神，不断彰显中华优秀传统文化动人的精神内核，不断强化人民对于中华文化生命力和美丽中国形象的普遍认同和情感共鸣，让中华优秀传统文化在传承中激活，在创新中永生，让广大人民以高度的文化自信为第二个百年奋斗目标和中华民族伟大复兴的实现携手共建、团结奋进，大力推动中华民族现代文明成为人类文明新形态的重要组成部分。

---

① 《担负起新的文化使命 努力建设中华民族现代文明》，《人民日报》2023年6月3日。

二 以志气、骨气、底气在国际舞台传播好中国声音

在文化传承发展座谈会上,习近平总书记指出:"在五千多年中华文明深厚基础上开辟和发展中国特色社会主义,把马克思主义基本原理同中国具体实际、同中华优秀传统文化相结合是必由之路。这是我们在探索中国特色社会主义道路中得出的规律性的认识,是我们取得成功的最大法宝。"① 这一经验总结,体现了习近平总书记对于实践探索得出的正确结论的价值体认,同时也体现了习近平新时代中国特色社会主义思想始终立足于中国的历史和当下,去规划和发展未来的宏阔境界。

习近平总书记还指出:"在新的历史起点上继续推动文化繁荣、建设文化强国、建设中华民族现代文明,要坚定文化自信,坚持走自己的路,立足中华民族伟大历史实践和当代实践,用中国道理总结好中国经验,把中国经验提升为中国理论,实现精神上的独立自主。要秉持开放包容,坚持马克思主义中国化时代化,传承发展中华优秀传统文化,促进外来文化本土化,不断培育和创造新时代中国特色社会主义文化。"② 这也体现了习近平新时代中国特色社会主义思想理论体系有着一以贯之的精神脉络,始终具备独立自主、守正创新的理论品格。

在新的历史起点上建设文化强国、建设中华民族现代文明,离不开在坚定的文化自信下,对于中国文化软实力和中华文化影响力的提升。习近平总书记这些新的论述对应到方法论层面,就链接到了他在党的二十大报告中强调的:"坚守中华文化立场,提炼展示中华文明的精神标识和文化精髓,加快构建中国话语和中国叙事体系,讲好中国故事、传播好中国声音,展现可信、可爱、可敬的中国形象。加强国际传播能力建设,全面提升国际传播效能,形成同我国综合实力和国际地位相匹配的国际话语权。深化文明交流互鉴,推动中华文化更好走向世界。"③ 这是建设社会主义文化强国的重要内容。要在国际舞台正面展现新时代的大国气象,让

---

① 《担负起新的文化使命 努力建设中华民族现代文明》,《人民日报》2023年6月3日。
② 《担负起新的文化使命 努力建设中华民族现代文明》,《人民日报》2023年6月3日。
③ 习近平:《高举中国特色社会主义伟大旗帜 为全面建设社会主义现代化国家而团结奋斗——在中国共产党第二十次全国代表大会上的报告》,《人民日报》2022年10月26日。

国际社会对于中国真实面貌有客观正确的认知，消弭曲解和偏见，就必须提升传播能力，实现有效交流。讲好中国故事、传播好中国声音是其中的必由之路。在建设中华民族现代文明的过程中，国家形象的国际建构至关重要，也是新时代社会主义文化建设的重中之重。

而从哪些方面着力，党的二十大报告中也同样给出了答案："要增强全党全国各族人民的志气、骨气、底气。"① "志气""骨气""底气"三个关键词在中国代表着悠远绵长的文化传统，不仅是中华民族的精神标识，也是从古至今贯穿于中华文明的精神支撑。志气、骨气、底气这三个关键词分别对应的是三种中华民族精神。

志气，来自我们中华民族古来形成的"天行健，君子以自强不息"②的冲天豪气。骨气，来自我们中华民族亘古不变的"贫贱不能移，威武不能屈"③。底气，来自我们的辉煌历史和巨大成就、悠久传统和美好文明，我们先天拥有的庞大精神遗产，就是我们每个中国人的底气。

我们应着力将对外讲好彰显中国人的志气、骨气、底气的中国故事，与塑造可信、可敬、可爱的中国的外宣目标相对接，更好地明确、理解和把握中华优秀传统文化对外传播的方向和内容，提取其中跨越古今、贯通中西的最具穿透力和共情性的优质因子，唤起世界各国人民对于中国形象的普遍认同和情感共鸣，推动构建人类命运共同体，使之发挥出在建设中华民族现代文明、实现中华民族伟大复兴中的精神支柱的必要作用。

习近平总书记在文化传承发展座谈会上的讲话坚持独立自主统摄下的"中国道理—中国经验—中国理论"的三级递进，不仅为第二个百年新征程上中华文化的国际传播在实践层面的推进指明了方法和方向，也为我们指明了在国际传播中运用好"两个结合"这一最大法宝须遵循的原则，那就是：中国立场，世界表达。

我们在中华优秀传统文化的国际传播中必须认真思考外国民众喜爱的传播模式，从而达到我们理想的传播接受度，但这并不意味着我们要去一味迎合西方主流价值观，放弃中国立场。我们的视角和价值观，任何时候

---

① 《高举中国特色社会主义伟大旗帜　为全面建设社会主义现代化国家而团结奋斗——在中国共产党第二十次全国代表大会上的报告》，《人民日报》2022年10月26日。
② 王弼撰，楼宇烈校释：《周易注·上经·乾》，中华书局2011年版，第3页。
③ 朱熹：《孟子集注》卷六《滕文公章句下》，《四书章句集注》，中华书局1983年版，第266页。

都必须坚守中国立场，以传播昂扬向上的中国话语、中国故事、中国思想为核心要义，不可为引起关注而强行附会西方价值观中与中华优秀传统文化核心价值观相违背。我们只有时刻坚守独立自主的中国立场，才能在国际传播中始终保持我们中华优秀传统文化的瑰丽色彩、彰显出我们中华文化独具特色的魅力，才是真正在世界范围内润物无声地令中华优秀传统文化发扬光大的正确途径，才是立足国际视野、胸怀天下建设中华民族现代文明应有的政治站位。

而世界表达，则意味着我们在中华优秀传统文化的对外传播中，必须不断探索能让最广大的外国民众所接受的、效果最佳的方式方法。习近平总书记指出："打造融通中外的新概念、新范畴、新表述，更加充分、更加鲜明地展现中国故事及其背后的思想力量和精神力量。"① 这需要我们的传播者，必须从自身做起，提升知识储备和专业素养，时刻把握国际政治、经济、文化、生态文明等多领域前沿动态，从世界各国文明互鉴的视角探寻融通中外的新概念、新范畴、新表述，使之可以精辟而精练地提取概括出中华优秀传统文化中的闪光点，同时又能在宣传推广时做到浅显易懂，令外国民众喜闻乐见。

因此，中华民族现代文明的建设，必须将中华优秀传统文化的国际传播纳入其理论体系和实践路径，必须通过不断探索、优化宣传模式，在中华民族现代文明的建设中体现出党的二十大报告中提出的"六个必须坚持"，特别是第六条"必须坚持胸怀天下"。以海纳百川的胸怀和气魄，本着对人类前途命运高度负责的态度，做全人类共同价值的倡导者，积极为人类发展进步做出应有的贡献。让建设中华民族现代文明积极参与到构建人类命运共同体的伟业中去，大力推动中华民族现代文明在国际舞台上彰显可信、可爱、可敬的中国形象，推动世界文明互鉴，促进全球文明共荣的历史功绩。

习近平总书记在文化传承发展座谈会上的重要讲话，提出了建设中华民族现代文明的新表述，确立了新的文化使命，从中我们可以看到习近平总书记在新征程上胸怀天下，秉承中国共产党的初心使命，放眼世界，积极为新时代中国文化的自信自强凝神聚力，为中华文明的当代内涵强心铸魂，为构建人类命运共同体提供中国智慧和中国方案，大力推动中华民族

---

① 习近平：《习近平谈治国理政》第 4 卷，外文出版社 2022 年版，第 317 页。

现代文明成为人类文明新形态的重要组成部分，以文明互鉴、海纳百川的气魄胸襟，引领当代中国以迈向新高度的文化自信和中国式现代化屹立于世界民族之林，中华民族现代文明也必将参与到世界文明融通、整合、创新、重构的历史进程中去，并发挥出无可估量的巨大影响力和推动力。

中华文明包容性与中非文明互鉴

郭 佳

习近平总书记在文化传承发展座谈会上指出："中华文明具有突出的包容性，从根本上决定了中华民族交往交流交融的历史取向，决定了中国各宗教信仰多元并存的和谐格局，决定了中华文化对世界文明兼收并蓄的开放胸怀。"[1] 正因为中华文明突出的包容性，使中华文明具有广阔的视野和丰富的内涵。在当今世界百年未有之大变局加速演进、安全挑战层出不穷、世界经济复苏艰难、各种文化思潮激流涌荡、冷战思维甚嚣尘上、"文明冲突论"沉渣泛起的背景下，中国以独特的东方智慧和远见，提出了"以文明交流超越文明隔阂、文明互鉴超越文明冲突、文明包容超越文明优越"[2] 的全球文明倡议。中国和非洲虽然远隔千山万水，但都拥有辉煌灿烂的文明，中华文明和非洲文明都是世界文明的重要组成部分，双方的文明交往源远流长。中非两大文明平等相待、求同存异，相互包容、相得益彰，践行不同文明美美与共、和谐共生的理念，将为构建中非命运共同体贡献力量，对于世界文明交流互鉴也具有示范意义。

一 中华文明包容性

中华文明包容性具有丰富的内涵，它从传统文化中走来，中国传统哲学是中华文明包容性的底色。自古以来，中华文明包容性表现为对域内不同民族和文化的融合，以及对域外异质文化的吸纳，正是这种兼收并蓄的

---

[1] 习近平：《在文化传承发展座谈会上的讲话》，《求是》2023年第17期。
[2] 习近平：《携手同行现代化之路——在中国共产党与世界政党高层对话会上的主旨讲话》，《人民日报》2023年3月16日。

开放胸怀，使中华文明生生不息，绵延不绝，并随时代变迁不断创新发展，塑造出中华民族现代文明。

（一）中华文明包容性植根于中国传统哲学观念

中国传统哲学是中国传统文化的内核，也是中国传统价值观念的重要源头。它源远流长、博大精深，其中蕴含的和而不同、厚德载物、有容乃大等思想理念，是中华文明包容性的思想来源与文化支撑，构成了中华文化的包容基因。

自古以来，"和"在中国哲学中占有特殊地位，是中华传统文化的核心概念和价值追求。"和"的本意是和谐、协调，"和而不同"则体现了中国哲学的智慧，即多样性的统一。中国哲学中的"声一无听，物一无文""和实生物，同则不继"等观念都是这一思想的诠释。在中国哲学观念中，"同"就是"一"，排斥异质文化因素和文化成分，追求绝对的同一，就不能增益，不能有生命，不能有创造，事物只有在多样性的统一与和谐中才能得以丰富和发展。"和而不同"的思想意味着，和谐并非等同于相同事物的简单叠加，要接受差异性，尊重多样性，以开放包容的态度实现和谐共存。

在中国传统文化中，经常以天地山河作比，表达包容万象的处世哲学和文化理念。《周易·坤卦》曰："地势坤，君子以厚德载物。"[1] 意思是说，天地最大，它能包容万物，天地合而万物生、四时行。君子应该像大地一样，德行敦厚，胸怀宽广，进而包容诸象，承载万物。秦朝李斯在《谏逐客书》中亦言："太山不让土壤，故能成其大；河海不择细流，故能就其深。"[2] 意思是，泰山不舍弃任何土壤，所以才能那样高大；河海不排斥任何细流，所以才能那样深广，以此启迪人们要具有包容万象的博大胸怀和普惠万物的无私大爱。《周易》中的"天下同归而殊途，一致而百虑"[3]，《礼记》中的"万物并育而不相害，道并行而不相悖""乐者为同，礼者为异。同则相亲，异则相敬"[4] 等，无不在强调多元、包容、兼

---

[1] 朱熹撰，廖名春点校：《周易本义》卷一《周易上经·坤》，中华书局2009年版，第44页。
[2] 司马迁：《史记》卷八七《李斯列传》第8册，中华书局1982年版，第2545页。
[3] 《周易本义》卷三《系辞》，第249页。
[4] 王文锦译解：《礼记译解》下册，中华书局2016年版，第822、549页。

收并蓄的精神。

（二）中华文明包容性表现为对不同文明的兼收并蓄

中华文明是在与其他文明不断交流互鉴中逐渐形成的开放体系。正如习近平总书记所指出："中华文明自古就以开放包容闻名于世，在同其他文明的交流互鉴中不断焕发新的生命力。"① 这种文明间的交流互鉴，不仅表现在对域内各民族、地域文化的融合发展上，也表现为对异域异质文化的吸纳和借鉴上。正是这种对外来文化兼收并蓄的传统，维系了中国传统文化脉络的绵延不绝，成为中华文明在几千年的历史变迁中不断传承、不断发展的根本原因。

历史上，中华文化并非单一血脉传承，而是在漫长的历史发展过程中融合了各民族的血脉。纵观历朝历代，从东周初期的白狄内迁，到五胡十六国、衣冠南渡，从僚人入蜀到隋朝一统，再到唐末五代十国、女真南下、满人入关，伴随着各民族统一、分裂、离散、聚合的反复交替，各地域民族文化不断融合发展，最终形成了内涵丰富、博大精深的中华文化及其体系。

中华文明的包容性还体现在对异域文化的吸纳上。汉代丝绸之路的开辟，不仅带动了中西方商业往来，也促进了文化的交流，佛教就是在那个时期传入中国的。也正是中华文化的开放、包容，方使佛教文化得以同儒家文化和道教文化相融合，最终形成了具有中国特色、"儒释道"融会贯通的佛教文化。唐朝时期，景教、伊斯兰教、波斯文化等相继传入，佛教、道教、儒教、伊斯兰教、印度教、摩尼教等十余种教派曾在泉州长期共处，泉州因此被誉为世界宗教博物馆。明代郑和下西洋，开启了中国与东南亚、非洲各国的文化交流。近年来，在非洲东海岸国家肯尼亚的考古发掘中，发现了数个明朝时期的瓷片及铜币，证实了郑和到访非洲并同非洲进行文化交流的真实性，在这个过程中，中华文化吸收并借鉴了其他民族文化的有益成分，焕发出新的生命力。

（三）中华文明包容性塑造了中华民族现代文明

近代以来，中国以开放包容的态度在追求真理与复兴的道路上不懈努

---

① 《把中国文明历史研究引向深入　推动增强历史自觉坚定文化自信》，《人民日报》2022年5月29日。

力，塑造了中华民族现代文明。1840年鸦片战争后，中国逐渐沦为半殖民地半封建国家。为挽救民族危亡，无数仁人志士探索救国救民的真理，先后发起了洋务运动、戊戌变法、辛亥革命，试图借鉴西方先进制度和文化，在器具装备、科学技术、政治制度、价值观念层面进行变革，以改变中国落后的面貌。这些探索虽然由于自身的局限性，最终均以失败告终，但仍然开阔了中国人的视野，从而在一定程度上推动了中国社会的进步。随后，新文化运动掀起了思想解放的浪潮，主张向西方学习，提倡民主与科学，促进了马克思主义同中国工人运动相结合，从而为改变中国近代历史的航向与航程创造了前所未有的条件。1978年开始的改革开放，传承发展了包容、革新、开放的文化思想，成为中国历史上的又一次伟大转折。改革开放的内涵与要旨就是借鉴吸纳国外先进科学技术和思想文化，它开辟了现代化发展的新路径，提供了社会制度的新范本，催生了全球治理的新体系，使多元化的制度文明和价值理念因为中国的成功而在世界范围内形成和拓展，丰富了世界文明的多样性。党的十八大以来，"一带一路"倡议、人类命运共同体、全球发展倡议、全球安全倡议、全球文明倡议等，也无不体现着中华民族的包容、创新传统，以及将中华优秀传统文化与现实相结合的独创性理念。

二 非洲与中国传统价值观念的相似性与差异性

非洲与中国山水相隔，距离遥远，有着不同的自然风貌和人文环境，但传统价值观念的主体却颇为契合。非洲价值观念植根于非洲传统文化中，尽管非洲传统文化形式呈多样性，但其本质内涵及其在观念层面上的反映具有普同性，形成了以统一和谐的宇宙观、集体至上的群体观、长幼有序的等级观、注重现世生活的处世观等为共同特征的非洲价值观念。非洲传统价值观念在处理人与自然、人与社会关系时尊奉和谐、包容、团结、共生等理念，这些基本理念与中国传统价值观念具有高度的相似性与共通性，本质上都有别于西方现实主义宣扬的零和博弈和所谓"文明冲突论"。非洲和中国传统价值观念的相似性主要表现在如下三个方面。

第一，统一和谐的宇宙观。非洲传统宇宙观强调世间万物的整体性、统一性、和谐性，认为物质与精神、主体与客体并非二元对立，而是合二为一的。在非洲传统观念中，宇宙万物是由各种存在按照"力量法则"（力量等级原则）有序排列组合而构成的一个完整体系，宇宙间一切力量都是相互联系、相互影响的。非洲人的这种宇宙观在行为处事中表现为"物我合一"，据此，在处理人与自然、人与社会关系时，非洲人秉持宽容、达观、仁爱的态度，注重维护人与自然及社会关系的和谐，如在法律诉讼时他们的最终目的并非一定要裁决出是非，而是使争执双方达成和解，这与中国传统哲学中"天人合一"思想以及儒家崇尚的"和为贵"思想不谋而合。

第二，群体意识。非洲传统价值观是以群体而非个人为核心的，群体意识在非洲的伦理道德中始终居于至高无上的地位。正如肯尼亚著名哲学家约翰·姆比蒂（John S. Mbiti）所说，个人只有生活在集体中才能获得合法身份和社会地位，他的衣食才能得到保障，他的生活才有意义，一个人如果脱离了共同体就成了一个被社会遗弃、孤立无援、无名无姓的"陌生人"，就会失去生路，无地位和安全可言。[①] 非洲传统社会中"大树下的民主"就是个人意志服从集体利益的反映；南部非洲乌班图思想的核心内涵"因为我们存在，所以我存在"，不仅仅表达了个体对于共同体的依赖，也包含着个体对于共同体的责任；非洲谚语"独行快，众行远"，贴切地表达了集体主义的观念。19 世纪以来，非洲知识分子在非洲联合自强的道路上不断探索，产生过各种与集体主义相关的思想，如布莱登的"非洲复兴思想"，恩克鲁玛的"泛非主义"，桑戈尔的"黑人传统精神"，尼雷尔的"乌贾马"思想等。同样，中国也有着集体主义的传统，《论语》中的"克己复礼为仁"，《汉书》中的"公而忘私，国而忘家"等，都强调群体利益、个体对社会的责任和义务。

第三，长幼有序的等级观念。非洲传统宇宙观中各种力量有序排列的观念反映在社会领域，便形成了以年龄作为主要标准来划分等级的制度，在这种等级关系中，长者居于最高位，是智慧的象征，同时也是"有形世界"与"无形世界"的接合部，即生者与死者之间的联系者。[②] 非洲有很多关于老人的谚语，如"走向死亡的老人就是在不断燃烧的图书馆""人老智慧至""老人能讲出最好的故事"等，在非洲的语境中，"老人"

[①] 转引自张宏明《非洲群体意识的内涵及其表现形式》，《西亚非洲》2009 年第 7 期。

[②] 张宏明：《非洲传统宗教蕴含的价值观念和影响力》，张宏明主编《非洲发展报告 No. 21（2018—2019）》，社会科学文献出版社 2019 年版，第 81 页。

几乎就是"地位""智慧"与"权威"的同义语,这同中国尊老敬老的传统道德文化相符合。

上述非洲文明和中华文明的共性超越了政治和经济,是历史上中非交往源源不断的前提,也是当前中非文明交流互鉴的基石。中非价值观念虽有诸多共性,但毋庸讳言也存在一些差异。例如,对时间的认知和规划意识方面,在非洲传统时间观念中,"现在"是对个人来说最有意义的时期,如果事件是遥远的,那么它就不能被想象,因此"未来"几乎不存在;在传统的非洲思想中,规划遥远的未来被认为是"建造空中楼阁"。[1] 此外,非洲政治民主化之后,在政治价值观方面也表现出与中国的差异性,包括对民主内涵、民主政体的理解,对"不干涉内政"原则的认知等。对此,中非双方需要以开放包容的态度,秉持求同存异的原则,平等看待对方文明的存在,开展两种文明间对话,弥合因文化冲突造成的文明隔阂。

三 在包容中推动中非文明互鉴

志合者,不以山海为远。中非交往源远流长,从班固的《汉书》,到唐代杜环的《经行记》、宋代周去非的《岭外代答》及赵汝适的《诸蕃志》,从元代汪大渊的《岛夷志略》,到明代费信的《星槎胜览》,再到清代林则徐的《四洲志》、魏源的《海国图志》;从陆上丝绸之路到郑和下西洋,从间接联系到直接接触,中国古代文献典籍中关于非洲的记载不胜枚举,中非悠久的交往史为中非文明互鉴构建了深厚的根基。进入21世纪以来,在中非合作论坛机制的引领下,中非文明互鉴得到了进一步丰富和发展,成为中非全面战略合作伙伴关系的五大支柱之一。目前,促进文明交流互鉴不仅仅是中非双方共同的认知和意愿,同时也是推动中非合作持续健康发展和构建中非命运共同体的重要途径。为了在新时期继续深化中非文明互鉴,本文提出如下建议。

(一)在文化互补性中探寻中非文明互鉴新的融合点

由于自然地理、人文历史方面的差异,加之中非处于不同的发展阶

---

[1] John S. Mbiti, *African Religions and Philosophy*, New York: Anchor Books, 1970, p. 3.

段，因此双方在艺术、文学、手工制造业、农业灌溉技术、传统医学、文化遗产保护等方面都具有高度的互补性。中非之间应利用文化互补性，探寻文明互鉴的新融合点，构建中非文明互鉴共赢的新模式。例如，在绘画、雕塑、陶艺、编织、音乐等艺术创作方面，中非双方具有不同的艺术风格和表现形式，它们都源于各自的民族文化，带有强烈的民族特色和文化气息，相互之间可以交流借鉴。在文化遗产保护和流失文物回归方面，中非双方也可以加强合作，经验互补，传承好人类共同的文明遗产。中非通过吸纳对方文化的有益元素，可以丰富自身文明的内涵，促进文明的创新与进步，增强自身的文化魅力和国际影响力。

（二）充分发挥中非智库的功能和作用

加强中非智库间的经验交流和知识共享，尤其是在观念、思想和意识形态领域要加强对话，挖掘中非之间共同的哲学价值观，以中非双方的发展实践构建自主知识体系，破解由西方学者主导的冷战知识体系，共同建构一套新的人类命运共同体知识体系，推动多边主义，反对霸权主义。特别是中国非洲研究院，作为中非文明对话的重要平台，应汇聚中非学术智库资源，加大中非智库联合研究力度，提高集体发声能力。鉴于许多关于非洲的历史叙事是由西方书写的，充满了偏见，包括对于中非关系的描述也是充满了歧视和偏见，中非学者应从加强文明互鉴的角度，融汇双方智慧，深度挖掘史料，加强理论创新，以更加多元和包容的叙事方式，共同推动《非洲通史（多卷本）》和《（新编）中国通史》的编纂，建立属于我们的叙事体系。

（三）加强中非人文交流中价值层面的沟通

中非人文交流中一直存在"结构性"缺陷，即人文交流更注重"事务性"层面的交流，"价值层面"的沟通则相对匮乏，中非双方缺少观念上的互动、共享、共鸣与共识，从而难以将中非文明互鉴引向深入，这需要从民间与官方两个层面加强引导。

首先在民间层面上，深化中非民间论坛机制，加强有关非洲和非洲问题的介绍、宣传与普及，在大批国人"走进非洲"的同时，鼓励部分对中非文化都有一定了解的人"走入非洲"，增进中非民众间的深层接触。重视和发挥青年在中非文明传承及交流中的作用，鼓励中非青年读懂对方，做中非文明的参与者、践行者；行万里路，做中非交流的贡献者；知行合一，成为中非友好的引领者。

其次在官方层面上，不以文化大国自居，加强文化平等意识，在宣介中国文化的同时，也要组织相关科研人员、涉非工作人员加强对非洲文化的研究。文化的交流要超越中国特色，寻求中非两种文化，特别是传统文化中的交汇点，加深对彼此价值观念的认知；在增强中国文化的感染力、吸引力、辐射力的同时，使双方的文化交往产生更多的共融、共通、共鸣、共荣，从而构建中非文化外交的话语体系；通过坦诚的良性互动，达到释疑解惑、包容互鉴的目的，避免误读与误解。

（四）加强中非文化产业合作

习近平总书记强调，我们要共同倡导重视文明传承和创新，充分挖掘各国历史文化的时代价值，推动各国优秀传统文化在现代化进程中实现创造性转化、创新性发展。[①] 为此，要加强中非文化产业合作，出台相关政策，鼓励、扶持中非双方文化产业对接，结合双方文化产业的特点，实现优势互补、互利共赢。培养文化专业人才，鼓励双方文化产业之间的经验和技术分享，中国可以向非洲提供文化领域的技术、设备和人员培训方面的援助，以提升非洲在文化交流中的能力和影响力。

（五）推进数字化技术在中非文明互鉴中的应用

数字化技术和互联网的普及为中非文明互鉴提供了更为便捷的方式和更多可能，要充分利用数字化技术和网络虚拟交流平台，推动中非文明互鉴走深走实。例如，通过网络分享各自的文化、艺术、音乐、电影等；通过远程教育和合作研究项目，使中非学生、学者和研究人员共享知识、经验和研究成果；通过在线学习平台进行语言和文化传播；通过数字化技术和平台发展文化创意产业，创造独特的文化产品和体验，向全球推广各自的文明和价值观。

[①] 习近平：《携手同行现代化之路——在中国共产党与世界政党高层对话会上的主旨讲话》，《人民日报》2023 年 3 月 16 日。

"大一统"：中华文明的核心文化符号

朱 尖

2023年6月2日，习近平总书记在文化传承发展座谈会上指出，中华优秀传统文化有很多重要元素，共同塑造出中华文明的突出特性，连续性、创新性、统一性、包容性、和平性是中华文明的五个突出特性。"只有全面深入了解中华文明的历史，才能更有效地推动中华优秀传统文化创造性转化、创新性发展，更有力地推进中国特色社会主义文化建设，建设中华民族现代文明。"①

中华文明的突出统一性是"大一统"国家形态在文化层面的集中表现。习近平总书记列举的中华优秀传统文化中的诸多重要元素，其中就有"九州共贯、多元一体的大一统传统"②。"大一统"人文思想和政治理念作为中华优秀传统文化，历经两千多年的传承与实践，夯实了"华夷一体"的文化认同，缔造了统一的多民族国家的疆域，形塑了中华民族共同体。在这一过程中，中华大地上各民族共同创造了灿烂辉煌的中华文化，这些灿烂文化既有《诗经》、《楚辞》、汉赋、唐诗、宋词、元曲、明清小说等伟大作品，又有《格萨尔王》《玛纳斯》《江格尔》等震撼人心的伟大史诗，还有万里长城、都江堰、大运河、故宫、布达拉宫、坎儿井等伟大工程。正如习近平总书记所深刻指出的，"中华文化是各民族文化的集大成"，"各族文化交相辉映，中华文化历久弥新，这是今天我们强大文化自信的根源"③。尽管历史上中国屡遭战乱、出现分裂，但在"大一统"的价值遵循和文化认同下，甚至中华民族到了最危险时刻也没有分崩离

---

① 习近平：《在文化传承发展座谈会上的讲话》，《求是》2023年第17期。
② 《赓续历史文脉谱写当代华章——习近平总书记考察中国国家版本馆和中国历史研究院并出席文化传承发展座谈会纪实》，《人民日报》2023年6月4日。
③ 习近平：《在全国民族团结进步表彰大会上的讲话》，《人民日报》2019年9月28日。

析,反而华夷之间互动融合不断深入,文化认同不断增进,追求统一、趋于统一、实现统一成为主旋律。

一 "大一统"思想夯实了"华夷一体"文化认同

多民族国家中国形成和发展于亚欧大陆东部辽阔的中华大地上,最迟到夏、商、周三代,诸夏融为一体,四方则为夷狄,逐步形成了包容中国、夷、戎、蛮、狄"五方之民"的"族群观"。先秦时期形成的族群认知,与西方有着本质区别,我们更多的是从文化的角度看待民族差异性,而不是像西方那样用一套与近现代资本主义经济体制相配合的政治学说体系来看待这个问题。当然无论中国还是西方,民族观念的形成都跟政治有关。如果只从政治角度理解民族,很多问题就无法解释。在这一点上,理解中国传统文化中的"大一统"理念对认识中国的民族问题非常重要。[①]《礼记·王制》曰:"凡居民材,必因天地寒暖燥湿。广谷大川异制,民生其间者异俗,刚柔轻重迟速异齐,五味异和,器械异制,衣服异宜。修其教,不易其俗;齐其政,不易其宜。中国戎夷,五方之民,皆有性也,不可推移。"[②] 这是生活在中华大地上的先民最早对不同人群的认识,也是在空间层面对一统的朴素认知。从中可以发现两个突出的特点:其一,不同族群的划分标准是基于生产生活方式,属于文化范畴;其二,统治者对不同族群的管理方式是承认各自文化的差异性,但是也有明确的要求,在政治理念上是统一的,在思想教化上也要统一。这里的"中国"指的是居住在中心位置的华夏,也是周天子所居之地。华夏作为较为成熟的族群,在五方之民中文化和生产力水平相对较高,从而能够对周边产生积极影响,在"齐其政"下,通过"修其教",使周边人群都可以学习华夏的先进文化,进而成为中国之人。正如韩愈在《原道》中所说:"孔子作《春秋》也,诸侯用夷礼则夷之,夷而进于中国则中国之。"[③]《左

[①] 陈理:《"大一统"理念中的政治与文化逻辑》,《中央民族大学学报》2008年第2期。
[②] 郑玄注,孔颖达疏:《礼记正义》卷一二《王制》,阮元校刻《十三经注疏》第3册,中华书局2009年版,第2896页。
[③] 韩愈撰,魏仲举集注,郝润华、王东峰整理:《五百家注韩昌黎集》卷一一,第2册,中华书局2019年版,第675页。

传·襄公二十九年》季札观周乐亦有"能夏则大"之论①。以上清楚表明，早在先秦时期，我们先人的一统思想早已超越了狭隘的种族观念，在尊重各民族生产生活习惯的基础上，通过教化引导各民族文化相互融合，为逐步形成中华民族共同体奠定了文化基础。这一观念被以后的历朝各代所推崇，我们可以在诸多文献中发现"因其故俗"或"因俗而治"的记载。春秋战国时期，在三代以来"天下""四海""夷夏之别"等思想基础上孕育出了"大一统"的观念。因此，"大一统"的思想内核与以上思想有着紧密的关系，其思想内涵也因之得以丰富和发展，不仅有"用夏变夷""华夷一体"，亦有"华夷之辨""夷夏转换"。

随着秦汉王朝建立，"大一统"思想在实践层面获得长足发展。秦朝统一结束了"万邦林立"的局面，一个车同轨、书同文、地同域、人同伦、器同衡的中央集权国家为"大一统"创造了制度上的保障。汉承秦制，将"大一统"实践推向了高潮。可以发现，秦进一步将思想文化、礼仪制度的一体化设计，让文字符号和价值理念成为各族共享的文化，这是"大一统"具备连续性和凝聚力的根本前提。无论王朝如何更迭，后继统治者是夏还是夷，都有"大一统"的政治追求。通过秦汉王朝"大一统"的整合，中华大地的"五方之民"演变为"华""夷"两大群体。在此基础上，司马迁在《史记》中以极其开阔的视野阐释了"华夷共祖"的社会理想，将秦、楚、越以及包括中国四边的匈奴、南越、东越、西南夷等的祖先一同纳入华夏的同祖共源的世系中去，并以黄帝为华夏第一帝。正是这个观念构成了当今中华民族共同体意识的渊源，在这种观念的影响下，造就了古代中国多元一体的民族格局②。司马迁的"华夷共祖"思想是一种平等的民族观念，为华夷一家找到了历史依据，客观反映了先秦中华大地上各族群相互交融的事实。此后，"华"和"夷"之间的界限逐渐淡化，"用夏变夷""华夷一体"成为主流趋势。

按照"大一统"思想内涵，"华夷一体"尽管突出表现在"用夏变夷"方面，但华夷之间亦可相互转换。"用夏变夷"并非华夏化，更非汉化，而是历代王朝统治者希望通过政治、经济、文化、社会的"一体化"

---

① 杜预集解：《春秋经传集解》卷三九，下册，上海古籍出版社1978年版，第1121页。
② 邹国力、李禹阶：《中华民族共同体意识探源——以西汉武帝时期族群整合为研究对象》，《中华文化论坛》2022年第5期。

而实现政治秩序稳定发展的另类表述①；这种"华夷观"也被夷狄所接受和利用，成为他们政权建构、争夺中华正统的有力思想武器，夷狄入主中原多以华夏先王之后自称，认同大一统理念，在文化上以华夏后继者自居，并积极加入正统之争。由此，"正统"并非"华夏"所独占。

"大一统"思想所蕴含的文化观是包容开放的，而非暴力征服，体现为尊重差异性的同时，又通过国家政权调整差异性，逐步实现多民族文化的交融与提升，最终形成具有鲜明特色的中华文化。从族群融合的角度看，中国历史上的不同族群融入华夏的过程，也是接受华夏礼乐文化传统、形成共同文化心理的过程。在"大一统"思想的主导下，各族群产生了对中华民族、中华文化共同的文化心理，并发展为中华民族不断凝聚的精神动力，成为建设统一的多民族国家的重要基础，也是中华民族共同体意识的文化根基。

二 "大一统"实践缔造了统一的多民族国家疆域

早在新石器时代晚期，中华大地上的人群为了生息繁衍，形成了不同规模的政治体，创造了"万邦林立"的古国时代。夏朝的建立结束了黄河流域的部落纷争，并以王畿为中心形成了势力范围。其后出现的商、周继续在夏朝疆域的基础上拓展着自己的疆域。尽管"王"的直接管辖区域依然局限在"王畿"的范畴，但这一时期统治者形成了以"王畿"为中心的天下观和疆域观，《诗经·小雅·北山》中的"溥天之下，莫非王土"② 就是其直接反映。同时也出现了关于疆域范围的模糊记载，《左传·昭公九年》记载周的疆域："我自夏以后稷、魏、骀、芮、岐、毕，吾西土也。及武王克商，蒲姑、商奄，吾东土也。巴、濮、楚、邓，吾南土也。肃慎、燕、亳，吾北土也。"③ 从秦朝开始，"大一统"实践获得长足发展，吞并六国、推行郡县，实现了对中原九州的"一统"，并北击匈奴、南征百越。汉在秦的基础上郡县范围进一步扩大，东瓯、闽越、南越

---

① 李大龙：《中国古代国家治理思想及其实践》，《云南社会科学》2022年第3期。
② 郑玄笺，孔颖达疏：《毛诗正义》卷一三，《十三经注疏》第1册，第994页。
③ 《春秋经传集解》卷四五，下册，第1320页。

相继进入郡县管辖范围，开发西南夷，经略海疆，拓展了秦朝以来的南部疆域，并通过设置西域都护、护羌校尉、使匈奴中郎将、护乌桓校尉等，对郡县区域之外更广阔区域实施直接与间接相结合的管辖和治理方式。在《史记》《汉书》等文献中，对秦汉疆域范围也有了较为清晰的记载。秦汉的大一统实践，奠定了我国疆域的基础，为各民族共为一体创造了政治条件和地理空间，促进了多民族国家内部政治、经济、社会、文化等方面的进一步统一，"夷夏"一统的观念得到加强。尤其是四百余年的郡县制发展，使其成为多民族国家疆域凝聚的核心。

秦汉之后，中华大地存在诸多王朝或政权，它们也存在不同形式的疆域和边界，特别是被称为"正统"的历代王朝大都试图构建以自己为中心的"大一统"统治体系，并以秦汉的疆域为标榜。《新唐书》《宋史》《元史》《明史》《清史稿》在记载相应的王朝疆域时多以秦汉的疆域为参照，或者作为突破的基点。正是这种"大一统"疆域观的影响，激励着中华大地上诸多王朝或政权的统治者在秦汉郡县的基础上，开疆拓土，将更大范围的区域融入统一的多民族国家疆域形成的轨道。魏晋南北朝时期，"正统""入华"是华夷交融和各分裂政权政治实践的基本进路，而唐朝统治者则采取了尊重北方民族文化的独立性策略，提出"自古皆贵中华，贱夷狄，朕独爱之如一，故其种落皆依朕如父母"[①]，实现了"华夷共主""华夷一尊"，突破和发展了"大一统"的实践。辽金元时期，以争夺中华正统而实现国家一统的"合九州居正统"思想是各政权政治实践的取向，也是元朝实行多元文化政策和疆域面积空前广阔的主要因由。到清代，清朝作为少数民族建立的政权，突破了明朝"华夷之别"和"内外之别"的政治实践，强调"华夷一体""中外一体"，在塑造"天下臣民"、整合中华文化的基础上，改变了传统王朝对夷狄的管理模式。通过不断丰富发展"大一统"思想，从实践层面将中华大地的"大一统"推向了顶峰。一方面，采取"改土归流"，变"因俗而治"为"有法而治"等一系列政策措施，将"大一统"的理念落实到国家治理的各个层面，促成了多民族主权国家的中国最终定型；另一方面，通过与邻国及藩属国的划界分疆，清朝辽阔的疆域开始有了清晰的边界，中国疆域

[①] 司马光编著，胡三省音注：《资治通鉴》卷一九八《唐纪十四》第 13 册，中华书局 1956 年版，第 6247 页。

由传统王朝时期的"有疆无界",转变为了近现代主权国家的"有疆有界"。1840年以后,随着西方列强的侵入,清王朝的主权国家转型,在殖民势力扩张过程中不得已而停止。经过百余年的斗争,中华民族突破重重困难,最终于1949年成立了中华人民共和国。正如费孝通所言:"中华民族的家园坐落在亚洲东部,西起帕米尔高原,东到太平洋西岸诸岛,北有广漠,东南是海,西南是山的这一片广阔的大陆上。这片大陆四周有自然屏障,内部有结构完整的体系,形成一个地理单元。"① 今天,960多万平方千米的国土富饶辽阔,这是各族先民留给我们的神圣故土,也是中华民族赖以生存发展的美丽家园②。

三 "大一统"思想与实践形塑了中华民族共同体

中华民族作为一个概念是近代才有的,但中华民族的实体早已存在。梁启超指出:"甲时代所谓夷狄者,乙时代已全部或一部编入诸夏之范围。而同时复有新接触之夷狄发现,如是递续编入,递续接触,而今日硕大无朋之中华民族,遂得以成立。"③ 顾颉刚强调:"我们只有一个中华民族,而且久已有了这个中华民族!"④ 费孝通亦指出:"中华民族作为一个自觉的民族实体,是近百年来中国和西方列强对抗中出现的,但作为一个自在的民族实体则是几千年的历史过程所形成的。"⑤ 这个中华民族实体即中华民族共同体,"大一统"思想与实践则是这一共同体形成的主导力量。

先秦时期是中华文化的创生期,奠定了此后几千年中华文化的发展基础。考古学证实,早期中华文明的形成经历了从"满天星斗"到"月明

---

① 费孝通主编:《中华民族多元一体格局》(修订本),中央民族大学出版社1999年版,第4页。
② 习近平:《在全国民族团结进步表彰大会上的讲话》,《人民日报》2019年9月28日。
③ 梁启超:《中国历史上的民族之研究》,《饮冰室合集》专集之四十二,第8册,中华书局1989年版,第8页。
④ 顾颉刚:《中华民族是一个》,《益世报·边疆周刊》1939年2月13日。
⑤ 费孝通:《中华民族的多元一体格局》,《北京大学学报》1989年第4期。

星稀"再到"多元一体"的过程①。在"大一统"思想的主导下,先秦以黄河流域为中心,形成了诸夏群体,而"五方之民"则是当时中华大地族群分布的基本格局。历经夏商周三代,形成了中华民族历史上最早的政权,也促成了夏人、商人、周人的融合,到西周基本融为一体,成为华夏族的主要来源。中原华夏因具有文化的先进性,早期的分散文明逐步向中原聚合,不断华夏化,不同地域、不同人群的文化深度交融,这也是"用夏变夷"的过程。秦汉以来,五方之民演变为夷夏之分,夷夏变换、互动、融合越发强烈,并演化为对华夏的继承和正统的争夺,中华民族共同体得以形成并不断发展壮大。

关于"大一统"思想与实践形塑了中华民族共同体,历史上有一个生动的案例可以说明问题。王莽新朝时期的大将军严尤将处理汉匈关系问题,放到了先秦至秦汉处理北部边疆民族问题的大背景下分析,针对匈奴、高句丽,提出了"无上策""五难""慰安貉人"等看法,可称为"严尤之论"。尽管"严尤之论"未被王莽采纳,但其作为"华夷之辨"主要思想,对后世产生了深远影响。而后世朝臣、史家和帝王关于"严尤之论"的激烈讨论和实践突破,则充分彰显了"大一统"思想和实践对于形塑中华民族共同体的重要作用。通过史料的梳理,可以发现朝臣和史家对"严尤之论"的认识存在一个嬗变的过程,东汉至南北朝时期朝臣和史家大都认可并推崇"严尤之论",均结合汉匈关系历史背景以及当朝的具体情况,展开分析,提出看法,进而援引"严尤之论"加以强调。南北朝之后,朝臣和史家对"严尤之论"的评判发生了嬗变,开始质疑,并展开批判,既有对"严尤之论"的整体质疑和批判,也有对具体"无上策"评判标准的商榷。在实践层面可以说统治者基本不认可严尤的"无上策"论,一直尝试突破,并在唐朝太宗时取得了成功突破。②后世为何对"严尤之论"会有一个从推崇到批判的过程,原因在于统一的多民族国家中国的形成过程中,尽管经济和文化上占有主导地位的农耕族群将"华夷之辨"或"守在四夷"作为处理农耕族群与游牧族群之间关系的重要指导思想,但这一指导思想在具体实践过程中,无论是农耕族群还是游牧族群,都在积极践行"大一统"思想,并没有把"夏"和"夷"割裂

---

① 高翔:《中国历史文化具有一脉相承的优秀传统》,《人民日报》2020年10月26日。
② 朱尖:《论严尤的民族观与边疆思想》,《民族研究》2021年第3期。

开来，也没有将"夷"排斥在"天下"之外，反而是以一统为前提，一方面认为"夏""夷"是可以变化的，另一方面认为"夏""夷"共同构成了"天下"，逐步推动二者的一体化。① 对此，清高宗有一段重要的表达："夫人主君临天下，普天率土，均属一体。无论满洲、汉人未尝分别，即远而蒙古蕃夷亦并无歧视。本朝列圣以来，皇祖皇考，逮于朕躬，均此公溥之心，毫无畛域之意，此四海臣民所共知共见者。"② 可以说，清朝统治者作为夷狄入主中原，更加强调"一体"，消弭"华""夷"之间的界限。这一观念的形成与强化，正是"大一统"思想和实践带来的直接结果，而这一结果则对中华民族共同体的形成和壮大起到根本性作用。

数千年来，"大一统"理念早已根植于中华各民族的心灵深处，形成了一种无形而强大的向心力。从帝王将相到平民百姓，社会各阶层无不以国家统一、疆域完整、民族团结、共享太平为价值追求。以"大一统"为核心的中华文明具有共同的国家认同，即"各民族共同开拓辽阔疆域、共同书写悠久历史、共同创造灿烂文化、共同培育伟大精神"③；具有鲜明的共同体理念，即"休戚与共、荣辱与共、生死与共、命运与共"④；具有坚定的爱国信念，即"国土不可分、国家不可乱、民族不可散、文明不可断"。习近平总书记强调的"中华文明具有突出的统一性"⑤ 有其清晰的历史逻辑。今天的国家统一与中华民族共同体建设是历史发展的规律，是大势所趋、民心所向。

---

① 李大龙：《自然凝聚：多民族中国形成轨迹的理论解读》，《西北师大学报》2017年第3期。
② 《清高宗实录》卷八"雍正十三年十二月辛未"条，《清实录》第9册，中华书局1985年版，第303页。
③ 习近平：《在全国民族团结进步表彰大会上的讲话》，《人民日报》2019年9月28日。
④ 《不断巩固中华民族共同体思想基础 共同建设伟大祖国 共同创造美好生活》，《人民日报》2022年3月6日。
⑤ 《担负起新的文化使命 努力建设中华民族现代文明》，人民网2023年7月27日。

文化传承发展的跨学科思考

文化传承发展中的屈原文化及其当代价值

刘跃进

2023年6月2日，习近平总书记在文化传承发展座谈会上发表重要讲话，全面系统深刻地揭示了中华文明"五个突出特性"，指出："在五千多年中华文明深厚基础上开辟和发展中国特色社会主义，把马克思主义基本原理同中国具体实际、同中华优秀传统文化相结合是必由之路。……只有立足波澜壮阔的中华五千多年文明史，才能真正理解中国道路的历史必然、文化内涵与独特优势。"[①] 而在波澜壮阔的五千多年中华文明史中，无数仁人志士以其家国情怀、思想智慧、精神品格、功业成就等共同塑造了中华文明独特的文化内涵和突出特性。因此，为更好地坚持马克思主义中国化、时代化，更加全面深入地理解和把握中华文明的历史，传承发展中华优秀传统文化，很有必要进一步加强对塑造中华文明突出特性有贡献的历史人物的研究阐释。比如，伟大的爱国主义诗人屈原，便是对塑造中华文明突出特性有重要贡献的历史人物，其家国情怀、精神品格、美政理想、文学成就等，不仅在历史上持续发挥着积极作用，而且至今仍然影响着我们。

1940年，由郭沫若、老舍等文学家倡议，将每年的屈原殉国日即端午节设立为诗人节加以纪念，并于第二年在重庆隆重举行了第一届诗人节大会。在20世纪40年代初，抗日战争进入相持阶段，这个活动起到了鼓舞士气、凝聚民心、共同抵抗外敌入侵的重要作用。1953年，世界和平理事会把屈原列为"世界四大文化名人"之一（其他三位是波兰天文学家哥白尼、法国文学家拉伯雷、古巴作家和民族运动领袖何塞·马蒂），纪念屈原逝世2230年。时至今日，尽管屈原离开这个世界已有2300年，但一代

---

① 习近平：《在文化传承发展座谈会上的讲话》，《求是》2023年第17期。

又一代的中国人民，每到端午节总是要举行各种纪念活动，如划龙舟、吃粽子等。在中国历史上，还没有第二个诗人能像屈原那样被人民广泛纪念而不曾中断，究其原因，正在于屈原及其所代表的精神和文化，为我们这个民族和文明的传承发展提供了巨大精神力量。习近平总书记曾指出："为什么中华民族能够在几千年的历史长河中顽强生存和不断发展呢？很重要的一个原因，是我们民族有一脉相承的精神追求、精神特质、精神脉络。"[1] 而屈原的家国情怀、精神品格、美政理想、政治主张、文学成就，正是我们民族一脉相承的精神追求、精神特质、精神脉络的重要组成部分，也是今天我们坚守中国文化立场、传承发展中华优秀传统文化、建设中华民族现代文明所不可或缺的传统资源。本文将围绕屈原的家国情怀、美政理想、政治主张以及屈原的文学创作等问题，谈谈自己的认识。

一　屈原的家国情怀

屈原具有浓厚的家国情怀，其家国情怀也正是他对我们民族和文明传承发展所提供的重要精神力量。《离骚》前八句说到屈原祖上及其出生的不凡："帝高阳之苗裔兮，朕皇考曰伯庸。摄提贞于孟陬兮，惟庚寅吾以降。皇览揆余初度兮，肇锡余以嘉名。名余曰正则兮，字余曰灵均。"[2] 屈原自称是颛顼高阳氏的后代。高阳生在西部的昆仑，屈原在自己的作品中两次提到高阳，凡在其困惑时，他总是想到昆仑。在传统话语中，昆仑是中国的圣山，被视为群山之祖，也是屈原的寄命归宗之地。此外，屈原还把南方的舜作为自己倾诉的对象。关于生辰，屈原声称寅月寅日生，这是一年中最好的日子，预示着吉祥之意，而屈原的父亲认为他气度不凡，为其取名曰正则，为其取字叫灵均。根据《史记》所言"屈原者，名平"[3]，"正则"正是"平"字的引申义。《说文·辵部》："高平曰原。"[4] 由此可见，屈原这个名字具有非同寻常的意义，从中也可见出屈原的自信。

---

[1] 习近平：《习近平谈治国理政》第1卷，外文出版社2014年版，第235页。
[2] 洪兴祖撰，白化文等点校：《楚辞补注》卷一，中华书局1983年版，第3—4页。
[3] 司马迁：《史记》卷八四《屈原贾生列传》第8册，中华书局1982年版，第2481页。
[4] 许慎撰，徐铉校定：《说文解字》，中华书局2013年版，第36页。

屈原在《离骚》中所表现出的特别的自负与自信，是源于他对自己国家的认同和浓厚的家国情怀。司马迁说屈姓为"楚之同姓"①，是楚国大姓。因此，屈原一出生就与楚国的历史紧密相连。这点后世的杜甫与之很像，虽然杜甫出身于河南巩县一个普通家庭，但由于其母与皇室有点血缘关系，因此他便把自己与李唐王朝联系起来，形成了强烈的家国一体、荣辱与共的感情。在中国人的心中，家国具有同构性，家是最小的国，国是千万家，每个人的生命体验都与家庭、家族、国家紧密相连。从家出发，个人、家庭、群体、国家乃至天下，一脉相承，共同支撑着我们的理想。屈原、杜甫的特殊身世，更让他们产生了一种休戚与共的家国情怀。这种家国情怀，以修身自律为起点，以经世济民为目标，以天下太平为理想。

修齐治平，修身是第一位的。个人修养的好坏，关系到家族的荣耀，关系到国家的盛衰，更关系到天下的兴亡。屈原在《离骚》前八句介绍了自己身世之后，紧接着又写道："纷吾既有此内美兮，又重之以修能。扈江离与辟芷兮，纫秋兰以为佩。"② 这里值得注意的是，"内美"与"修能"这两词以及诗人外在的装扮。所谓"内美"，就是《招魂》和《卜居》中所说的"廉洁"，"朕幼清以廉洁兮"③ "宁廉洁正直以自清"④。据说，这是"廉洁"一词的最早出处。这种廉洁自律，渊源有自，如《橘颂》所言："深固难徙，廓其无求兮；苏世独立，横而不流兮。"⑤ 所谓"修能"，就是"行比伯夷"⑥ "法夫前修"⑦ 的德行修养。屈原的服饰、装扮尤其超凡拔俗，他在《离骚》中这样描写自己："高余冠之岌岌兮，长余佩之陆离。芳与泽其杂糅兮，唯昭质其犹未亏。"⑧ 他年轻时如此，直至老境，依然如故，如《涉江》写道："余幼好此奇服兮，年既老而不衰。带长铗之陆离兮，冠切云之崔嵬。"⑨ 屈原坚守"皓

---

① 司马迁：《史记》卷八四《屈原贾生列传》第 8 册，中华书局 1982 年版，第 2481 页。
② 洪兴祖撰，白化文等点校：《楚辞补注》卷一《离骚》，中华书局 1983 年版，第 5 页。
③ 洪兴祖撰，白化文等点校：《楚辞补注》卷九《招魂》，中华书局 1983 年版，第 197 页。
④ 洪兴祖撰，白化文等点校：《楚辞补注》卷六《卜居》，中华书局 1983 年版，第 177 页。
⑤ 洪兴祖撰，白化文等点校：《楚辞补注》卷四《橘颂》，中华书局 1983 年版，第 154 页。
⑥ 洪兴祖撰，白化文等点校：《楚辞补注》卷四《橘颂》，中华书局 1983 年版，第 155 页。
⑦ 洪兴祖撰，白化文等点校：《楚辞补注》卷一《离骚》，中华书局 1983 年版，第 219 页。
⑧ 洪兴祖撰，白化文等点校：《楚辞补注》卷一《离骚》，中华书局 1983 年版，第 17 页。
⑨ 洪兴祖撰，白化文等点校：《楚辞补注》卷四《涉江》，中华书局 1983 年版，第 128 页。

皓之白"①，追求"苏世独立"，内秀于心，外美于形。他在《惜诵》中说："言与行其可迹兮，行与貌其不变。"② 由此，可见屈原的表里如一与言行一致。

这样的人格追求与外在形象，在朝秦暮楚、了无是非的战国时期，确乎有些不合时宜。在屈原的笔下，那些贪婪竞进之徒，颠倒是非，混淆黑白。《怀沙》形容这些小人"变白以为黑兮，倒上以为下"③，《离骚》也说："众皆竞进以贪婪兮，凭不厌乎求索。羌内恕己以量人兮，各兴心而嫉妒。"④ 以致在现实生活中，屈原不断遭到各种白眼、嫉恨、打击、迫害，而他坚决不肯"从俗"的态度，又惹怒了身边的"党人"，造谣生事，"众女嫉余之蛾眉兮，谣诼谓余以善淫"⑤，甚至为一己私利而改弦易辙："固时俗之工巧兮，偭规矩而改错。背绳墨以追曲兮，竞周容以为度。"⑥ 所谓"改错"，就是违背规矩，改变既定的规则。屈原很无奈，只能这样安慰自己说："民生各有所乐兮，余独好修以为常。虽体解吾犹未变兮，岂余心之可惩。"⑦ 不仅如此，他甚至指天发誓，表达自己的忠诚，《惜诵》说："惜诵以致愍兮，发愤以抒情。所作忠而言之兮，指苍天以为正。"⑧ 所有这一切，又有多少人能理解呢？

屈原身为三闾大夫，其中一个重要的职责就是负责教育宗族子弟。他反复称说自己教导子弟："忽奔走以先后兮，及前王之踵武。举贤而授能兮，循绳墨而不颇。"⑨ 最叫诗人不解的是，那些精心培养的弟子亦随波逐流，"何昔日之芳草兮，今直为此萧艾也"⑩。屈原目睹了身边太多的丑陋、虚伪、变节，乃至永无止境的阴谋倾轧。他无法理解，于是在辞赋中反复质问、陈辞，上下求索，既升天入地、求神问卜、征之前圣，又寄情

---

① 洪兴祖撰，白化文等点校：《楚辞补注》卷七《渔父》，中华书局1983年版，第180页。
② 洪兴祖撰，白化文等点校：《楚辞补注》卷四《惜诵》，中华书局1983年版，第122页。
③ 洪兴祖撰，白化文等点校：《楚辞补注》卷四《怀沙》，中华书局1983年版，第143页。
④ 洪兴祖撰，白化文等点校：《楚辞补注》卷一《离骚》，中华书局1983年版，第11页。
⑤ 洪兴祖撰，白化文等点校：《楚辞补注》卷一《离骚》，中华书局1983年版，第14—15页。
⑥ 洪兴祖撰，白化文等点校：《楚辞补注》卷一《离骚》，中华书局1983年版，第15页。
⑦ 洪兴祖撰，白化文等点校：《楚辞补注》卷一《离骚》，中华书局1983年版，第18页。
⑧ 洪兴祖撰，白化文等点校：《楚辞补注》卷四《惜诵》，中华书局1983年版，第121页。
⑨ 洪兴祖撰，白化文等点校：《楚辞补注》卷一《离骚》，中华书局1983年版，第23页。
⑩ 洪兴祖撰，白化文等点校：《楚辞补注》卷一《离骚》，中华书局1983年版，第40页。

香草，但依然找不到答案。在"党人"的围猎中，楚王最终听信了谗言，"荃不察余之中情兮，反信谗而齌怒"①。于是，屈原被贬谪江南，离开郢都。《哀郢》描写了诗人离开郢都时的种种不舍："羌灵魂之欲归兮，何须臾而忘返。背夏浦而西思兮，哀故都之日远。"② 此时，楚王已经抛弃了他，国人也不理解他，按理说他完全可以现实一点儿，像孔子所说的"道不行，乘桴浮于海"③，这样至少可以明哲保身，得以善终。或者他也可以像庄子那样高蹈世外，如秋蝉脱壳，浮游于尘世之外，"奏《九歌》而舞《韶》兮，聊假日以偷乐"④。事实上，屈原也想过并尝试过，所以《离骚》说："灵氛既告余以吉占兮，历吉日乎吾将行"⑤，即他准备要远行了。

但是，作为一个热爱国家和人民的诗人，屈原既做不到庄子那种"相忘于江湖"的超然，也不能像孔子那样委屈自己，累累如丧家之犬。他在准备远行时，又放不下家乡的一切，"忽临睨夫旧乡，仆夫悲余马怀兮"⑥，以至于"有路可走，卒归于无路可走"⑦。在绝望中，屈原宁肯"伏清白以死直兮"⑧，也绝不苟且偷生于乱世。《离骚》的最后一句是"已矣哉！国无人莫我知兮，又何怀乎故都！既莫足与美政兮，吾将从彭咸之所居"⑨，表达出以死抗争的决心。这既是屈原的悲剧，也是时代的悲剧，而这又不禁让人想起司马迁《报任安书》中的话："人固有一死，死有重于泰山，或轻于鸿毛。"⑩ 毛泽东同志在《为人民服务》中也引用到这句话，并引申说："为人民利益而死，就比泰山还重。"⑪ 屈原为国家而死，他的死也比泰山还重。在抗日战争期间，梁思成、林徽因等随中国

---

① 洪兴祖撰，白化文等点校：《楚辞补注》卷一《离骚》，中华书局1983年版，第9页。
② 洪兴祖撰，白化文等点校：《楚辞补注》卷四《哀郢》，中华书局1983年版，第134页。
③ 刘宝楠撰，高流水点校：《论语正义》卷六《公冶长》，中华书局1990年版，第170页。
④ 洪兴祖撰，白化文等点校：《楚辞补注》卷一《离骚》，中华书局1983年版，第46页。
⑤ 洪兴祖撰，白化文等点校：《楚辞补注》卷一《离骚》，中华书局1983年版，第42页。
⑥ 洪兴祖撰，白化文等点校：《楚辞补注》卷一《离骚》，中华书局1983年版，第47页。
⑦ 刘熙载著，袁津琥笺释：《艺概笺释》卷一《文概》上册，中华书局2019年版，第52页。
⑧ 洪兴祖撰，白化文等点校：《楚辞补注》卷一《离骚》，中华书局1983年版，第16页。
⑨ 洪兴祖撰，白化文等点校：《楚辞补注》卷一《离骚》，中华书局1983年版，第47页。
⑩ 班固撰，颜师古注：《汉书》卷六二《司马迁传》第9册，中华书局1962年版，第2732页。
⑪《毛泽东选集》第3卷，人民出版社1991年版，第1004页。

营造学社迁居四川李庄，1944年11月日军攻陷桂林，一路北进，有直扑四川之势，梁从诫问其母林徽因："如果日本人打到四川你们怎么办？"林徽因回答："中国读书人不是还有一条老路吗？咱们家门口不就是扬子江吗？"林徽因是要告诉其子"中国读书人在这种危难时节只有义不受辱、以身殉国一条路"[1]，像屈原那样为国家、民族而死，死得其所，而这种死也是一种永生。

屈原的一生践行了中国知识分子修身、齐家、治国、平天下的理念，他"宁溘死以流亡兮，余不忍为此态"[2]。所谓"不忍此态"，就是绝不随波逐流，而是守道以诚，报国以忠，"虽九死其犹未悔"[3]。他做到了"富贵不能淫，贫贱不能移，威武不能屈"[4]，真正践行了自己的美政理想和政治主张，而这正是屈原留给我们中华民族最宝贵的精神财富。习近平总书记在国家博物馆参观《复兴之路》陈列时说："历史告诉我们，每个人的前途命运都与国家和民族的前途命运紧密相连。国家好，民族好，大家才会好。实现中华民族伟大复兴是一项光荣而艰巨的事业，需要一代又一代中国人共同为之努力。"[5] 总之，中国人的家国情怀不是一句空洞的口号，而是像屈原那样，把无疆大爱深深地植根于内心深处，无论何时何地，都不曾改变对祖国和人民的深沉眷恋，不曾改变对理想与正义的坚定持守。这是对国家的高度责任感和使命感，是中华民族永远立于不败之地的文化密码，也是中华民族伟大复兴的内生动力，值得我们永远珍惜。

二　屈原的美政理想与政治主张

与屈原家国情怀紧密相关的则是他的美政理想与政治主张。屈原的一生都在为国家和人民请愿，他常常天真地幻想着人民的幸福和楚国的强

---

[1] 参见孟斜阳《一生盛放如莲花：林徽因传》，文汇出版社2013年版，第258页。
[2] 洪兴祖撰，白化文等点校：《楚辞补注》卷一《离骚》，中华书局1983年版，第15—16页。
[3] 洪兴祖撰，白化文等点校：《楚辞补注》卷一《离骚》，中华书局1983年版，第14页。
[4] 焦循撰，沈文倬点校：《孟子正义》卷一二《滕文公章句下》，中华书局1987年版，第419页。
[5] 习近平：《习近平谈治国理政》第1卷，外文出版社2014年版，第36页。

大,并且为此身先士卒,义无反顾。他说:"不抚壮而弃秽兮,何不改乎此度?乘骐骥以驰骋兮,来吾道夫先路。"① 他唯一担心的是"老冉冉其将至兮,恐修名之不立"②,故在《离骚》中一再提到了自己的追求:"日月忽其不淹兮,春与秋其代序;惟草木之零落兮,恐美人之迟暮。"③ 当国家面临强敌入侵时,很多人都在为自己寻找退路,而屈原却正道直行,冒死进谏,即使被国君误解,被奸人谗言陷害,甚至遭罢官流放,也坚持初衷不改、无私无畏、正气凛然。

在《离骚》和《天问》中,屈原多次提到唐尧、虞舜、夏禹、商汤、周文王、齐桓公等先王,也多次提到伊尹、比干、周公、伍子胥等名臣。在屈原的心目中,"曰两美其必合兮,孰信修而慕之"④,君臣遇合,实现美政,是其念念不忘的梦想。如何实现这样的梦想呢?《大招》"德誉配天,万民理只""雄雄赫赫,天德明只"。王逸注:"德配天地,体性高明。"⑤ 所谓"天德",就是明德、民德。又《离骚》:"皇天无私阿兮,览民德焉错辅。夫维圣哲以茂行兮,苟得用此下土。"⑥ 错辅,即辅佐。茂行,就是德行。下土,即国土。皇天无私阿,就是上天不会偏袒任何人,而是以百姓的品德表现来观察在位者施政的得失。君主要有盛德之行,才能够治理天下。屈原认为,这是天意所在,天德所钟。

在中国传统文化中,凡是讲到"天"的地方,一定与"民"相关联。天是最高的境界,既是抽象的,又是具体的。从自然层面来说,日月运行,"不为尧存,不为桀亡"⑦,自有其亘古不变的运行规律。从社会层面来说,天就是老百姓,敬天就是敬畏百姓,如《尚书·泰誓》说"民之

---

① 洪兴祖撰,白化文等点校:《楚辞补注》卷一《离骚》,中华书局1983年版,第6—7页。
② 洪兴祖撰,白化文等点校:《楚辞补注》卷一《离骚》,中华书局1983年版,第12页。
③ 洪兴祖撰,白化文等点校:《楚辞补注》卷一《离骚》,中华书局1983年版,第6页。
④ 洪兴祖撰,白化文等点校:《楚辞补注》卷一《离骚》,中华书局1983年版,第35页。
⑤ 洪兴祖撰,白化文等点校:《楚辞补注》卷一〇《大招》,中华书局1983年版,第225—226页。
⑥ 洪兴祖撰,白化文等点校:《楚辞补注》卷一《离骚》,中华书局1983年版,第23—24页。
⑦ 王先谦撰,沈啸寰、王星贤点校:《荀子集解》卷一一《天论篇》,中华书局1988年版,第307页。

所欲，天必从之"①。《左传·庄公三十二年》史嚚云："国将兴，听于民；将亡，听于神。"② 中国古代思想家早就指出，谁能获得百姓的信任，谁就会赢得最终的胜利；谁损害老百姓的利益，谁就必然招致灭亡，因此《尚书》多次强调知人安民的重要性。《荀子·王制》把君与民的关系比作舟与水的关系，水可以载舟，也可以覆舟。《管子·四顺》也说："政之所兴，在顺民心；政之所废，在逆民心。"③ 天地之间，民为贵；济大事者，必以人为本。这是非常重要的民本思想。

屈原深知"民为国本，本固邦宁"的道理，对劳动人民生活的苦难艰辛给予深切的同情和担忧。他说："长太息以掩涕兮，哀民生之多艰。"④ 民生，有的版本作"人生"，这恐怕是后人所改。在《哀郢》中，他感叹："皇天之不纯命兮，何百姓之震愆？民离散而相失兮，方仲春而东迁。"⑤ 他还对统治者漠视民众的苦难表示了极大的愤慨："怨灵修之浩荡兮，终不察夫民心。"⑥ 为此，他在诗中反复以夏桀、商纣王、周幽王等亡国之君作为反面例证，告诫楚王避免重蹈覆辙，要以百姓为心，以四海为念。正是在这个意义上，屈原被称为人民的诗人。

屈原生活在历史巨变的前夜。楚国本来是殷王朝的同盟。公元前401年楚悼王启用吴起变法，明法审令，要在强兵。其后，楚肃王、楚宣王、楚威王前后相继，七十余年间，楚国逐渐走向强盛。长江流域、汉水流域、淮河流域等都纳入楚国的版图，其疆域几乎涵盖了大半个中国——南到百越之地，西南至巴蜀、汉中、黔中等地。战国七雄，燕、赵主要区域在黄河以北，魏、韩的核心地带在中原。其他三国，西有秦，东有齐，南有楚。其中，楚国的疆域最为辽阔。按照这样的发展态势，楚国完全有可能统一中国。可惜的是，楚国不仅遇到了强大的对手——秦国，而且楚王

---

① 王先谦撰，何晋点校：《尚书孔传参正》卷一四《泰誓上》下册，中华书局2011年版，第507页。
② 洪亮吉撰，李解民点校：《春秋左传诂》卷六《庄公三十二年》上册，中华书局1987年版，第260页。
③ 黎翔凤撰，梁运华整理：《管子校注》卷一《王制》上册，中华书局2004年版，第13页。
④ 洪兴祖撰，白化文等点校：《楚辞补注》卷一《离骚》，中华书局1983年版，第13—14页。
⑤ 洪兴祖撰，白化文等点校：《楚辞补注》卷四《哀郢》，中华书局1983年版，第132页。
⑥ 洪兴祖撰，白化文等点校：《楚辞补注》卷一《离骚》，中华书局1983年版，第14页。

犯了颠覆性的错误，最终落得亡国的下场。

《资治通鉴》从三家分晋写起，重点写到了秦王启用商鞅得以迅速崛起于西北的历史。商鞅变法比吴起晚20年，其影响极为深远。秦国本是西北边陲一个蕞尔小国，最后得以挺进关中，直接受益于商鞅变法。秦国东征，最后落脚在雍地，也就是今天的陕西凤翔。秦国三十六代国君，有十九代建都凤翔，前后长达293年。包括秦王嬴政（秦始皇）成年加冕也在雍城内的大郑宫举行。近年发掘的秦公一号大墓，是我国目前已发掘的最大的土圹墓，呈"中"字形，全长300米，面积5334平方米。有东西墓道和墓室。墓内有186具殉人，是中国自西周以来发现殉人最多的墓葬。《史记》和《诗经》记载秦穆公死后曾殉人达177人，但无法证实。这次从秦公一号大墓发掘殉人达186具，且清楚地表明秦国当时的奴隶制社会性质。

为了统一的要求，秦国最终放弃了雍都而建都咸阳，并普遍设县，直面中原诸国。这对当时的政治形势产生了重要的影响。在当时大国中，东齐、西秦、南楚对中原形成了合围之势。这里，楚国的位置非常重要，如果与其他几个国家联合起来，形成合纵之势，则齐、秦便无所作为，当时很多有识之士也早已看出这一点。公元前329年，楚威王卒，怀王立。这一年，魏人张仪入秦为相，倡导连横政策，倡议秦、楚、齐三个大国联合起来对付其他国家。而魏将公孙衍则推行合纵方略，发起魏、韩、赵、燕、中山等"五国相王"抗击秦、楚、齐。

《史记》说屈原"明于治乱"[1]，对当时的政治形势有着比较清醒的判断。他力主联齐抗秦，楚怀王也知道"秦之心欲伐楚"[2]，于是听从了屈原的建议，决定联齐抗秦，派遣"屈原为楚东使于齐，以结强党"[3]。可惜的是，楚怀王没有把握住荣任"纵约长"的机会，而是患得患失，目光短浅，致使秦国各个击破，使楚国逐渐处于不利地位。秦、楚本为姻亲国，自春秋以来一直通婚。但两国的关系向来比较复杂，可以用又爱又恨来描述。就秦国方面来说，更多的是占有强势，如公元前316年秦国乘乱攻占巴蜀，楚国失去可靠的大后方。《华阳国志》载："得蜀则得楚，

---

[1] 司马迁：《史记》卷八四《屈原贾生列传》第8册，中华书局1982年版，第2481页。
[2] 何建章：《战国策注释》卷二六，中册，中华书局1990年版，第989页。
[3] 刘向编著，石光瑛校释，陈新整理：《新序校释》卷七《节士》中册，中华书局2009年版，第938页。

楚亡则天下并矣。"① 此后，秦军东向，攻破赵、韩之地，魏、韩公开投入秦国怀抱，最终秦国统一天下。

毛泽东同志曾深情地说："屈原生活过的地方我相当熟悉，也是我的家乡！所以我们对屈原，对他的遭遇和悲剧有特别感受。"他分析屈原所处的历史时代时说："历史上任何一个伟大变革都会产生一些悲欢离合的故事。至于屈原，政治变迁是他个人的不幸。屈原艰苦地走过他的时代。他忧国忧民，力求挽救楚国的危亡。""连年战乱使国家凋敝、民不聊生，楚国灭亡了，这是事情的一个方面。接着开始了另一个历史过程，就是把那些分散的、互相争权夺利争战不休的诸侯王国统一起来的过程，这个过程是不以人的意志为转移的。最后，它以秦始皇统一中国而告终，从而形成第一个集中统一的帝国。这对中国的命运产生了重要作用。这是事情的另一个方面。"② 1953年，《文艺报》发表社论《屈原和我们》，其中有这样一段话："统一中国，是春秋战国时代政治上的中心问题。后来秦始皇终于灭了六国而把中国统一了，这是实现了历史的要求，也就是历史的进步。但是，我们说到屈原，可不能因为屈原曾经反对过秦国的'兼并'运动和向楚国的进攻，就说屈原反对统一中国，就说屈原是违背历史的进步性的。"这也就是毛泽东同志说的"这是事情的另一个方面"。我们应当从这个认识基础上看待屈原的人民性和爱国情怀。

当前，国际形势正处于大调整、大变革的动荡时期，这与屈原生活的战国中晚期有许多相似之处。世界各国为了在激烈的竞争中取得优势都在抢抓机遇，积极调整自己的发展战略，改革创新、奋力开拓新的发展空间。屈原的政治主张，屈原的爱国思想，还有他的求索精神、改革精神、创新精神、斗争精神，在当今社会依然有着积极的现实意义。

三 屈原的文学意义及当代价值

司马迁说："屈平正道直行，竭忠尽智……其文约，其辞微，其志

---

① 常璩：《华阳国志》卷三《蜀志》，明钱叔宝钞本，第3b叶。
② ［俄］尼·费德林：《费德林回忆录——我所接触的中苏领导人》，新华出版社1995年版，第16—17页。

洁，其行廉，其称文小而其指极大，举类迩而见义远。其志洁，故其称物芳。其行廉，故死而不容。"① 在现实政治生活中，屈原是一个失败者，但作为一个伟大的爱国者和诗人，他又在理想的天国获得永生。所以，毛泽东同志说："屈原喝的是一杯苦酒，也是为真理献身的甜酒。"② 在他的身后，一部《楚辞》彪炳千古。

刘勰在《文心雕龙·辨骚》中详细地描述了他眼中的屈原赋的特质，除了其依经立义的正统观念之外，他还对屈原赋的美学特征有所总结，他用到了下面的词：诡异、谲怪、狷狭、荒淫、夸诞、朗丽、绮靡、瑰诡、耀艳、放言、独往。当我们将这些词收集到一起时，就会立刻发现它们是中国传统思想文化中相对缺失的美学风格与思想特征。儒家秉持中庸思想，而道家崇尚自然，两家都不追求屈原这种原发于人性的极致之美。这种诡异、绚烂和孤绝独往的精神，更接近于现代主义，而非古典主义。这是屈原与现代世界的遥相呼应。刘勰说屈原的作品"能气往轹古，辞来切今，惊采绝艳，难与并能"③，绝非虚言。

在屈原之前，中国的诗歌形式，包括《诗经》、青铜器上的铭文，多以四言为主，相当一部分属于贵族的作品。而《楚辞》则打破了传统的诗歌形式，用一种最自由的诗体，传达出最浪漫的情怀。《离骚》有2500余字，是中国古代文人创作最长的诗歌。《九章》《九歌》，形式活泼，充满民间色彩。《天问》提出了100多个问题，涉及大量天文地理、神话传说，如今我们有问天实验舱遨游苍穹，实现了古与今、文学与科技的完美对接，也是我们今天对屈原精神的一种传承。

从汉代的贾谊、司马迁，到唐朝的李白、杜甫，一直到现代的鲁迅、郭沫若，历代有成就的文学家，无不受到屈原的影响。李白曾把屈原的作品比作日月高悬，说"屈平词赋悬日月，楚王台榭空山丘"④。杜甫也以

---

① 司马迁：《史记》卷八四《屈原贾生列传》第8册，中华书局1982年版，第2482页。
② [俄]尼·费德林：《费德林回忆录——我所接触的中苏领导人》，新华出版社1995年版，第22页。
③ 刘勰著，范文澜注：《文心雕龙注》卷一《辨骚》上册，人民文学出版社1958年版，第47页。
④ 李白撰，安旗、薛天纬、阎琦、房日晰笺注：《李白全集编年笺注》卷一四《江上吟》第3册，中华书局2015年版，第1476页。

屈原的成就来自勉："窃攀屈宋宜方驾，恐与齐梁作后尘。"① 鲁迅先生19岁时所作的旧诗《莲蓬人》就借鉴了《离骚》以美好植物比喻自己高洁志向的明志方式。20岁时，他又作《祭书神文》，说"狂诵《离骚》兮为君娱"②，皆表明鲁迅对屈原的热爱。在"五四"运动退潮之后，鲁迅在最孤苦寂寞的时候又想到了屈原，在他创作的小说集《彷徨》的扉页上题写了《离骚》中的一章："朝发轫于苍梧兮，夕余至乎县圃；欲少留此灵琐兮，日忽忽其将暮。吾令羲和弭节兮，望崦嵫而勿迫；路漫漫其修远兮，吾将上下而求索。"③ 毛泽东同志在长沙第一师范学校读书时，就如痴如醉地学习《楚辞》，对屈原崇拜得无以复加，1959年、1961年他两次要《楚辞》，还特别指明要人民文学出版社影印的宋版《楚辞集注》。1972年，毛主席将宋版影印本《楚辞集注》作为国礼，赠送给日本首相田中角荣。

从古至今，屈原的精神在漫漫岁月中不断被传承、发扬，从个体扩展到群体，从群体扩展到整个民族，屈原对理想的坚定信念，独立不迁的人格，浪漫与充满热爱的性情，对美好世界的求索与向往，早已积淀成中华儿女的民族品格，是刻在华夏民族血脉里不屈的、顽强的力量。每一个中华儿女，无论生在何时、身在何处，都是中华民族大家庭中的一员，都要为中华民族的发展贡献一份力量。"苟利社稷，死生以之"④，鲁迅说："我们从古以来，就有埋头苦干的人，有拼命硬干的人，有为民请命的人，有舍身求法的人。"⑤ 鲁迅称他们是中国的脊梁，而屈原也正是中国的脊梁。

屈原及其作品，不仅是中国人民的财富，也是世界上所有热爱和平、追求民族独立的人民的共同财富。今天，中华民族正处在全面建设社会主义现代化国家新征程的关键时期。党中央号召我们，必须坚持把马克思主义基本原理同中国具体实际相结合、同中华优秀传统文化相结合，推进和

---

① 杜甫著，仇兆鳌注：《杜诗详注》卷一一《戏为六绝句（其五）》第2册，中华书局1979年版，第900页。

② 《鲁迅全集》第8卷，人民文学出版社2005年版，第534页。

③ 《鲁迅全集》第2卷，人民文学出版社2005年版，第3页。

④ 洪亮吉撰，李解民点校：《春秋左传诂》卷一五《昭公四年》下册，中华书局1987年版，第662页。

⑤ 《鲁迅全集》第6卷，人民文学出版社2005年版，第122页。

拓展中国式的现代化。中国式的现代化，一个重要标志，就是中华文化的全面复兴。在这样一个背景下，我们纪念屈原，研究屈原，当然不是为了发思古之幽情，而是从屈原那里汲取文化自信的精神力量，传承发展中华优秀传统文化，建设中华民族现代文明，迎接中华民族伟大复兴。

"人的全面发展"与文学本质的深化认识

韩经太

习近平总书记在文化传承发展座谈会上发表重要讲话，指出："中国式现代化是物质文明和精神文明相协调的现代化，能促进全体人民精神生活共同富裕，促进人的全面发展。"① 党的二十大报告也强调："我们不断厚植现代化的物质基础，不断夯实人民幸福生活的物质条件，同时大力发展社会主义先进文化，加强理想信念教育，传承中华文明，促进物的全面丰富和人的全面发展。"② 确立"人的全面发展"为中国式现代化的核心内容，标志着中国特色社会主义新时代是一个真正意义上的人学自觉的时代。《共产党宣言》这样描述人类理想社会："在那里，每个人的自由发展是一切人的自由发展的条件。"③《资本论》也指出："每一个个人的全面而自由的发展为基本原则的社会形式。"④ 由此可见，实现人的全面发展，贯穿于马克思主义思想建构的始终，当然也贯穿于马克思主义中国化时代化的奋斗历程。我们作为文学研究者，自当以新时代使命感为内在动力，以"人的全面发展"为精神导向，以中华优秀传统文化的创造性转化和创新性发展为实践原则，全面深化关乎文学本质的思想认识。

深化认识的关键，是确认"人的全面发展"是文学本质规定的内在根据，并据此建构起"文学是人学"和"文学是语言艺术"这两项命题

---

① 《赓续历史文脉 谱写当代华章——习近平总书记考察中国国家版本馆和中国历史研究院并出席文化传承发展座谈会纪实》，《人民日报》2023年6月4日。
② 习近平：《高举中国特色社会主义伟大旗帜 为全面建设社会主义现代化国家而团结奋斗——在中国共产党第二十次全国代表大会上的报告》，《人民日报》2022年10月26日。
③ [德]马克思、恩格斯：《共产党宣言》，中共中央马克思恩格斯列宁斯大林著作编译局编《马克思恩格斯选集》第1卷，人民出版社1972年版，第273页。
④ [德]马克思：《资本论》第1卷，人民出版社2004年版，第683页。

的内在尺度。赫尔德要求哲学"把人置于它的中心位置",并认为人类是通过语言来进行发明创造的。到今天,人们普遍确认人类文明史发生的判断标准之一就是语言文字的产生。全人类共同认识到,包含着语言哲学智慧和语言艺术美感的语言生活境界,是人的全面发展的重要标志。因此,今天的我们需要站在促进"人的全面发展"的人学自觉的高度来重新审视"文学是语言艺术"这一本质认识,并将其引入中华文学研究的学术实践,以实际行动推进中国文学研究事业的高质量发展。

为了推动中国文学研究的高质量发展,我们要在关乎中国话语体系构建的学术视野中再度思考那些具有论纲性质的文学本质阐释话语。这也就意味着,确认中华文论的基本纲领并开展更为深入的理论解读,正是文学研究高质量发展的学术新起点。

在这个特定的维度上,那些已然经历过经典化选择提炼的核心理论观念,有必要接受新经典化的再次审视和阐发。《文心雕龙》是中华文论体系建构的重要支撑,其《原道》篇说:"惟人参之,性灵所钟,是谓三才;为五行之秀,实天地之心。心生而言立,言立而文明,自然之道也。"[①] 我们可从中提炼出人学自觉视域下文学语言艺术本质论的核心观念。不仅如此,《原道》篇重点阐发的"自然之道",传承了老子的"道法自然"说,并开启了中唐古文运动以来的"文以载道"说。以此为理论思维之中枢,就不难把握中国文学批评史的思想命脉和话语根基,并从中引申出儒道互补意义上"文以载道"与"道法自然"的深层关系问题,而这也正是深化中华文论思想阐释的关键课题。与此密切相关的是,被朱自清确认为中国诗学"开山的纲领"的"诗言志"话语系统,那种将"诗言志"与"诗缘情"作一体化阐释从而确认"情志一也"的理论阐释逻辑,恰恰是需要进行重新阐释的。这种重新阐释绝不是主观随意地以今释古,而是需要借助古人论说的原创智慧。陈伯海指出:"近代学者常以'诗'等同于'志',于是对'诗言志'命题中的'言'以及'言'与'志'的关系便不很关注,其实是错误的。杨树达先生在 1935 年所著《释诗》一文里,曾据《韵会》所引《说文》文句,发现今本《说文解字》在'诗,志也'的下面脱漏了'志发于言'一句,为之补入。这就

[①] 刘勰著,范文澜注:《文心雕龙注》上册,人民文学出版社 1958 年版,第 1 页。

把'诗'所兼具的'志''言'两个方面说全了。"① 要知道,杨树达文章的发表时间早于朱自清《诗言志辨》。语言学家与文学家之间相互生成的学术关系值得引起人们的足够重视。这也就意味着,那深深地影响着中国诗学以及中国文学的"开山的纲领",将不再是始终强调情志主体从而整体倾向于主观表现艺术的话语体系,而应该是缘情明志原则和语言抒写原则完美统一的话语体系。置身于这样的话语体系之中,更为深入地领悟"诗言志,歌永言,声依永,律和声"的精神实质,把握其中所蕴含的堪称"艺术之母"的语言艺术自觉,最终进境于古典乐教前提下的诗学纲领之新境界者,必然富有人学自觉和文学语言艺术自觉的双重深度。基于此,方可在畅想如何构建中国特色文学理论体系之际,同时也在纲领性话语根系的提炼方面迈出坚实的步伐。

深化研究中国文学的发生机制与发展规律,需要以传承中华文明的通观眼光透视汉语言文字古今演化的历史逻辑,聚焦"五千年"和"一百年"历史语境下的汉语口传和汉字书写之交织形态,深入把握中华民族语言生活的精神脉象,引出语言哲学与语言艺术高度契合的新阐释课题。

新阐释的开端,是在中华文明探源所指向的历史深处,非常悠久的"口传"文学如何进入文字"书写"传统,关系到中华文学起源学之创构。中华文明探源研究发现,"八千年起源"的标志物之一,是在淮河上游河南舞阳贾湖遗址出土了可以演奏乐曲的七孔骨笛,此时距离西周礼乐文明的建立还非常遥远,然而吹奏乐器的存在已然证明了中华先民音乐生活的存在。以此为据而展开文学起源的研究,中华先民按理应有与骨笛吹奏乐器之制作水平相契合的歌谣口传文学。这显然是一个极富挑战的研究领域,为了解开那隐藏在历史深处的文学艺术秘密,除了期待更多地下文物出土之外,不也需要在研究方法上探索创新吗?无论如何,文明探源层出不穷的新发现在不断提醒我们,需要重新思考中华歌诗艺术的起源机制与发展规律。一直以来,中国诗歌史的历史叙述,实际上是以文字书写形式传世的《诗经》以及相关"古歌"文献为起点的,即便是有关生成背景的考察分析,也同样是借助典籍文献来进行的。正因为如此,对于相对而言更为久远的口传文学的研究,其有待开拓的空间是异常巨大的。与此

---

① 陈伯海:《释"诗言志"——兼论中国诗学"开山的纲领"》,《文学遗产》2005年第3期。

相关,借鉴外来的口传文学研究模式,实属必要而且意义重大。但又有必要提醒人们注意:进入文字书写时代以后,一方面,口传文学在文字书写中的遗存形态,往往也就是书写艺术对口传文学的改造形态,这应该是一种双向交流从而叠合为一的共生关系;另一方面,进入文字书写时代的文明进程又决定了这将是以书写文学为中心的时代。有鉴于此,近年来海内外《诗经》等早期文学研究领域的"套语"研究,就有必要深化认识,进一步去关注"套语"的文学书写艺术,而不仅仅是套用"套语"模式。要之,由此而生成的"口传—书写"交织原则和书写中心原则,在此后漫长的文学艺术发展过程中,孕育出有声文学的声律讲求和无声文学的语义讲求并行并茂的历史景观。以历史上的"文笔之分"为标志,韵文、散文的二水分流和律体、古体的二水分流彼此契合。即便是深刻影响到文学史乃至于思想史的唐宋古文运动,实际上也并没有影响到骈体文与散文的并行并茂关系。缘此之故,过去所谓"以文为诗"的讨论,就很有必要被置于诗词一体和骈散一体的新视域之下,于是产生了"以骈文为词"的新问题。宋词长调形成过程中四六语句显著增加的语言艺术现象,何尝不是韵律文学范围内的"以文为诗"(以骈文为词)呢?无论如何,只有发现新问题,才能真正推动文学研究向深处探索。而对于中华文学研究更具整体意义的问题,无过于在"五千年"中华文明和"一百年"现代文化的阐释学语境下来深化认识"文言文"与"白话文"对立关系中的文学语言艺术本质。鉴于这个问题的涵摄之广和复杂程度,这里无法具体展开。但若是就其最基础的问题而言,尽管白话文也是建立在现代口语基础上的书面语,但"文言"转型为"白话"毕竟带有走向民间口语的性质,其与文字发明而生成的口语书面化历史大趋势之间的文明互动,已然构成了古今通观的大文学史观问题。

  古今通观的大文学史观,必然涵摄传统文章学体系与现代纯文学观念在文学自觉问题上的内在冲突。内在冲突是客观事实,而人们却已经习惯于将其搁置。这恰恰说明,只有直面学术难题,才能深化我们的思想认识。

  简要而言,"文学自觉"的艺术生成分析关乎文明发展进程中艺术分工机制所规定的语言艺术本质认识,而"文学自觉"的主体精神分析则关系古代"文章之士"与现代"文学作家"的精神建构模式。中华文化的"立言"传统固然是"文章之士"人格理想的精神支撑,但与文学是语言艺术的本体自觉并不是一回事，过度的泛化会导致文学本体的消失。如果说"文学自觉"就意味着"文学人"的自觉，那如何在中华文章学的悠久传统中发掘出文学审美的内在脉络，将是新时代"人的全面发展"所必须面对的审美文化寻根课题。熟悉学术史的人们都知道，现代中国历史上首先使用与"纯文学"性质相关之美学概念的是王国维那一代人。1905年，王国维在《论哲学家与美术家之天职》一文中提出："呜呼！美术之无独立之价值也久矣。此无怪历代诗人，多托于忠君爱国劝善惩恶之意，以自解免，而纯粹美术上之著述，往往受世之迫害而无人为之昭雪者也。此亦我国哲学美术不发达之一原因也。"[①] 其"纯粹美术"便包括"纯文学"，"历代诗人"的说法就充分证明了这一点，而其思想宗旨显然在于倡导独立于政治家与实业家的文学艺术家之崇高人格。到了改革开放新时期，"纯文学"以超越"工具论"的姿态被重新阐扬。于是，新文化运动时期与改革开放新时期就有了某种呼应关系，并且体现出某种大历史的逻辑。也正因如此，改革开放新时期可以称为文学的"新自觉时代"。正是在这种新自觉的思想语境下，中国古代文学研究者从宏观上提出了古代文学的"杂文学"特征。其学术心态是否含有批判与反思意识，需要深刻体味。从改革开放新时期再到全面深化改革开放的新时代，古代文学研究领域以一种不证自明的方式让"文章学"替代了"杂文学"。然而，也正因为缺乏必要的论证，问题只是被搁置了，而不是被解决了。文学研究界尤其是古代文学研究界亦曾呼吁过"回归文学"，如今看来，这种呼吁含有两层意义：一是针对言必称"文化"的文学泛化现象，二是针对不再辨析文学与非文学的文学泛化现象。遗憾的是，呼吁并没有引起人们真正的注意，所以导致了学术繁荣而缺乏"文学自觉"的微妙现象。唯其如此，现在不仅有必要重提"文学自觉"，而且有必要重新探讨"纯文学"问题。当然，有必要确认的前提性认知是：超越"工具"论对文学的束缚是完全必要的，但若是因此而忘记了文学的"使命"则是非常错误的；承认文学样式与时俱进的丰富形态是完全必要的，但若是因此而忘记了随时作出价值判断的学术"责任"则是非常遗憾的。任何时候，文学超越"工具"理性的"使命"自觉，都是文学价值判断的内在尺度。而必须强调的是，内在尺度具有两个维度：其中之一是人学自觉的维度，

---

① 王国维著，吴无忌编：《王国维文集》，北京燕山出版社1997年版，第243页。

而另一个维度则关乎"艺术造诣"判断的纯粹艺术标准问题。

"艺术造诣"的判断标准问题,虽然也是各个艺术门类共同面临的难题之一,但由于文学语言艺术相较于音乐美术等其他艺术门类更缺乏技艺水平判定的普遍标准,所以更需要深入探讨包括艺术风格与艺术水平在内的价值判断标准问题。

当代油画大家靳尚谊曾有关于艺术风格和艺术水平的辨析,那显然是针对绘画艺术界存在一味追求风格独特而忽略绘画技艺积淀的现象而发的感慨。然而正是这番感慨之言,可以引出具有普遍意义的理论问题:在关乎艺术造诣的价值判断过程中,追求独特风格和追求更高水平哪一个更重要?这两者之间究竟是怎样一种关系呢?带着这样的问题,我们不妨从绘画艺术领域自然过渡到诗画交融这一中国特色的文学、艺术交叉领域。众所周知,在苏轼明确提出王维"诗中有画""画中有诗"之前,晚唐司空图和宋初梅尧臣已经做了相应的理论铺垫。司空图在提出关乎中国神韵美学的"象外之象"等概念时,又特意强调:"题纪之作,目击可图,体势自别,不可废也。"[①] 其中引人深思之处,在于分明是诗歌语言抒写,却以"目击可图"来作申说,并通过"不可废也"的价值判断确认其为艺术造诣的基本标准。与此相衔接的是,宋初梅尧臣对于诗美理想境界的论述,实际上是以"造语亦难"的难题意识为中心展开论述。与其所谓"见于言外"者相对应,自然应有"见于言内"者,而这恰恰是对"状难写之景如在目前"这种视觉审美真实的追求。因此而确立的"然后为至矣"的理想境界,无异于对艺术造诣至高标准的确认。从司空图经梅尧臣再到苏轼,包括在《六一诗话》中引述梅尧臣诗论的欧阳修,这些活跃在唐诗高潮之后而处于唐宋转型之际的诗学家,其彼此相接而建构起来的诗美评价标准,包括基本标准和至高标准,共同体现出诗意的语言艺术执着于视觉质感之"象"与语义联想之"象外"两端的艺术精神。如此这般的诗学之思,除了具有整合魏晋南朝以来"巧构形似"与"兴象渺远"两端追求的思维轨迹之外,当然还有接受释、道两家思想影响的复杂因素。也正因此,这种徜徉乎两端的诗歌美学,一方面隐含着两端之间张力越大则艺术水平越高的判断标准,另一方面又潜伏着两端之思归结为

---

① 司空图:《与极浦书》,董诰等编《全唐文》卷八〇七,第 9 册,中华书局 1983 年版,第 8487 页。

有无之辨的思想旨趣。无论是以无为本观念还是有无相生思想，都存在思维理性和审美情趣交织一体的精神现象，于是往往导致了艺术水平判断与艺术风格偏好交织一体的诗学现象。譬如，苏轼的诗画美论，其《王维吴道子画》所谓"吴生虽妙绝，犹以画工论。摩诘得之于象外，有如仙翮谢笼樊。吾观二子皆神俊，又于维也敛衽无间言"[1]与其《书吴道子画后》所谓"故诗至于杜子美，文至于韩退之，书至于颜鲁公，画至于吴道子，而古今之变、天下之能事毕矣"[2]，实际上就体现出两种完全不同的价值判断方式。苏轼对王维的更高评价确乎出于诗画一体而归乎清远风格的偏好，这种偏好就与王维"诗禅合一"的精神蕴涵不无关系。而他对吴道子的高度评价则出于历史积淀所造就的诗文书画集大成水平，于是就出现了水平判断上抬高吴道子以使吴、王并称而风格选择上却偏好王维的独特现象。这并不是孤立的现象，中国文艺美学史对宋元以来神韵诗美与逸品绘画相契合的"文人艺术"传统的确认，某种程度上正是把讲求平淡简约的风格偏好混同于造诣超群的水平认可了。聚焦于此而深入探讨"文人艺术"传统的古典蕴涵和现代价值，正是深化文学本质认识的必要途径。而其中有关于艺术水平与艺术风格之辩证关系者，更具有深层次探究文学批评普遍原理的深远意义。

在新的历史起点上，习近平总书记指出："坚持以人民为中心的创作导向，把社会效益放在首位，推出更多增强人民精神力量的优秀作品。"[3]新时代促进"人的全面发展"的精神导向，为文学研究的高质量发展确立了最高目标。我们应从"文学是人学"和"文学是语言艺术"的一体化本质阐释出发，聚焦关键问题，深化学术探讨，直面理论难题，勇于挑战极限。一言以蔽之，深化中华文学研究的前景是不可限量的。

---

[1] 王文诰辑注，孔凡礼点校：《苏轼诗集》卷三，第 1 册，中华书局 1982 年版，第 109 页。
[2] 孔凡礼点校：《苏轼文集》卷七〇，第 5 册，中华书局 1986 年版，第 2210 页。
[3] 《赓续历史文脉　谱写当代华章——习近平总书记考察中国国家版本馆和中国历史研究院并出席文化传承发展座谈会纪实》，《人民日报》2023 年 6 月 4 日。

传统文化的继承和发展要坚持历史唯物主义

张建刚

2023年6月2日，习近平总书记在中国历史研究院出席文化传承发展座谈会时强调："中国文化源远流长，中华文明博大精深。只有全面深入了解中华文明的历史，才能更有效地推动中华优秀传统文化创造性转化、创新性发展，更有力地推进中国特色社会主义文化建设，建设中华民族现代文明。"[①] 文化是一个国家、一个民族的灵魂。文化的繁荣与昌盛既是一个国家、一个民族兴旺发达的反映，也是其不断发展的根本动力。对中华优秀传统文化的继承和发展，事关国运兴衰、文化安全、民族精神独立性以及中国特色社会主义道路成败。我们必须坚持历史唯物主义，站稳人民立场，促进文化为经济发展服务，吸收中华优秀传统文化的精华，坚决反对虚构历史、否定党、否定优秀传统的历史虚无主义，不断推进中华优秀传统文化的创造性转化、创新性发展，进一步坚定文化自信，为中华民族伟大复兴提供不竭的精神力量。

一 继承和发展中华优秀传统文化要始终坚持人民立场

为什么人服务的问题是文化的根本问题。历史唯物主义认为，人民群众是历史的创造者，是真正的英雄。中华优秀传统文化根植于我国各族人民的伟大历史实践中，继承和发展中华优秀传统文化必须立足于为广大人民群众服务，立足于满足新时代人民群众的精神文化生活需要。源于人

[①] 习近平：《在文化传承发展座谈会上的讲话》，《求是》2023年第17期。

民、为了人民、属于人民，是继承和发展中华优秀传统文化必须坚持的根本立场，也是推动中华优秀传统文化不断繁荣、创新发展的动力所在。继承和发展中华优秀传统文化是中国共产党领导下的中国特色社会主义事业的重要组成部分，必须旗帜鲜明地回答为什么人服务的问题，必须始终坚持以人民为中心的根本立场，坚持为人民服务，为实现共同富裕服务，为推进中国式现代化建设服务。

中华优秀传统文化是人民幸福、民族复兴、国家富强的文化根基和精神源泉，而社会主义是实现中国共产党人的初心和使命——为中国人民谋幸福、为中华民族谋复兴的根本保障。因此，继承和发展中华优秀传统文化必须坚持文化为社会主义服务的根本原则，为完善和发展中国特色社会主义制度服务，为加强党的领导服务，为巩固马克思主义在意识形态领域的指导地位服务。继承和发展中华优秀传统文化要有利于增强中国特色社会主义文化自信，有利于激发全民族文化创新活力，有利于增强实现中华民族伟大复兴的精神力量。

"人民既是历史的创造者、也是历史的见证者，既是历史的'剧中人'、也是历史的'剧作者'。"[①] 文化作品要反映人民改造世界的伟大历史实践，把满足人民群众精神文化需求作为创作的出发点和落脚点。文化作品只有顺应人民意愿、反映人民心声，才能永葆活力；文化事业只有植根现实生活、紧跟时代潮流，才能繁荣发展。继承和发展中华优秀传统文化，要充分尊重人民的历史主体地位和首创精神，紧紧依靠人民，发掘和创作更多为人民群众所喜闻乐见、反映新时代人民心声和时代要求的优秀作品，让人民群众精神文化生活不断迈上新台阶。

二 继承和发展中华优秀传统文化要有利于社会主义经济建设

文化来源于物质生产实践活动，是对人类的生产、生活过程的反映，主要包括传统习俗、生活方式、宗教信仰、伦理道德、法律制度、价值观念、审美情趣等内容。历史唯物主义认为，社会存在决定社会意识，社会

[①] 习近平：《习近平谈治国理政》第2卷，外文出版社2017年版，第314页。

意识反作用于社会存在。1883年,恩格斯在马克思墓前说:"正像达尔文发现有机界的发展规律一样,马克思发现了人类历史的发展规律,即历来为繁芜丛杂的意识形态所掩盖着的一个简单事实:人们首先必须吃、喝、住、穿,然后才能从事政治、科学、艺术、宗教等等;所以,直接的物质的生活资料的生产,从而一个民族或一个时代的一定的经济发展阶段,便构成基础,人们的国家设施、法的观点、艺术以至宗教观念,就是从这个基础上发展起来的,因而,也必须由这个基础来解释,而不是像过去那样做得相反。"[1] 这段话十分精辟地阐明了历史唯物主义的基本内涵,深刻揭示了经济基础和上层建筑之间的关系。有什么样的物质生产,必须会有什么样的文化与之相适应。以蒸汽磨为主要工具进行生产的社会和以手工磨为主要工具进行生产的社会的文化必然是不同的。文化也不是一成不变的,会随着物质生产的变化而不断变化。中国传统文化是建立在农业社会基础之上的,尽管它也吸收了游牧文化等其他文化的优势,但总体是适应于农业社会的。所以,面对工业社会、信息社会,传统文化自然有很多地方不适应,必须加以创造性转化和创新性发展。

中华文化源远流长、博大深邃、影响深远,造就了中华文明的突出特性。中华文明历经绵绵几千年而不中断,具有突出的连续性;勇于接受新事物、敢于迎接新挑战,具有突出的创新性;崇尚团结互助、看重共融一体,具有突出的统一性;兼收并蓄、海纳百川,具有突出的包容性;热爱和平、追求共赢,具有突出的和平性。中华文明的这些突出特性,是我们保持文化自信的底气所在,是中华民族生生不息、拥有强大生命力的根源所在,是实现中国式现代化的依据所在。在新时代,继承和发展中华优秀传统文化就是要将其与社会主义相结合,形成中国特色社会主义文化,创造中华文化的先进形态,进一步彰显中华文明的突出特性。

历史唯物主义认为,社会意识可以反作用于社会存在,上层建筑可以影响经济基础。文化是上层建筑的重要组成部分,对社会经济建设具有强大的影响力。中华优秀传统文化仍然具有强大的生命力,仍然对社会主义经济建设具有强大的促进作用。判断一个文化是否还具有活力的重要标准,是其是否能促进当前的经济建设,是否能改善人民群众的生活水平,

---

[1] [德]恩格斯:《在马克思墓前的讲话》,中共中央马克思恩格斯列宁斯大林著作编译局编《马克思恩格斯文集》第3卷,人民出版社2009年版,第601页。

是否能激发人民积极向上、奋发有为的精神斗志。继承和发展中华优秀传统文化，就是要保留那些能有效促进经济发展的先进文化，抛弃那些已不适应时代发展要求的落后文化；就是要大力发掘中华优秀传统文化关怀社会实际问题的实践精神，彰显其资政育人、以文化人的功能，推动其与现代社会相协调，充分发挥文化在促进经济发展中的作用。在新时代，一方面，我们要通过继承和发展中华优秀传统文化中的精华，提高人自身的素质，优化社会体制机制，创新价值理念，激发精神动力，为社会主义经济建设创造一个充满活力的外部环境。另一方面，我们要大力发展文化产业，健全现代文化产业体系和市场体系，实施重大产业项目带动战略；实施国家文化数字化战略，健全现代公共文化服务体系，创新实施文化惠民工程；坚持以文塑旅、以旅彰文，推进文化和旅游深度融合发展；加快文化力向经济力的转化，让文化成为推动经济发展的重要推动力。

三　继承和发展中华优秀传统文化要科学区分"精华"与"糟粕"

中华文明拥有五千多年的岁月积淀，底蕴深厚，内涵丰富，成就辉煌。中华优秀传统文化滋养了一代又一代中国人，拥有对世界文明兼收并蓄的开放胸怀，造就了中华民族守正不守旧、尊古不复古的进取精神，塑造了中华民族热爱和平、追求公平的民族性格，发挥了凝聚中华儿女力量形成强大合力的作用。历史唯物主义认为，社会存在决定社会意识，社会意识反映社会存在，社会是不断发展变化的，文化也必然随着社会的发展而不断发展。这就决定了中华传统文化必然随着时代发展而出现难以适应时代要求和社会发展的地方。如何正确对待中华传统文化，如何科学判断中华传统文化中的"精华"与"糟粕"，如何实现中华优秀传统文化与马克思主义基本原理相结合，是我们必须回答的重大问题。

对待传统文化不能简单地采取"拿来主义"的态度，而应该批判地继承。毛泽东同志对待传统文化的态度是我们学习的楷模，他认为，"学习我们的历史遗产，用马克思主义的方法给以批判的总结"[1]。他主张要

---

[1] 《毛泽东选集》第 2 卷，人民出版社 1991 年版，第 533 页。

对中国古代文化进行清理,取其精华,去其糟粕。他认为:"清理古代文化的发展过程,剔除其封建性的糟粕,吸收其民主性的精华,是发展民族新文化提高民族自信心的必要条件。"① 毛泽东同志指出:"我们中国有些人却崇拜旧的过时的思想,这些思想对于我们今天的中国不仅不适用而且有害。这样的东西必须抛弃。"② 我们必须尊重历史,"但是这种尊重,是给历史以一定的科学的地位,是尊重历史的辩证法的发展,而不是颂古非今,不是赞扬任何封建的毒素"③。对待中华优秀传统文化,我们要采取实事求是的态度,用马克思主义对其进行改造,坚持古为今用、以古鉴今,坚持有鉴别的对待、有扬弃的继承,努力实现传统文化的创造性转化、创新性发展,使之能为社会主义建设事业服务。

科学判断中华传统文化中的"精华"与"糟粕",是我们继承和发展中华优秀传统文化的前提。判断的标准就是看其是否站在劳动人民的立场上,是否适应时代发展的需要,是否真正追求真、善、美,是否促进了社会主义发展。传统文化中关于天下为公、大同世界的思想,关于以民为本、安民富民乐民的思想,关于苟日新日日新、革故鼎新、与时俱进的思想,关于仁者爱人、以德立人的思想,关于脚踏实地、实事求是的思想,关于自强不息、厚德载物的思想,为人们认识和改造世界提供了有益启迪,都是中华传统文化中的"精华"。孔子"君者舟也,庶人者水也。水则载舟,水则覆舟"④ 的思想,孟子"民为贵,社稷次之,君为轻"⑤ 的思想,都强调了人民群众的重要性,具有一定的真理性。而传统文化中,关于等级制度的思想、关于剥削劳动人民的思想、关于重男轻女的思想等带有明显的时代局限性,则是中华传统文化中的"糟粕"。传统文化中有一些陋习应该大加批判,比如缠足这一古代陋习,不仅严重影响了女性足部的正常发育,让人们形成了畸形的审美心理,还妨碍了女性正常参加社会工作而只能依附于男性。又如,至今还有一些人热衷于看相、算命、卜

---

① 《毛泽东选集》第 2 卷,人民出版社 1991 年版,第 707—708 页。
② 《毛泽东文集》第 3 卷,人民出版社 1996 年版,第 191 页。
③ 《毛泽东选集》第 2 卷,人民出版社 1991 年版,第 708 页。
④ 见王先谦撰,沈啸寰、王星贤点校《荀子集解》卷二〇《哀公》,中华书局 1988 年版,第 544 页。
⑤ 朱熹:《孟子集注》卷一四《尽心章句下》,《四书章句集注》,中华书局 1983 年版,第 367 页。

卦、抽签、拆字、圆梦、降仙、看风水等封建迷信活动，企图通过这些改变命运，升官发财。这些封建迷信活动也是传统文化中的"糟粕"，都应该统统丢到历史的垃圾堆中。

中华优秀传统文化只有与马克思主义相结合，才能焕发出新的生机，才能成为推动中华民族伟大复兴的不竭精神动力。中华优秀传统文化与马克思主义具有高度的契合性，能够互相成就，实现有机结合，形成中国式现代化的文化新形态。我们要善于把弘扬优秀传统文化和发展现实文化有机统一起来、紧密结合起来，在继承中发展，在发展中继承。我们要推动中华优秀传统文化创造性转化、创新性发展，促进中华优秀传统文化与社会主义社会相适应，拓展中国特色社会主义道路的文化根基，不断深化对文化建设的规律性认识，努力创造属于我们这个时代的新文化。

四 继承和发展中华优秀传统文化要旗帜鲜明反对历史虚无主义

"不忘历史才能开辟未来，善于继承才能善于创新。优秀传统文化是一个国家、一个民族传承和发展的根本，如果丢掉了，就割断了精神命脉。"[1] 历史唯物主义认为，任何一种思想文化、意识形态和社会意识形式都根植于一定的经济基础，都是由一定的社会存在决定的。很多文学作品来源于物质生产活动，描写了人们劳动生活的场景。《诗经·豳风·七月》："七月流火，九月授衣。春日载阳，有鸣仓庚。女执懿筐，遵彼微行，爰求柔桑。春日迟迟，采蘩祁祁。女心伤悲，殆及公子同归"[2]，就描写了农夫艰辛劳作的场景。中华优秀传统文化是中华文明的智慧结晶和精华所在，是中华民族的根和魂。继承和发展中华优秀传统文化，要坚持历史的观点、辩证的观点、发展的观点，善于在历史的联系中把握历史，善于在矛盾分析中取其精华、去其糟粕，善于在守正中创新、在继承中发展，反对任何割裂历史、断章取义、孤立静止地看待传统文化的做法。

---

[1] 习近平：《习近平谈治国理政》第 2 卷，外文出版社 2017 年版，第 313 页。
[2] 程俊英、蒋见元：《诗经注析》，中华书局 1991 年版，第 409 页。

当代中国是历史中国的延续和发展，当代中国文化也是中国传统文化的传承和升华，丢掉了中华优秀传统文化，就割断了自己的精神命脉。近年来，在理论界、文化界出现了一些错误思潮，对我们党和国家的事业造成了严重危害，特别是其中的历史虚无主义和文化虚无主义，我们要坚决反对。历史虚无主义是一股以抹黑党的领袖、歪曲党的历史为主要表现的错误社会思潮。历史虚无主义妄图通过捏造事实、割裂联系、否定规律等手段篡改和丑化党的历史，集中表现为攻击和否定党的领袖和英雄人物，抹黑进而否定党领导人民进行的革命斗争和社会主义建设史，无限夸大社会主义改造和建设期间经历的曲折、出现的失误。历史虚无主义的目的就是要否定中国共产党的领导，否定社会主义制度，否定马克思主义的指导地位，否定党和人民经过千辛万苦奋斗得来的中国道路。历史虚无主义思潮的传播和泛滥，会严重破坏当代中国团结和谐、安定有序的政治局面，阻碍中华民族伟大复兴的历史进程。对此，我们必须坚决反对，进行有力批驳。文化虚无主义是一股以彻底否定民族文化传统、主张全盘西化为特征的错误文化思潮。文化虚无主义对文化进行虚无：一是对我国优秀传统文化进行选择性虚无，污蔑历史英雄人物，抹杀他们的历史功绩，抹黑他们的正面形象，从而误导人们的历史观、价值观、文化观；二是对革命文化进行选择性虚无，非议革命领袖，丑化党的领导人，破坏革命英雄光辉形象，挑战主流意识形态；三是对社会主义先进文化进行选择性虚无，肆意侮辱英雄、模范，公然挑衅和蓄意背叛社会主义核心价值观。文化虚无主义通过矮化中华优秀传统文化、质疑革命文化、消解社会主义先进文化，企图达到动摇中华文化立场，销蚀社会主义核心价值观，以达到其兜售西方文化、西方价值观、西方理念的目的。我们要揭露文化虚无主义的本质，正本清源、固本培元，引导人们树立正确的历史观、民族观、国家观和文化观，坚定中国特色社会主义文化自觉和文化自信。

任何事物都有两面性，都包含着各种各样的矛盾，中华传统文化既有积极向上的一面，也有消极落后的一面。为此，我们要坚持唯物辩证法，采取批判继承的科学态度，对传统文化进行分析、研究、甄别，摄取其精华，剔除其糟粕，在批判中继承，使其在现代化进程中焕发出新的蓬勃生机。我们要坚持"古为今用、以古鉴今"，坚持不忘本来、吸收外来、面向未来，在继承中转化，在学习中超越，让中华优秀传统文化成为助力中华民族伟大复兴的巨大宝藏。我们要善于从中华优秀传统文化宝库中萃取精华、汲取能量，保持对自身文化理想、文化价值的高度信心，保持对自身文化生命力、创造力的高度信心，不断深化对文化建设的规律性认识，努力创造属于我们这个时代的新文化。

中华传统文化的"两创"
发展与"破圈"传播

王 艳

2023年6月2日，习近平总书记在文化传承发展座谈会上指出："中华文化源远流长，中华文明博大精深。只有全面深入了解中华文明的历史，才能更有效地推动中华优秀传统文化创造性转化、创新性发展，更有力地推进中国特色社会主义文化建设，建设中华民族现代文明。"[1] 中华优秀传统文化是中华民族的"根"和"魂"，习近平总书记的重要讲话精神指引着文艺工作者担负起新时代神圣的文化使命，用马克思主义真理激活传统文化的生命力，阐发其意蕴，彰显其价值，弘扬其精神，讲好中国故事，传播好中国声音，推动中华文化更好地走向世界。

一 传统文化赋能："文学"与"文化"的聚合

中国的文化从一开始就注重精神修养，强调"文治教化""人文化成""以文教化"的思想。汉语中文化的起源，可追溯至《易经·贲卦》："观乎天文，以察时变；观乎人文，以化成天下。"[2] 文化是民族生存和发展的内生力量，文学典籍是中华民族智慧的结晶和精神的家园，是中华文明延绵千年的重要载体。中华文明具有突出的连续性，最为重要的原因是，自甲骨文以来汉字是世界三大古文字中唯一未曾间断的表意文字，源于苏美尔文明的楔形文字、古埃及文明的象形文字都随着历史的演进而逐

---

[1] 习近平：《在文化传承发展座谈会上的讲话》，《求是》2023年第17期。
[2] 王弼注，孔颖达疏：《周易正义》卷三，阮元校刻《十三经注疏》第1册，中华书局2009年版，第75页。

渐消失，而汉字从甲骨文、金文、篆书、隶书、楷书演变为现代汉字，沿用至今。习近平总书记在参观中国国家版本馆中央总馆时多次说起"盛世修文"，商王武丁时期的"四方风"甲骨刻辞、"四阁四库合璧"的《四库全书》、藏汉蒙满四种文字的大藏经雕版……这些历经沧桑流传下来的甲骨、简牍、古籍文献、雕版拓片等，凝聚着古代先贤的深邃思想，蕴含着中华民族的传统智慧，既是各个民族交往、交流、交融的历史印迹，又是全人类文明的瑰宝。在中华文明五千年的历史长河中，修史立典、修文立著、修书立志是历朝历代中国人自觉的文化追求，并为中华民族培根铸魂奠定了坚实可靠的文化基石。

古往今来，先贤给我们留下了绚丽多姿的文学遗产，它不仅蕴含着中华民族博大精深的文化基因，也是中华文化永不枯竭的源头活水。在实现中华民族伟大复兴的新征程上，从优秀传统文化当中汲取营养，与人民的精神文化需求、审美需求结合起来，以新的表达形式重释经典，构建人类文明新形态，是新时代文艺工作者的历史责任。最为典型的是纪念屈原与端午节的结合，诗人、诗歌和民俗文化相融合，将屈原"路漫漫其修远兮，吾将上下而求索"[①] 的探索精神，将"长太息以掩涕兮，哀民生之多艰"[②] 的忧国忧民的仁义之道，将"亦余心之所善兮，虽九死其犹未悔"[③] 的家国情怀，升华为中华民族的精神品格。当屈原的"美政"理想不能实现，为了捍卫理想与道义，他以身殉道。每逢端午节，食粽子、系五色丝、赛龙舟，这些本为祈福禳灾的习俗转化为纪念屈原的活动，屈原的君子品格成为中华民族的精神图腾，他爱国的形象屹立于民族精神之巅影响着千秋万代。

从中华优秀传统文化中挖掘具有中华美学精神、中华民族特色的题材，以视觉化的形式阐释中华文明博大精深的独特魅力，成为文艺创作者的自觉追求。近年来，由中国神话传说改编的动漫电影《哪吒之魔童降世》《西游记之大圣归来》《白蛇：缘起》等影视作品深受观众青睐，近期《长安三万里》塑造了以高适、李白、杜甫、王维等为代表的盛唐诗人群像，电影选取了48首耳熟能详的千古名篇，将观众带回了群星璀

[①] 朱熹集注，夏剑钦、吴广平校点：《楚辞集注》卷一《离骚经第一》，岳麓书社2013年版，第16页。

[②] 《楚辞集注》卷一《离骚经第一》，第9页。

[③] 《楚辞集注》卷一《离骚经第一》，第10页。

璨的大唐盛世，激活了镌刻在中国人骨子里的文化基因和文学记忆。大唐诗人们浪漫主义、理想主义的气质，不惧艰难、不懈追求理想的精神，穿越历史的时空隧道与当下观众产生心灵交汇、共鸣。传统文学融进了民众的日常生活和流行文化当中，文学与文化融为一体，呈现出多元互动、共存共生的形态，并起着"以文化人"的作用。传统文化赋能文学经典，使文学融进了日常生活的各个层面，并潜移默化、润物无声地推动着文化的建构，文学被赋予了神圣的文化使命。

二 数字技术赋能："传统"与"现代"的结合

习近平总书记强调："把马克思主义基本原理同中国具体实际、同中华优秀传统文化相结合是必由之路。"① 技术是推动人类社会进步的第一力量。回顾人类文明的演进历史，自文字发明以来，人类具有了保存并传递知识的能力，从口耳相传、文字书写、印刷术、电子媒介到新媒体的迭代升级，文学传播的媒介不断地突破时间和空间限制。文学经典的数字化和跨媒介传播对于增强中华文化传播力和影响力，推动构建人类命运共同体具有深远意义。

数字技术的快速发展正在引发全球性的社会变革，我国数字阅读用户规模达5.3亿人，根据《第二十次全国国民阅读调查》显示：手机移动阅读成为主要形式；通过"听书"和"视频讲书"的方式读书成为新的阅读选择。从"一卷在手"到"一屏万卷"，国民阅读的习惯正在发生革命性的转变，文字符号化、书籍图像化、文化数字化，受众由阅读型公众变为视听型公众。文学典籍借助于媒介突破了时间和空间的限制，打破了束缚文明发展的枷锁，从甲骨文书、青铜铭文、石刻文书、简策版牍、帛书、纸质的图书到电子书……网络和数字技术广泛渗透到文学的生产、流通、传播和消费的全过程。党的二十大报告提出"实施国家文化数字化战略"，古籍数字化是通过数字技术将束之高阁的纸质本古籍转化为全民共享的数字化资源，古籍的整理、保护、传承和利用对赓续中华文脉、坚定和增强文化自信、铸牢中华民族共同体意识具有重要历史价值和重大现

---

① 习近平：《在文化传承发展座谈会上的讲话》，《求是》2023年第17期。

实意义。国务院公布的《国家珍贵古籍名录》累积收录古籍 13026 部，其中少数民族文字古籍有 1133 部。"国家古籍数字化工程"实现了古籍数字化资源的开放共享，读者足不出户就能在网上获取文献资源。截至 2023 年 1 月，全国累积发布古籍及特藏文献影像资源达 13 万部（件），其中国家图书馆搭建的"中华古籍资源库"发布古籍影像资源超过 10.2 万部（件）。全国公共图书馆也在积极建构数字图书馆，实现全文定位搜索，汇聚共享。数字技术与平台相结合，让文学典籍"活"了起来，"飞"入寻常百姓家，降低了古籍的使用门槛，拉近了古籍和读者的距离。

随着 5G、人工智能（AI）、增强现实（AR）、虚拟现实（VR）、裸眼 3D、全息扫描等新技术的不断发展，催生了新的文化样式。近年来，以《朗读者》《中国诗词大会》《经典咏流传》《典籍里的中国》等为代表的传统文化类节目借助新技术激活了传统文化，实现了老少皆宜、雅俗共赏的"破圈"传播。河南卫视"中国节日"系列节目——《元宵奇妙夜》《清明奇妙游》《端午奇妙游》《七夕奇妙游》《中秋奇妙游》《重阳奇妙游》以中国传统节日为载体，采用"网剧+网综"的节目编排方式，将古典诗词、神话故事、民俗文化、生活美学融入节目中，重塑传统节日的仪式感，增强了观众对传统文化的认同感和归属感。由中央电视台策划播出的《典籍里的中国》聚焦中华优秀文化典籍，采取"戏剧+影视化"的表现方式，讲述《尚书》《论语》《楚辞》《诗经》《史记》《汉书》《礼记》《文心雕龙》等经典的源起、流传的故事及核心思想。古代圣贤穿越时空与后人隔空"对话"，观众通过数字技术进入沉浸式、互动式的"新视界"，让典籍变得可听可视、可感可触。原本属于印刷文明下的"文学"与科技、艺术交融在一起，再现了历史中闪光的人物和故事，中华民族的精神血脉、中国智慧、中国价值在司马迁、屈原、老子、孔子的讲述中熠熠生辉。数字技术赋能文学经典，使"传统"与"现代"相结合，打通了古与今、虚拟与现实，是对中华优秀传统文化的全新表达。

三　守正创新　赓续文脉

习近平总书记指出："要坚持守正创新，以守正创新的正气和锐气，赓续历史文脉、谱写当代华章。"① 中华文明具有突出的创新性，守正是尊重历史、恪守传统，传承历史文脉；创新是革故鼎新、与时俱进，弘扬具有当代价值的文化精神。总结历史经验，中华民族守正不守旧、尊古不复古的进取精神，决定了中华民族不惧新挑战、勇于接受新事物的无畏品格。

新时代以来，中国的国际地位不断提升，中国的文化也备受世界瞩目，中国传统文化独特的审美取向和价值追求吸引着越来越多的人关注中国文化。从世界历史发展的经验来看，大国崛起必然伴随着文化软实力的提升，将中国故事嵌入世界话语体系，展现可信、可爱、可敬的中国形象，是增强中华文明传播力和影响力，推动构建人类命运共同体的重要举措。世人皆知莎士比亚，但西方世界鲜有人知道"诗圣"杜甫。2020年，BBC纪录片《杜甫：中国最伟大的诗人》一经推出，杜甫就变成了全球"网红"，纪录片把杜甫比作与莎士比亚、但丁一样伟大的诗人，沿着杜甫生前的人生轨迹，从出生到入仕，从开元盛世到战乱流离，用《壮游》《梦李白》《月夜》《春夜喜雨》等15首诗歌回溯了他颠沛流离的一生。纪录片《跟着唐诗去旅行》选取了杜甫、孟浩然、王维、岑参、李白五位最具代表性的五段旅程，跟着诗人的足迹，回到唐诗的世界，照亮纸香墨飞辞赋满江的中国。文学无国界，让世界听到中国的声音，让世界认识更多的诗人和诗歌，是中国文化"走出去"，讲好中国故事、传播好中国声音的必由之路。

中国式现代化是以中华优秀传统文化为文艺创新的思想源泉，古为今用、洋为中用，守正创新、砥砺前行，创造出无愧于民族、无愧于时代的文化精品。中国人民创作了诗经、楚辞、汉赋、唐诗、宋词、元曲、明清小说等伟大的文艺作品，传承了格萨尔王传、玛纳斯、江格尔等震撼人心的伟大史诗。中国少数民族"三大英雄史诗"与现代文化相融相通，与当代艺术相结合，以"创新"的方式发展出歌剧、电影、电视、动漫、游戏等艺术形式在世界范围内传播，如中央歌剧院大型原创歌剧《玛纳斯》的唱词以柯尔克孜族的英雄史诗为蓝本进行二度创作，词风既有民间说唱文学的鲜活生动，又融入了现代诗歌的恢宏瑰丽，音乐既有交响乐的雄伟壮阔，也将民族乐器融入其中，实现了文学遗产与歌剧艺术的创新

---

① 习近平：《在文化传承发展座谈会上的讲话》，《求是》2023年第17期。

融合。这些对"三大英雄史诗"的改编和以中华优秀传统文化为创作素材的当代艺术契合了当下民众的精神需求和审美取向。

新时代以来,习近平总书记反复强调,要推动中华优秀传统文化的创造性转化、创新性发展,创造性转化是从传统文化中深挖价值内涵、萃取文化基因、提炼核心价值,获取源源不断的创作灵感,创新性发展是传统文化与数字技术双向赋能,文学与技术相结合,内容和形式相融合,赋予传统文化新的表达形式,书写中国式现代化的新篇章,为中华民族伟大复兴提供丰富的哲学思想、人文精神、道德理念和文化滋养。

复变之道：中国文学发展的唯物辩证规律

赵德波

2023年6月2日，习近平总书记在文化传承发展座谈会上发表的重要讲话强调："马克思主义和中华优秀传统文化来源不同，但彼此存在高度的契合性。……相互契合才能有机结合。"① 中国文学作为中华优秀传统文化的重要组成部分，在数千年的发展历程中深刻反映和生动体现了马克思主义的唯物辩证规律。中国文学在发展过程中将守正与创新相结合，在守正的基础上创新，在创新中坚持守正，而贯穿于其间的正是中国文学发展的复变之道。中国文学的复变之道实际上体现在复变互动、复变之化、以复求变三个层面的辩证运动之中，这三个层面的辩证运动恰好与唯物辩证法的对立统一规律、量变质变规律、否定之否定规律高度契合。因此，复变之道可以说是唯物辩证法三个规律贯穿于中国文学发展过程之中的经典例证。

一 "复变互动"的对立统一规律

"复"与"变"是中国文学发展过程中的基本矛盾。所谓复，指的是旧文学是新文学发展的基础，规定或制约着新文学发展方向。新文学总要在继承旧文学的创作经验的基础上实现发展，而其本身也终将成为后世文学发展的基础。所谓变，指的是新文学总是努力在文学主题、艺术形式上实现突破或创新。旧文学成为新文学超越的对象，而新文学自身也成为后世文学超越的对象。唯物辩证法认为，矛盾的同一性与斗争性的辩证运动

---

① 习近平：《在文化传承发展座谈会上的讲话》，《求是》2023年第17期。

推动事物的变化发展。中国文学辩证发展中的"复"就是新旧文学矛盾的同一性。中国文学正是以"复"实现了文学成果的累积和文学经验的传承。"辩证法是一种学说，它研究对立面怎样才能够同一，是怎样（怎样成为）同一的——在什么条件下它们是相互转化而同一的。"① 虽然中国各时期文学之间存在作家之间的竞争、文体之间的竞争以及朝代之间的竞争，但彼此之间总是相互联系、相互依存。这是因为文艺的发展总是以一定的思想遗产作为其前提和出发点。中国古人很早就认识到前代思想文化的价值，注重对前代历史经验和思想文化资源的学习和借鉴。这一点在儒家文化传统中表现得最为明显，儒家学者在著书立说时多注重对前代思想文化的继承，"祖述尧舜，宪章文武"②。同时，这一观念也深刻影响到中国文人的文学理念和文学创作，如汉代扬雄"以为经莫大于《易》，故作《太玄》；传莫大于《论语》，作《法言》；史篇莫善于《仓颉》，作《训纂》；箴莫善于《虞箴》，作《州箴》；赋莫深于《离骚》，反而广之；辞莫丽于相如，作四赋：皆斟酌其本，相与放依而驰骋云"③。唐代韩愈主张古文写作"宜师古圣贤人"，明代以李梦阳、何景明、李攀龙为代表的"前后七子"则提出"文必秦汉，诗必盛唐"的文学主张。可以说，一部中国文学史便是文学复古思潮不断反复的发展史。作为中国文学辩证发展中的"复"，既是矛盾同一性的重要体现，也是中国文学发展保持连续性和稳定性的根本原因。中国文学发展中的"变"就是新旧文学矛盾的斗争性。矛盾的斗争性指的是矛盾双方互相排斥、相互对立的属性，体现着对立双方相互分离的倾向和趋势。中国文学正是以"变"实现了文学的思想内容与艺术形式的发展与创新。中国文学之"变"与中国古代很早就形成的革新意识密切相关。《礼记》载商汤之《盘铭》所云："苟日新，日日新，又日新。"④《周易》言："《革》，去故也。《鼎》，取

---

① [苏]列宁：《黑格尔〈逻辑学〉一书摘要（1914年9—12月）》，中共中央马克思恩格斯列宁斯大林著作编译局编译《列宁全集》第55卷，人民出版社1990年版，第90页。
② 朱熹：《中庸集注》，《四书章句集注》，中华书局1983年版，第37页。
③ 班固撰，颜师古注：《汉书》卷八七《扬雄传》第11册，中华书局1962年版，第3583页。
④ 朱熹：《大学章句》，《四书章句集注》，中华书局1983年版，第5页。

新也。"① 这种革新意识贯穿于中华文明的发展过程之中，成功塑造了中华文明求新求变的创新性特征，同时也深刻影响到中国文学的历史发展。《南齐书》称"若无新变，不能代雄"②，《文心雕龙》称"时运交移，质文代变"③。中国文学正是在创新意识的推动下实现了从形式到内容的发展演变。这种创新意识正是中国文学辩证发展中的"变"，它不仅是矛盾双方斗争性的重要体现，也是中国文学创新发展的不竭动力。

唯物辩证法认为，矛盾的同一性与斗争性的辩证运动推动事物的变化发展。中国文学正是以新旧文学之间的复变互动实现了自身发展的稳定性和创新性。中国文学发展的"复变互动"体现的正是矛盾同一性与斗争性的辩证统一。中国文学的发展既不是机械地继承，也并非孤立地追求创新，而是强调复变互动，在守正中求创新。其辩证发展与中国古代通变观念有着密切联系，如《周易》所云："易穷则变，变则通，通则久。"④ 西汉扬雄《太玄·玄莹》亦言："夫道有因有循，有革有化。"⑤ 在通变观念的影响之下，中国文学在创作实践和理论建构上均强调新旧文学之间的复变互动。从创作实践来看，中国古代文人往往一方面重视复古，另一方面又力求创新，如韩愈主张古文写作应向先秦两汉古文学习，但同时又提出"惟陈言之务去"以及"文从字顺各识职"的主张，强调古文的写作不仅要创造新词，还要讲究文法。从文学理论建构来看，中国古代文论家已经深刻认识到继承与创新在文学发展中的作用。刘勰在《文心雕龙》中称："文律运周，日新其业。变则其久，通则不乏。"⑥ "通"即前后贯通，指的是历代文学中一脉相承的东西。"变"即发展突破，指的是文学的创新之处。中国文学无论是章、表、书、记，还是诗、赋、词、

---

① 李道平撰，潘雨廷点校：《周易集解纂疏》卷一〇《说卦》，中华书局1994年版，第733页。

② 萧子显：《南齐书》卷五二《文学传》第3册，中华书局1972年版，第908页。

③ 刘勰著，范文澜注：《文心雕龙注》卷九《时序》下册，人民文学出版社1958年版，第671页。

④ 李道平撰，潘雨廷点校：《周易集解纂疏》卷九《系辞下》，中华书局1994年版，第626—627页。

⑤ 扬雄撰，司马光集注，刘韶军点校：《太玄集注》卷七《玄莹》，中华书局1998年版，第190页。

⑥ 刘勰著，范文澜注：《文心雕龙注》卷六《通变》下册，人民文学出版社1958年版，第521页。

曲，不仅强调对前代创作经验的继承，还要求努力实现文学体式的创新。正如唐代释皎然所言："作者须知复、变之道，反古曰复，不滞曰变。"① 可见，中国文学发展的复变互动充分体现了矛盾同一性和斗争性的辩证统一，它不仅保持了文学的连续性、稳定性，也造就了文学形式的多样性和文学成果的丰富性。

二 "复变之化"的量变质变规律

中国文学以复变互动实现了自身的辩证发展，就其总体发展趋势而言，复变互动只是过程、手段，而非最终目的。复变互动的最终目的是"化"。钱穆指出："中国人讲变，还有一个字连着是'化'，合说'变化'。变之外又有化，这两字当然不同。"② 所谓"化"，指的是事物改变了原来的形态或性质。这一点与唯物辩证法的量变质变规律高度契合。唯物辩证法量变质变规律指出，量变和质变是事物发展的两种状态，由于内部矛盾决定事物总是处于由量变到质变，再到新的量变到新的质变无限往返的发展过程之中。中国文学发展的复变之化就是在量变过程中不断累积质变的因素，从而实现文学自身从形式到内容的突破与创新的，而这种突破与创新完成之后又进入到另外一个量变到质变的过程之中，无限反复，生生不已。

中国文学发展的复变之化不是一蹴而就的，而是在继承前代创作经验的基础上，通过量变逐渐累积质变的条件，这决定了中国文学发展的渐进性特征。在充分量变的积累下，新的文学形式终究要实现对前代的彻底超越完成自身的变革，实现质变。新的文学形式产生之后又在一个新的量变过程中累积新变的因素，实现再次质变。这一点鲜明体现在中国文体的发展上。王国维称："凡一代有一代之文学：楚之骚，汉之赋，六代之骈语，唐之诗，宋之词，元之曲，皆所谓一代之文学，而后世莫能继焉者也。"③ 楚骚、汉赋、六朝骈文、唐代律诗、宋词、元曲之所以能被称为"一代之文学"，不仅是他们在文学创作的质和量上超越其他时代，还在

---

① 释皎然著，李壮鹰校注：《诗式校注》卷五，齐鲁书社1986年版，第235页。
② 钱穆：《中国文化精神》，九州出版社2012年版，第36页。
③ 王国维：《宋元戏曲史·自序》，上海古籍出版社1998年版，第1页。

于上述文体在特定的历史时期实现了文体形式的"化",即质变。中国文学的诸种文体都是在继承前代创作经验的基础上不断累积新的因素,在大量文学创作实践中不断总结经验,最终催生出新的文体,实现了由量变到质变的跃升,如先秦叙事散文的发展经历了从只有一定叙事要素的甲骨卜辞,到初具雏形的《尚书》《春秋》,再到叙事手法丰富、叙事艺术高超的《左传》的演变过程。先秦诸子散文的发展经历了从语录体、韵散结合体的《论语》《老子》,到每篇主题相对集中的《孟子》《庄子》,再到成熟专论体的《荀子》《韩非子》。可以说先秦叙事散文和诸子散文都经历从萌芽到定体的过程,它们在量变中逐步累积质变的因素,最终完成文体的成熟与定型。单一文体的发展形成如此,文体之间的转变亦是如此。以汉赋的发展而言,大致可分为骚体赋、散体大赋和抒情小赋三个阶段。汉初骚体赋主要从问对体制、铺陈方式及结构体式等方面,从《诗经》、楚辞、历史散文、诸子散文等先秦文学中汲取营养,虽然我们也称为汉赋,但是其模仿痕迹较重。在汉初大量骚体赋创作的基础之上,枚乘《七发》实现了文体的彻底转变:鸿篇巨制,韵散结合,设为问答,笔墨夸张,辞藻繁复等诸要素具备,标志着汉大赋体制的形成。汉大赋的出现才真正标志着赋体创变的完成,而赋体从先秦文学中脱胎到最终定体,也经历了一个从量变到质变的过程。此外,中国诗歌不仅经历了从二言、四言、杂言、五言、七言等体式的演变,还经历了从古体到新体再到格律诗的转变。中国小说经历了从寓言故事到志人、志怪小说再到唐传奇的发展过程。中国戏剧也经历了从原始歌舞、宫廷歌舞到汉代百戏、隋唐戏文、宋金杂剧、南宋戏文再到元代杂剧的发展成熟过程。因此,可以说,中国诸种文体形成都经历了一个由量变到质变的发展过程,新文体定型后又进入一个新的量变质变过程,为新的文体形式的创变积蓄力量,以期实现新的飞跃。中国文学发展的复变之化既体现了中国文学在前代文学基础上不断量变的渐进性发展特征,又体现了新文学形式出现的飞跃性发展特征。正是量变与质变辩证运动塑造了中国文学发展的渐进性与飞跃性并存的基本特征。

三 "以复求变"的否定之否定规律

中国文学总是在继承前代文学的基础上实现自身发展,又通过否定前代文学实现创新。这与唯物辩证法的否定之否定规律高度契合。唯物辩证法的否定之否定规律揭示了事物发展的前进性与曲折性的统一，表明了事物的发展不是直线式前进而是螺旋式上升的。中国文学发展的否定之否定往往通过以复求变的方式来完成。以诗歌为例，从《诗经》开始就确立了中国诗歌的风雅传统，汉代的文人诗歌、乐府诗歌、建安诗歌对此都有继承。魏晋玄学思潮兴起，经学思潮消歇，诗歌开始更多地表现个人情感，风雅精神开始衰退。东晋南朝之际山水诗的出现，更是改变了"诗言志"的传统，打破了儒家功用主义的诗教观，为诗歌走向纯审美的艺术化铺平了道路。齐梁永明体实现了诗歌体式由古到新的转变，但很快被梁陈诗人用来展现宫廷生活，诗歌创作完全抛弃了风雅精神而走上歧途。闻一多曾言："这时期却犯了一桩积极的罪。它不是一个空白，而是一个污点，就因为他们制造了些有如下面这样的宫体诗。"[①] 怎样将诗歌的发展引入正途，这是摆在初唐诗人面前的一个难题。除了初唐四杰、张若虚等人在文学创作上的努力之外，陈子昂还通过重倡风雅精神来扭转诗歌颓风："文章道弊五百年矣。汉魏风骨，晋宋莫传，然而文献有可征者。仆尝暇时观齐、梁间诗，彩丽竞繁，而兴寄都绝，每以永叹。思古人常恐逶迤颓靡，风雅不作，以耿耿也。"[②] 可见，从先秦到初唐，风雅精神既是诗人创作继承发展的对象，又是在某一阶段被否定，而在另一阶段又被重新接受的对象。中国诗歌也正是在对风雅精神的肯定、否定、再肯定的过程中不断发展。古文发展亦是如此，从南朝骈文到中唐古文运动、北宋的诗文革新，再到明代复古思潮的出现，亦是对先秦两汉古文传统的否定、肯定、再否定、再肯定的过程。中国文学正是在复变求化的同时，不断寻求以复求变，通过对古今文学的否定之否定实现自身发展。恩格斯说："拜占庭灭亡时抢救出来的手稿，罗马废墟中发掘出来的古代雕像，在惊讶的西方面前展示了一个新世界——希腊古代；在它的光辉的形象面前，中世纪的幽灵消逝了；意大利出现了出人意料的艺术繁荣，这种艺术繁荣好像是古典古代的反照。"[③] 唐代诗歌的繁荣以及唐宋至明代古文的发展

---

① 闻一多：《唐诗杂论》，中华书局2009年版，第10页。
② 陈子昂：《与东方左史虬修竹篇序》，郭绍虞主编《中国历代文论选》第2册，上海古籍出版社2001年版，第55页。
③ 恩格斯：《自然辩证法（节选）》，中共中央马克思恩格斯列宁斯大林著作编译局编译《马克思恩格斯文集》第9卷，人民出版社2009年版，第408—409页。

无疑是对恩格斯上述论断的有力呼应。马克思亦指出:"每个前一时期的任何成就,被后一时期所接受,都是被曲解了的旧东西。……被曲解了的形式正好是普遍的形式,并且在社会的一定发展阶段上是适于普遍应用的形式。"[1] 依此而言,中国文学的以复求变也是对前代文学遗产的"曲解"。这种以辩证否定古代,而又通过学习古代来实现创新,遵循的就是唯物辩证法否定之否定规律。中国文学正是在以复求变中,在古今文学的否定之否定中实现了自身的辩证发展。

---

[1] [德]马克思:《致斐迪南·拉萨尔(1861年7月22日)》,中共中央马克思恩格斯列宁斯大林著作编译局编译《马克思恩格斯全集》第30卷,人民出版社1975年版,第608页。

民族文学视域中的中华文明突出特性

杨杰宏

在 2023 年 6 月 2 日的文化传承发展座谈会上，习近平总书记对中华文明突出特性的论述，以及对"两个结合"尤其是"第二个结合"的深刻认识，为建设中华民族现代文明指明了方向。我国是由 56 个民族构成的大家庭，中华文明是由我国各个民族共同缔造而成的。其中，中华文学作为中华文明的重要组成部分，也具有中华文明的五个突出特性。从民族文学视角来阐释中华文明的五个特性，有利于更加全面深入地学习领会习近平总书记的重要讲话精神，有利于推动中华民族文学的繁荣发展，有利于铸牢中华民族共同体意识。

一 连续性：中原与边缘的"太极推移"关系推动中华民族文学

中华文明突出的连续性主要是就历时性而言的，即文明史源远流长，从未断绝，表现出超强的文明韧性与稳定性。中华民族文学也具有突出的连续性。我们一说到中国文学，都会言及《弹歌》《诗经》《楚辞》，以及汉赋、唐诗、宋词、元曲、明清小说，乃至现当代文学。这些不同时代产生的文体及经典名篇构成了璀璨斑斓的中国文学星空，成为中华文明的重要标志。"蒹葭苍苍，白露为霜。所谓伊人，在水一方。"[1] 2500 年前写下的诗句至今依然让我们怦然心动，显示出中国文学绵延不绝的生命力。

---

[1] 程俊英：《诗经译注》，上海古籍出版社 2012 年版，第 128 页。

但是，上述这些文体及作品并不能涵盖中华民族文学的整体。毋庸讳言，长期以来的中国文学史书写在不同程度上忽视了少数民族文学的贡献和影响。杨义指出："中华民族具有多元一体的结构，但过去的文学史只重视中原文化动力系统而忽视了富于活力的边缘文化动力系统，只重视汉族的书面文学而忽视了少数民族的口传文学。事实上，少数民族文学对中国文学发展的影响无处不在。"① 历史上，中国文学文风的几次大转变与民族文化大融合密切相关，北方游牧民族的剽悍、雄浑、刚健之风深刻影响了中原传统文风，一扫以往颓废、靡丽、纤弱的文风，极大地提振了积极开朗、刚健有为的中国文学风气。杨义还指出："中原中心文化面临着两难的尴尬，它有领先发展的优先权，具有吸引力、凝聚力，但凝聚容易引起凝结，进而凝固化。但是边缘文化，地位不显，禁忌较少，身处边缘，带有原始性、流动性，带有不同的文化板块结合部的混合性，这些都是活力的特征。"② 中原文化与处于边缘的少数民族文化在不断的碰撞融合中形成了"太极推移"的动力关系，推动着中国文化与中国文学不断更新发展、延绵不绝。

中华民族文学的连续性既有整体性的表现，也有构成整体的个体表现，二者具备相辅相成、互鉴互补的辩证关系。据调查，格萨尔演述艺人扎巴生前共说唱 25 部，总计近 60 万诗行，600 多万字。这个数字意味着什么呢？它相当于 25 部《荷马史诗》、15 部印度史诗《罗摩衍那》、3 部《摩诃婆罗多》。如果按字面计算，则相当于 5 部《红楼梦》③。从《格萨尔王》的雏形期（公元前 3 世纪至公元 5—6 世纪）推算，这部活态史诗流传至今已有两千多年历史，而且现在仍处于创编过程中，其体现出强大的文化生命力。习近平总书记将我国的"三大史诗"——《格萨尔》《玛纳斯》《江格尔》与故宫、长城、大运河、四大名著等中华文明的标志并列。另外，我国还传承着众多形态各异、类型众多的活态史诗，如以古老的象形文字记载的东巴史诗，记载在贝叶上的傣族史诗，以及广泛分布于南方的创世史诗、迁徙史诗等。这众多的史诗不仅纠正了"中国没有史诗"的谬论，丰富了中国文学文类，而且为中国文学的发生机制、发展

---

① 杨义：《重绘中国文学地图的方法论问题》，《学术研究》2007 年第 9 期。
② 杨义：《重绘中国文学的历史地图》，《文史哲》2015 年第 3 期。
③ 降边嘉措：《扎巴——一位卓越的〈格萨尔〉说唱家》，中国民族文学网，http://iel.cass.cn/ztpd/ktctyj/gzccr/200610/t20061002_2762221.shtml，2023 年 6 月 11 日。

史研究提供了有力的证据。可以说,我国民族文学为中华民族文学的可持续发展提供了文化动力,也为中华文明连续性特征的形成做出了贡献。

二 创新性:中华民族文学繁荣发展的动力源泉

习近平总书记在文化传承发展座谈会上指出:"中华文明具有突出的创新性,从根本上决定了中华民族守正不守旧、尊古不复古的进取精神,决定了中华民族不惧新挑战、勇于接受新事物的无畏品格。"[1]"守正不守旧、尊古不复古的进取精神"也是中华民族文学发展进步的动力源泉。

"文章合为时而著,歌诗合为事而作",这是唐朝诗人白居易在"新乐府运动"中提出的文学主张。他提倡文学应反映时代,反映现实,关注民生,促进社会发展进步。白居易的文学主张既是他个人的文学总结,也是他对中国文学创新性特征的集中概括。"文章合为时而著",由此形成了具有不同时代特色的文学作品及文学形式。依古体诗而言,最早出现的诗歌——《弹歌》属于二言诗,到西周至春秋时期形成了《诗经》的四言诗,汉代之后逐渐发展出五言诗和七言诗,其变化特征呈现出诗句字数越来越多的趋势。诗句字数的变化既有时代推动社会生产力发展并作用于文学的经济基础因素,也有与不同文化交流、碰撞的互鉴推动作用。例如,有研究者指出:"由于佛教的传入,中国学者在翻译的过程中发现了汉语的双声、叠韵等特点,才促成了五绝、五律、七绝、七律等最具汉语特色的诗歌形式的出现。"[2]

任何文化只有在海纳百川、开放进取中才能获得不竭的发展动力。中国文学史就是一部多民族文学之间的创新发展史。屈原的代表作《离骚》就明显带有楚地"巫风",其中的"卜名""陈辞""先戒""神游""问卜""降神"等部分都借用了民间巫术的形式。词体形成于唐代,起源于燕乐,而燕乐主要来自北乐系统的西凉乐和龟兹乐,尤其是"胡部新声"对词的产生、发展影响深远。竹枝词作为一种倚声填词的文体,深受巴渝地区巴人、濮人、僚人、楚人等民族民歌音韵的影响。边塞诗的产生、发

---

[1] 习近平:《在文化传承发展座谈会上的讲话》,《求是》2023年第17期。
[2] 李云雷:《文学的传承与创新》,《文艺报》2018年7月2日。

展、内容与民族边疆地区的戍边、战争密切相关,少数民族的风俗习惯、语言、宗教、精神气质对其产生了深远的影响。佛教通过丝绸之路上的民族地区传入中原后,对中国传统文学也产生了深远的影响。

当然,文化上的影响是相互的,是共赢共享的。中原文学对少数民族文学也产生了深远的影响,推动了少数民族文学的创新发展。例如,壮族歌剧《刘三姐》中的民歌唱词直接引用了汉族地区的七言四句形式,在广西多民族参与的歌圩活动中,汉语、壮语成为歌手们普遍采用的语言,有些歌手能够在这两种语言之间自由转换;西北各民族间流传的民歌花儿也多采用汉语演唱,曲调也有汉族民歌特色;锡伯族《小曲子》的曲调、内容都深受周边汉族地区秧歌戏的影响;白族的民歌调山花体、大本曲属于汉、白文化共融的产物,而吹吹腔直接借用了滇戏唱腔;贵州布依族的地戏与明代"洪武调卫"时期的军屯移民文化密切相关;《牛郎织女》流传到苗族地区后,改名为《天女与农夫》,农夫破解了天父设下的重重难题后娶回了天女;《梁山伯与祝英台》在白族地区,两个主人公被改造为自力更生、勤快能干的劳动能手。

三 统一性:中华民族文学的精神核心

"文运同国运相牵,文脉同国脉相连。"习近平总书记以高度凝练的语言,阐述了文学与国家、时代血脉相连的关系,揭示了文学的精神核心,体现了对中国文学发展规律的深度把握。

中华民族文学一直具有鲜明的思想取向,即以爱国主义为核心,以维护国家统一、民族团结为主旨。这一共同的思想观念在各民族共同保疆卫国、抵御外敌的斗争中得到了强化,进一步推动了中华民族共同体意识的巩固与发展。"不远万里,去俗归德,心归慈母。"[1] 这是东汉永平年间西南夷白狼王献给东汉朝廷的《白狼歌》,表达了追慕中原文明、向往国家统一的思想主题。18世纪维吾尔族诗人翟梨里说,"坐立难安,只因远离祖国的门边""每当静心独处,祖国情思花雨泻"[2]。维吾尔族诗人阿布都

---

[1] 彭新有、沙振坤编著:《云南古代汉文学作品选》,云南大学出版社2019年版,第4页。
[2] 李国香:《李国香卷》,范鹏、王福生总主编,艾买提编选《陇上学人文存》,甘肃人民出版社2017年版,第358页。

热衣木·纳扎尔在《热碧亚与赛丁》中写道:"地球上,数祖国最宝贵。"① 丽江纳西族木氏土司作家群是一个典型的爱国诗人群体:木公的诗句"忧国不忘驽马志,赤心千古壮山河"②,表达了为保家卫国愿效驽马之志的决心;木增的诗句"不辞百折终朝海,泛斗乘槎我欲从"③,表达了维护国家统一、诚心报国的强烈心愿。恩施容美田氏土司作家群中代表人物有9人之多,诗文集30部,诗文传世者千余篇,其中《甲申除夕感怀》组诗、《披陈忠赤疏》《搏得病虎作病虎行》等作品都表达了强烈的爱国情感。

由此可见,各民族通过文学架设起了交流与交融的文化桥梁,沟通了彼此的心灵,深化了中华民族文化认同和国家认同,推动了中华民族共同体意识的巩固和发展。

四 包容性:中华民族文学繁荣发展的根本保障

陈寅恪在研究隋唐时期民族关系时发现,当时人们的胡汉之分不在种族而在文化,由此提出了"文化大于种族"的论断。这与儒家所提倡的教化思想相统一。"观乎人文,以化成天下",这种文化价值观反映了中华文明的包容性。正是这种海纳百川、有容乃大的包容性,为中华民族文学的繁荣发展提供了根本保障,铸就了博大精深的泱泱中华文明。我们不仅拥有《诗经》、《楚辞》、唐诗、宋词,也拥有三大史诗、神话集群、民间百戏、传统千艺。

中华文明的包容性在我国多民族文学的文学题材、语言文字、思想观念等方面得到了充分体现。

首先是文学题材方面。汉族的许多文学作品逐渐被各族人民结合自己民族的生活特点,改编成叙事歌、唱词或戏剧,形成了这些作品的少数民族语言形式"异文本"。其中著名者如《梁山伯与祝英台》《孟姜女》《鲁班》《刘文龙菱花镜》《金云翘传》等,以及《三国演义》《水浒传》

---

① 李国香:《李国香文集》第3集,中国文联出版社2004年版,第243页。
② 和钟华、杨世光编:《纳西族文学史》,四川民族出版社1992年版,第502页。
③ 余海波、余嘉华:《木氏土司与丽江》,云南民族出版社2002年版,第334页。

中的一些故事。

其次是语言文字方面。我国民族文学既有本民族的传统文学，又有用汉语和汉族民歌形式创作和传唱的民间文学，这是长期以来各民族与汉族频繁交往、交流、交融的结果，如广西的歌圩是由壮族、汉族、仫佬族、毛南族、瑶族等多民族民间歌手构成的民歌海洋，壮语、汉语成为彼此互通的语言。多民族之间的文学作品翻译也架起了深化中华民族共同体意识的文化桥梁。《诗经》、汉赋、唐诗、宋词、元曲、明清小说以及类型丰富的民间故事、传说，都在民族地区流传着翻译文本。到近现代，《三国演义》《水浒传》《西游记》《红楼梦》《隋唐演义》《说岳全传》等名著通过书面或口头文本的翻译，在少数民族地区广泛传播。

最后是思想观念方面。中原地区的《三侠五义》《三国演义》《水浒传》《隋唐演义》《说岳全传》《孟姜女》《白蛇传》《梁山伯与祝英台》等小说、传说、话本在少数民族地区广泛流传，这些文学作品所包含的道德观、价值观、人生观随之传播到不同民族中，并融入民族传统文化价值观中，为促进中华民族共同体意识的生成和发展起到了内化作用。

五　和平性：中华民族文学最深层的文化基因

在文化传承发展座谈会上，习近平总书记指出："中华文明具有突出的和平性，从根本上决定了中国始终是世界和平的建设者、全球发展的贡献者、国际秩序的维护者。"① 2017 年 1 月 18 日，习近平总书记在联合国日内瓦总部的演讲中强调："几千年来，和平融入了中华民族的血脉中，刻进了中国人民的基因里。"② 从民族文学视角来看，讴歌和平、追求和平一直是各民族文学不变的主题，也是中华民族文学最深层的文化基因。少数民族文化中的和平性因社会经济发育程度不同，表现形态也呈现出多元性特征，如与自然和谐共生的生态伦理观，与各民族和平共处、维护国家和平安定的价值观。

很多少数民族在长期与大自然相处的过程中，形成了顺应自然、尊重

---

① 《担负起新的文化使命　努力建设中华民族现代文明》，《人民日报》2023 年 6 月 3 日。
② 习近平：《共同构建人类命运共同体——在联合国日内瓦总部的演讲》，《人民日报》2017 年 1 月 20 日。

自然、保护自然的生态伦理观。纳西族东巴教视自然神为人类的亲兄弟，二者在天神面前签订了和谐共处的协议：人类一旦破坏了大自然，就要遭受报复；而保护、尊重大自然，则会受到自然神的庇佑。这在东巴神话经典《署鹏争斗》中有形象的描述。彝族史诗《勒俄特依》也认为人与自然同根同源，相互依存，密不可分。

随着民族文化交融的推进，人与自然和谐共处的生态伦理观发展成为各民族和谐共处的文化价值观。这一价值观在各民族广泛流传的兄弟同源的神话史诗中，得到了充分体现。纳西族创世史诗《崇般图》认为纳西族、藏族、白族是同父同母所生的亲兄弟；而阿昌族创世史诗《遮帕麻与遮咪麻》认为汉族、傣族、纳西族、景颇族、傈僳族、阿昌族、德昂族等民族的祖先都是同母所生；德昂族史诗《达古达勒格莱标》认为汉族、傣族、傈僳族、景颇族、德昂族、白族、回族等民族的祖先皆为兄弟关系。这种民族同源神话在怒族、独龙族、哈尼族、彝族、傣族、白族、基诺族、拉祜族、佤族、傈僳族、珞巴族、门巴族、藏族、壮族、苗族、瑶族等众多民族的神话中广为流传，展现了各兄弟民族和谐共处、共融共生的民族关系，反映了中华民族大家庭高度融合的文化基因。

随着中华民族多元一体格局的逐渐形成，民族间的交往不断扩大，维护国家统一、民族团结以及反对战争成为各族人民的共识及普遍价值观。保境安民、推动民族和平统一、让人民过上幸福安宁日子，是伟大史诗《格萨尔》的主题思想。在史诗里，格萨尔王自称上天赐给他的神圣使命是"世上妖魔害人民，抑强扶弱我才来"[1]。纳西族史诗《黑白战争》，讴歌了维护和平、反对战争的英雄人物。彝族经典文献《玛牧特依》中说："如若战争常发生，养儿不能见亲人，君主遭难，人民遭殃。""人类追求幸福安宁的生活，牲畜追求水草丰美之地。"[2] 维吾尔族文学经典《福乐智慧》中说："国家兴旺，百姓安居乐业，国中将会人人为你祈福。"[3]

在文化传承发展座谈会上，习近平总书记为建设中华民族现代文明提

---

[1] 降边嘉措主编：《〈格萨尔〉大辞典》，海豚出版社2017年版，第50页。

[2] 李群育：《丽江彝族"尔比"文化价值及精神》，《丽江日报》（文化副刊）2023年6月19日。

[3] 优素甫·哈斯·哈吉甫：《福乐智慧》，郝关中、张宏超、刘宾译，新疆科学技术出版社2007年版，第722页。

出了三个明确要求——坚定文化自信、秉持开放包容、坚持守正创新，这为推进新时代中华民族文学可持续发展阐明了路径。只有做到这三点，我们才有能力保障国家统一、推动进步繁荣、维护和谐安定，从而全面实现中华民族伟大复兴。

从"以人民为中心"看"第二个结合"

李广子

2023年6月2日，习近平总书记在文化传承发展座谈会上强调，在五千多年中华文明深厚基础上开辟和发展中国特色社会主义，把马克思主义基本原理同中国具体实际、同中华优秀传统文化相结合是必由之路。"以人民为中心"的发展思想就是将马克思主义的人民立场与中国传统民本思想相结合的一个典范，实现了马克思主义基本原理同中华优秀传统文化的完美结合（即"第二个结合"）。

一 人民立场是马克思主义的根本立场

马克思主义中的"人民"概念包括无产者、小农和小资产者等，无产阶级是人民群众的核心组成部分。早在1848年，马克思和恩格斯在《共产党宣言》中便旗帜鲜明地指出："过去的一切运动都是少数人的，或者为少数人谋利益的运动。无产阶级的运动是绝大多数人的，为绝大多数人谋利益的独立的运动。"[1] 这是马克思主义人民立场的集中体现。习近平总书记指出："马克思主义是人民的理论，第一次创立了人民实现自身解放的思想体系。马克思主义博大精深，归根到底就是一句话，为人类求解放。在马克思之前，社会上占统治地位的理论都是为统治阶级服务的。马克思主义第一次站在人民的立场探求人类自由解放的道路，以科学的理论为最终建立一个没有压迫、没有剥削、人人平等、人人自由的理想

---

[1] [德]马克思、恩格斯：《共产党宣言》，中共中央马克思恩格斯列宁斯大林著作编译局译《马克思恩格斯文集》第2卷，人民出版社2009年版，第42页。

社会指明了方向。"① 习近平总书记在党的二十大报告中进一步强调："人民性是马克思主义的本质属性。"②

第一，历史唯物主义认为人民是历史的创造者。历史唯物主义是马克思主义哲学的重要组成部分，与剩余价值学说并称为马克思的两个伟大发现。19 世纪中叶，马克思、恩格斯创造性地把唯物主义运用到社会历史领域，创立了历史唯物主义。在 1859 年出版的《〈政治经济学批判〉序言》中，马克思系统阐述了历史唯物主义的基本观点。他认为，人们在自己生活的社会生产中发生一定的、必然的、不以他们的意志为转移的关系，即同他们的物质生产力的一定发展阶段相适应的生产关系。这些生产关系的总和构成社会的经济结构，即有法律的和政治的上层建筑树立其上并有一定的社会意识形态与之相适应的现实基础。物质生活的生产方式制约着整个社会生活、政治生活和精神生活的过程；社会存在决定社会意识，社会意识又可以塑造与改变社会存在；生产力和生产关系之间的矛盾、经济基础与上层建筑之间的矛盾，是研究社会发展的出发点。历史唯物主义认为源于社会物质生活资料生产方式之上的实践活动是推进社会进步和发展的根本动力，在此基础上从实践活动形成的一切社会关系中去理解现实的人。历史唯物主义认为，人是自然界长期发展演化的产物，作为实践主体的人进行着改造客观世界和主观世界的实践活动，进行着变革现实的活动。因此，人民是历史的创造者，是历史活动的主体，群众是真正的英雄。创造历史的人不是抽象的人，而是现实的、活生生的人；不是英雄人物，而是人民群众。在人类历史上，历史唯物主义首次正确评价了人民群众在社会历史发展中的创造主体地位，凸显了马克思主义鲜明的人民立场。正如毛泽东同志所说："人民，只有人民，才是创造世界历史的动力。"③

第二，剩余价值学说对资本主义制度的批判贯穿了人民立场。马克思立足于所处的时代背景，站在无产阶级工人即人民群众的立场，描述了资本主义生产关系建立的过程。马克思在劳动价值论的基础上提出了剩余价值学说，科学地论证了剩余价值的来源、本质及其运动规律，深刻地揭示

---

① 习近平：《在纪念马克思诞辰 200 周年大会上的讲话》，《人民日报》2018 年 5 月 5 日。
② 习近平：《高举中国特色社会主义伟大旗帜　为全面建设社会主义现代化国家而团结奋斗——在中国共产党第二十次全国代表大会上的报告》，《求是》2022 年第 11 期。
③ 《毛泽东选集》第 3 卷，人民出版社 1991 年版，第 1031 页。

了资本家榨取工人剩余价值的秘密，揭露了资本主义制度的罪恶。剩余价值学说是马克思政治经济学理论的核心，是从理论层面对资本主义制度最深刻的批判，而人民立场贯穿于剩余价值学说的全部内容。马克思指出，工人阶级日益异化的劳动，资本主义生产关系的持续发展，造成了消灭资本主义制度的主观条件和客观条件。剩余价值学说为资本主义必然灭亡、社会主义必然胜利这"两个必然"奠定了基础。

第三，马克思主义以实现人的全面解放与自由发展为最终目标。马克思主义的最终目标是实现人的全面解放与自由发展，体现了马克思主义对人的终极关怀和人民立场。马克思认为，衡量人类进步的标准是人类个体的自由而全面的发展。马克思关于人的自由全面发展思想集中体现在《1844年经济学哲学手稿》《德意志意识形态》《共产党宣言》《资本论》等著作之中。马克思认为，人既是自然存在物，也是社会存在物。他把人的存在状态分为以下两种：异化的存在和自由全面发展的存在。其中，异化是人的一种生存状态，是受谋生劳动的控制、驾驭的状态，根源于生产力发展的一定水平与此水平相适应的分工、私有制。在私有制条件下，人的劳动只能是一种"异化劳动"，而人也只能是片面而不是"一个完整的人"，无法"占有自己的全面的本质"。因此，要实现人的自由全面发展，就要废除私有制和资本主义制度，把人的劳动还之于"自由自觉的活动"这一本质。在生产力高度发达、彻底消灭分工和私有制的共产主义社会，人可以实现自由全面发展。马克思、恩格斯在《共产党宣言》中指出："代替那存在着阶级和阶级对立的资产阶级旧社会的，将是这样一个联合体，在那里，每个人的自由发展是一切人的自由发展的条件。"①

二 中国传统民本思想发展脉络及其局限性

习近平总书记指出，中华文明具有突出的连续性。中国传统民本思想渊源深远，从先秦时期开始萌芽，历经几千年的发展，不断被阐发和创新，为"以人民为中心"的发展思想提供了思想源泉。

---

① ［德］马克思、恩格斯：《共产党宣言》，中共中央马克思恩格斯列宁斯大林著作编译局《马克思恩格斯文集》第2卷，人民出版社2009年版，第53页。

一般认为，中国传统的民本思想萌芽于先秦时期。在这一时期，部分先进的思想家从王朝和政权的更迭中看到了民众的强大力量，开始强调民众的重要性。其中，代表性的论述包括"皇祖有训：民可近，不可下。民惟邦本，本固邦宁"①"施实德于民"②等。一些政治家在治国理政中也强调关注民众的利益。西周周公提出"敬德保民，以德配天"思想，劝诫国君要做到"怀抱小民""用康保民"。

春秋战国时期，诸子百家从诸侯战争和动荡中看到政治兴亡的根本在于民心向背，纷纷提出重民、保民、利民、恤民等主张，对君民关系的认识更加深入，论述更加丰富，标志着民本思想的形成与成熟，其中儒家最具代表性。孔子深刻地论述了民与君的关系，认为："民以君为心，君以民为体。心庄则体舒，心肃则容敬。心好之，身必安之；君好之，民必欲之。心以体全，亦以体伤；君以民存，亦以民亡。"③孟子也看到了"民心"在政治兴亡中的重要性，提出"民为贵，社稷次之，君为轻"④，"桀纣之失天下也，失其民也；失其民者，失其心也。得天下有道：得其民，斯得天下矣"⑤。荀子从多方面论证了君与民之间的关系，提出"水则载舟，水则覆舟"⑥，"天之生民，非为君也。天之立君，以为民也"⑦，将"民"提升到前所未有的高度。此外，荀子还提出了富国富民的思想，强调了民富对于国富的重要性，认为"下贫则上贫，下富则上富"⑧。除儒家以外，道家也注意到了民众在国家中的重要性。庄子提出"恃于民而不轻，因于物而不去"⑨。

---

① 孔安国传，孔颖达疏：《尚书正义》卷七《五子之歌》，阮元校刻《十三经注疏》第1册，中华书局2009年版，第330页。

② 孔安国传，孔颖达疏：《尚书正义》卷九《盘庚》，《十三经注疏》第1册，中华书局2009年版，第358页。

③ 孙希旦撰，沈啸寰、王星贤点校：《礼记集解》卷五二《缁衣》中册，中华书局1989年版，第1329页。

④ 朱熹：《孟子集注》卷一四《尽心章句下》，《四书章句集注》，中华书局1983年版，第367页。

⑤ 《孟子集注》卷七《离娄章句上》，《四书章句集注》，第280页。

⑥ 梁启雄：《荀子简释·王制》，中华书局1983年版，第102页。

⑦ 梁启雄：《荀子简释·大略》，中华书局1983年版，第376页。

⑧ 梁启雄：《荀子简释·富国》，中华书局1983年版，第133页。

⑨ 王先谦撰，沈啸寰点校：《庄子集解》卷三《在宥》，中华书局1987年版，第98页。

汉唐时期，民本思想逐步被融入正统意识形态。其中有代表性的包括：贾谊强调民是政治之本，对待民众不可简单粗暴，不可欺辱蒙骗，认为"故夫民者，至贱而不可简也，至愚而不可欺也。故自古至于今，与民为仇者，有迟有速，而民必胜之"①；要求官吏要关注民生，"闻之于政也，民无不为本也。国以为本，君以为本，吏以为本。故国以民为安危，君以民为威侮，吏以民为贵贱。此之谓民无不为本也"②。但他同时强调，民本非民以为本，而是需要借助于国、君、吏方可实现。董仲舒也论述了民与君的关系，认为"民者，君之心也；民者，君之体也"③。在汉唐时期的政治家中，唐太宗是将民本思想运用于治国实践的典范。他汲取了隋朝失民亡国的教训，形成"君依于国，国依于民"的重民思想，强调"朕每日坐朝，欲出一言，即思此言于百姓有利益否，所以不敢多言"④，提出"为君之道，必须先存百姓。若损百姓以奉其身，犹割胫以啖腹，腹饱而身毙"⑤。

宋代以来，传统民本思想进一步发展并开始出现一定的民主因素。张载认为"民吾同胞，物吾与也"⑥，提倡"为天地立志，为生民立道，为去圣继绝学，为万世开太平"⑦，充分体现了儒家思想的家国情怀。同一时期的司马光认为国家必须以民为本，把国家与百姓的关系形象地比喻为"苗"和"田"的关系，提出"民者田也，国者苗也"⑧。宋代的程颐提出"为政之道，以顺民心为本，以厚民生为本，以安而不扰为本"⑨。需

---

① 贾谊撰，阎振益、钟夏校注：《新书校注》卷九《大政上》，中华书局2000年版，第339页。

② 贾谊撰，阎振益、钟夏校注：《新书校注》卷九《大政上》，中华书局2000年版，第338页。

③ 董仲舒撰，朱方舟整理，朱维铮审阅：《春秋繁露》卷一一《为人者天》，上海书店出版社2012年版，第164页。

④ 吴兢撰，谢保成集校：《贞观政要集校》卷六《慎言语》，中华书局2009年版，第335页。

⑤ 吴兢撰，谢保成集校：《贞观政要集校》卷一《君道》，中华书局2009年版，第11页。

⑥ 张载著，章锡琛点校：《张载集·正蒙》，中华书局1978年版，第62页。

⑦ 张载著，章锡琛点校：《张载集·张子语录》，中华书局1978年版，第320页。

⑧ 司马光：《才德论》，曾枣庄、刘琳主编《全宋文》卷一二八，第56册，上海辞书出版社、安徽教育出版社2006年版，第142页。

⑨ 程颢、程颐著，王孝鱼点校：《二程集》文集卷五《伊川先生文一·上书》，中华书局2004年版，第531页。

要说明的是，由于专制皇权的腐败和衰落，这一时期的汉族政权无法抵御北方少数民族的入侵，导致了政权的灭亡。受此影响，一大批思想家开始反思君主专制的弊端，对封建皇权专制进行批判，试图摆脱传统民本思想中君为体、民为用的思维定式，将民众置于国家社稷的主体地位，民本思想中开始出现了民主因素。其中，黄宗羲提出，"天下之治乱，不在一姓之兴亡，而在万民之忧乐"[①]，主张"天下为主，君为客"[②]，对君主专制制度进行了批判。顾炎武更进一步提出要以分权来限制君主专制："是以言莅事，而事权不在于郡县；言兴利，而利权不在于郡县；言治兵，而兵权不在于郡县，尚何以复论其国富裕民之道也哉？"[③] 王夫之对"公"与"私"进行了区分，提出"一姓之兴亡，私也，而生民之生死，公也"[④]，"人无易天地、易父母，而有可易之君"[⑤]。

总体上看，中国传统民本思想发源于封建专制主义时代，受到当时的生产力发展和社会结构的制约，不可避免地具有局限性，存在内在的矛盾性。首先，传统民本思想主张以民为本，但民众权益的扩大必然会与专制皇权的利益产生冲突；其次，由于没有找到合适的民主方式，传统民本思想很难在实践中得到落实，在这种情况下，民众权益的实现只能借助于专制君主和皇权的权势来推行。

三 马克思主义人民立场与中国传统民本思想的结合

习近平总书记在党的二十大报告中把"坚持以人民为中心的发展思想"作为前进道路上必须牢牢把握的一项重大原则。强调要维护人民根本利益，增进民生福祉，不断实现发展为了人民、发展依靠人民、发展成果由人民共享，让现代化建设成果更多更公平惠及全体人民。这一思想将

---

① 赵轶峰注说：《明夷待访录·原臣》，河南大学出版社2016年版，第129页。
② 赵轶峰注说：《明夷待访录·原君》，河南大学出版社2016年版，第124页。
③ 顾炎武著，陈垣校注：《日知录》卷九《守令》上册，安徽大学出版社2020年版，第527页。
④ 王夫之撰，舒士彦点校：《读通鉴论》卷一七《敬帝三》中册，中华书局1975年版，第515页。
⑤ 王夫之著，王孝鱼点校：《尚书引义》卷四《泰誓上》，中华书局1962年版，第76页。

马克思主义的人民立场与中国传统民本思想相结合，运用马克思主义的立场、观点、方法对中国传统民本思想进行改造，在传承传统民本思想中的重民、爱民、顺民、养民、富民等积极思想的同时，克服了传统民本思想的局限性，实现了对中国传统民本思想的继承和超越，体现了中华文明所具有的连续性、创新性和包容性。

一是在对"民"的认知上实现超越。传统民本思想一般把"民"作为"子民"，是与"君""官"相对应的一种阶级概念。其中，"君""官"是统治阶级，"民"是被统治阶级。在这种情况下，虽然传统民本思想强调"君轻民贵"，但其出发点却是维护君主专制统治，将重民、爱民、顺民、养民、富民等作为一种维护统治的手段，而不是为了民的利益。与之相比，"以人民为中心"的发展思想将历史唯物主义融入中国传统民本思想，彻底摒弃了"子民"的概念，将"人民"作为历史的创造者，把实现人民群众的利益作为目的而不是手段，实现了对"民"认知的超越。此时，"人民"是与"国家""社会"相对应的一种群体概念，两者只有分工不同，而没有阶级上的差异。

二是在"民"的地位上实现超越。传统民本思想以君为主体，以民为客体。君是统治者，民是被统治者。统治者居于高高在上的地位，自上而下地"为民做主"，而民始终处于一种消极被动的下等地位。"以人民为中心"的发展思想将人民作为历史的创造者，人民群众在社会实践中始终处于主体地位。人民群众的社会实践是最普遍、最持久、最客观的基本实践，人民主体地位体现在社会的各个领域、社会生活的各个方面、社会历史的各个维度之中，体现为自下而上地"由民做主"。

三是在社会发展理念上实现超越。传统民本思想归根到底是为阶级政治服务，成为统治集团安顿民心、维护既有统治秩序的工具。其核心是"统治"，是为了更有效地统治人民，维护专制皇权。与之相比，"以人民为中心"的发展思想建立在马克思主义基础上，认为全部社会生活本质上是人民的生活，发展的最终目标是实现人的全面解放与自由发展。因此，"以人民为中心"的发展思想的核心是"发展"，强调发展为了人民、发展依靠人民、发展成果由人民共享。

从哲学和现代逻辑角度看文化传承发展

刘新文

习近平总书记在文化传承发展座谈会上作出鲜明论断：把马克思主义基本原理同中华优秀传统文化相结合是又一次思想解放。"两个结合"是习近平总书记在 2021 年"七一讲话"中首次提出来的。2023 年 6 月 2 日，习近平总书记从五个维度重点阐述了"第二个结合"：第一，"结合"的前提是彼此契合；第二，"结合"的结果是互相成就；第三，"结合"筑牢了道路根基；第四，"结合"打开了创新空间；第五，"结合"巩固了文化主体性。

从哲学和现代逻辑角度看，金岳霖对中国古代哲学的发展，可以为推动中华优秀传统文化创造性转化、创新性发展提供借鉴和启示。

根据金岳霖的观点，思想是思议与想象的综合，思议与想象都有动和静的分别。所谓动的思想是思议与想象的历程、思议与想象的过程，所谓静的思想是所思所想的结构。[①] 世界范围内包含着许多的文化区，每一个文化区都有它的中坚思想，而每一个中坚思想又都有它的最崇高的概念、最基本的原动力。在中国传统思想中，最崇高的概念似乎是道，思想与情感两个方面最基本的原动力似乎也是道。[②]

在《道、自然与人》中，金岳霖明确地说，道不只是语言，不只是思想，也是思想的对象，是客观的实在，"道不限于词语和思想，而是也适用于其对象。在谈道存在的时候，我们不只是谈论有思想或思维存在，而且是在谈论有宇宙存在"[③]。也就是说，道就是客观实在的宇宙。关于道的思想是形而上学（metaphysics，也译为"元学"）的题材。形而上

---

① 金岳霖：《知识论》，商务印书馆 1983 年版，第 301 页。
② 金岳霖：《论道》，商务印书馆 1987 年版，第 16 页。
③ 金岳霖：《金岳霖文集》第 2 卷，甘肃人民出版社 1995 年版，第 624 页。

学这门学科肇始于亚里士多德的《形而上学》，他在书中说："有一门科学，它研究'是'（being）本身和它依自身而具有的性质。现在，这与任何所谓专门科学都是不同的。因为其他这些科学没有一门普遍地探讨是本身。它们截取'是'的一部分，研究这一部分性质。"① 这段话清楚地说明了"是"本身和专门科学的研究之间的区别。

就中国而言，一方面，其中坚思想最崇高的概念似乎是道，而这一中坚思想"似乎儒道墨兼而有之"②。道是中国哲学的一个普遍的概念，但是，诸子百家对于道各有其自家学说，都名为道，义却不必相同。如果非要给道下一个定义，那么"儒道墨彼此之间就难免那'道其所道非吾所谓道'的情形发生，而其结果就是此道非彼道"③。也就是说，"自万有之各有其道而言之，道无量"④，这是分开来说的道。从知识的角度来说，分开来说的道非常重要，分科治学，各自所研究的对象都是分开来说的道。研究知识论的态度和研究形而上学的态度是有区别的，研究知识论可以站在知识论的对象范围之外。但是，中国哲学中的形而上学研究绝不是与"彻底理智的"希腊文化、"从而"西方文化那样仅以求知、求真为目的，而是以求道、"闻道"为本旨和目标，正如孔子所说，"朝闻道，夕死可矣"。也就是说，研究形而上学不能忘记庄子所说的，"天地与我并生，而万物与我为一"⑤，不仅要在研究对象上求得理智上的了解，而且要在研究结果上求得情感上的满足。习近平总书记指出："人与自然是生命共同体。……'天地与我并生，而万物与我为一。''天不言而四时行，地不语而百物生。'当人类合理利用、友好保护自然时，自然的回报常常是慷慨的；当人类无序开发、粗暴掠夺自然时，自然的惩罚必然是无情的。人类对大自然的伤害最终会伤及人类自身，这是无法抗拒的规律。"⑥ 另一方面，道也可以合起来说，合起来说的道只有一个道。从形而上学的对象着想，则"万物一齐，孰短孰长，超形脱相，无人无我，

---

① 转引自王路《逻辑的起源》，商务印书馆2019年版，第410页。
② 金岳霖：《论道》，商务印书馆1987年版，第16页。
③ 金岳霖：《论道》，商务印书馆1987年版，第16页。
④ 金岳霖：《论道》，商务印书馆1987年版，第17页。
⑤ 郭庆藩撰，王孝鱼点校：《庄子集释》卷一下《齐物论》，中华书局2012年版，第79页。
⑥ 《习近平著作选读》第2卷，人民出版社2023年版，第170—171页。

生有自来，死而不已，而所谓道就是合起来说的道，道一的道"①。

正是根据对中国传统哲学中"道"这个最崇高概念的把握，金岳霖在《论道》中建立了一个关于"道"的独特的形而上学体系，这个体系的"哲学词汇以及在逻辑、认识论和本体论方面的基础性工作，为20世纪中国的哲学家们在解决当时的基本哲学问题时进行哲学思考和使用许多哲学术语（无论是本土的还是西方的）铺平了道路"②。

在金岳霖看来，道是"万事万物之所不得不由、不得不依、不得不归"的宇宙至理奥秘，也是人生的至善真谛，是忠孝仁义百善之所系。道兼赅真善，所以中国哲学主张知行合一，知识与修养不可分，所以中国哲人总是强调行道、修道、得道、为道，用金岳霖的话说，"所谓行道、修道、得道，都是以道为最终的目标"③。《论道》是关于道的论说，展示了道自身的逻辑展开历程，其起点是"道是式—能"④。"式"就词源来说，更多地取自亚里士多德的"形式"，但就内涵而言，则兼容了亚里士多德的"形式"与朱熹的"理"。"理"是宋明理学中最重要的概念之一，笼统地说，理指法则⑤。《论道》的最后一个命题是"无极而太极是为道"，这就是说，人类继续前行就是趋向于现实历程的总目标——太极之境。追逐、盼望这个崇高伟大的目标，人类就要有一个与之相契的崇高伟大的哲学或人生哲学，金岳霖称为"圣哲观"⑥。圣哲观的核心和基本理念就是中国传统哲学一向主张和宣扬的"天人合一"说。"天人合一"是中华优秀传统文化的内涵之一，习近平总书记指出，"中华优秀传统文化源远流长、博大精深，是中华文明的智慧结晶，其中蕴含的天下为公、民为邦本、为政以德、革故鼎新、任人唯贤、天人合一、自强不息、厚德载物、讲信修睦、亲仁善邻等，是中国人民在长期生产生活中积累的宇宙观、天下观、社会观、道德观的重要体现，同科学社会主义价值观主张具

---

① 金岳霖：《论道》，商务印书馆1987年版，第18页。
② Kirill Ole Thompson, "Jin Yuelin: Formidable, Formative Philosopher of Twentieth-Century China", *China ReviewInternational*, Vol. 20, No. 1/2 (2013), p. 41.
③ 金岳霖：《论道》，商务印书馆1987年版，第16页。
④ 金岳霖：《论道》，商务印书馆1987年版，第19页。
⑤ 陈来：《宋明理学》，生活·读书·新知三联书店2011年版，第15页。
⑥ sagelyvista; YuelinJin: Tao, Natureand Man, 外语教学与研究出版社、Springer 2020年版, p. 97。

有高度契合性"①。"天人合一"是一个博大广包的学说,"就其最高最广的理解而言,它是这样一种状态,在那里通过主体融入客体和客体融入主体,坚持根本的同一性和消除一切显著差别,个人与宇宙乃合而为一"②。

金岳霖关于道的形而上学上承中国古典哲学,尤其是宋明理学中实在论的传统。这个形而上学体系就是他的实在论哲学,不仅为中国古典哲学的诸多范畴和语词如道、理、几、数、性情、体、用、无极、太极等,提供了一个思想深邃、逻辑严密的概念结构或概念体系,而且展示了一个能给人以伟大崇高的信念、激发人至善美好感情的理想人生境界。

金岳霖庞大的新实在论哲学体系主要由《逻辑》(1935)、《论道》(1940)和《知识论》(1983)组成。那么,这个哲学体系在哪些方面对中国传统哲学有所超越和发展呢？

前面已经提到过,《论道》的起点是"道是式—能"。这里的"能"字不是直接取自中国传统哲学的概念。金岳霖在《论道》中将"能"作为与"式"相对的本体论概念纳入其形而上学体系,应当是一个前所未有的创举。"能"在《论道》中贯彻始终的意旨是"材料"或"纯材料"。金岳霖说,"能"类似于朱熹的"气"和亚里士多德的"质","我最初用英文字'stuff'表示,后来用'质'这一字表示,最后才用周叔迦先生所用的'能'字表示"③。在哲学史上,亚里士多德最早将"材料"作为哲学概念提出来,称为"质料"(matter),在与形式相对的意义上使用。金岳霖的"能"类似于亚里士多德的"质(料)",并且在晚年明确说:"我原来确实是把'能'当作物质或有物质性的东西看待的。"④

另外,金岳霖在《论道》中的形而上学体系所运用的方法是罗素在《数学原理》等著作中提出的现代逻辑,这种研究方法可以说是直接承续自亚里士多德。亚里士多德关于"是"本身既有逻辑的研究,也有形而上学的研究,形而上学和逻辑二者都是先验的,并且逻辑是形而上学的基础。那么,逻辑如何帮助哲学呢？1927年,金岳霖发表了自己的第一篇逻辑论文"*Prolegomena*"(《绪论》),明确地提出,"逻辑技术的完善是

---

① 《习近平著作选读》第1卷,人民出版社2023年版,第15页。
② 金岳霖:《金岳霖文集》第2卷,甘肃人民出版社1995年版,第538页。
③ 金岳霖:《论道》,商务印书馆1987年版,第15页。
④ 金岳霖:《金岳霖文集》第4卷,甘肃人民出版社1995年版,第202页。

对哲学批评的帮助。含混、模糊或无意义的思想可以通过严格的逻辑分析加以澄清或清除。随着逻辑的改进，模糊的情感可能不会被当成深刻的哲学见解了"①。金岳霖把现代逻辑运用于中国古典哲学思想的研究之中并建立了体系，从而在一定程度上淡化了中国古典哲学中"逻辑和认识论的意识不发达"②的特点。此外，他还提出："'形而上学'一词完全是个好词，意味着高于或超出物理事物或自然事物之外。但是在近代，它被等同于康德的先验论和黑格尔的唯心主义以及近代唯心论者和神学家的理论，作为这样一种理论，它似乎在某种程度上被罗素先生和其他一些人描述成进入学术界的伦敦的大雾，这里，理性之光十分昏暗，以致使我们怀疑远处隐隐出现的空中楼阁。但是对'形而上学'一词的这样一种限制是对一个有用的好词的浪费。这里用这个词表示哲学的一个分支，这个分支探讨那些非常基本以致既不能证明也不能反驳的思想或概念。它是一种领域，在这个领域中，对假设、公设、假说、基础前提，或我们可随意命名的这些东西进行检验和分析，以便作出一种选择，以此作为任何一种哲学讨论的出发点。"③在这篇论文中，他把哲学的出发点归结为逻辑，然后，他终其一生为逻辑寻找一个出发点、一个基础。一直到1960年，他才有了明确的答案。这一年，他发表了《论"所以"》，把"推论""从而"也就是把逻辑建基在"历史的事实"和"思维的可能"之上，体现了逻辑与历史的统一与分别。④。这些工作既脚踏坚实的大地又可以放飞想象的翅膀，体现了"以哲学作为一项思想上的武器，为当前国家的需要直接服务"和"以哲学作为一项专门的学问来研究，直接间接为中国在国际哲学领域内争取较高的地位"的完美结合⑤，它们"逐渐扩展后来者的眼界，改进他们的精神生活"⑥。

金岳霖的形而上学体系包含在他庞大的哲学体系之中，这个哲学体系吸收了现代逻辑的成果，已经成为中国哲学的一部分，是中华优秀传统文

---

① Yuelin Jin, "Tao", *Nature and Man*, pp. 196–197.
② 金岳霖:《中国哲学》,《哲学研究》1985年第9期。
③ 《金岳霖全集》第6卷，甘肃人民出版社2013年版，第480页。
④ 参见金岳霖《论"所以"》,《哲学研究》1960年第1期。
⑤ 拙文《逻辑基础问题——一个金岳霖式的回答》,《文史哲》2020年第6期。
⑥ 王浩:《金岳霖先生的道路》,中国社会科学院哲学研究所编《金岳霖学术思想研究》,四川人民出版社1987年版，第48页。

化中具有深刻内涵和价值的创新性发展的一个生动例子。这个实在论哲学体系认为，"现实并行不悖，现实是道，是现实的道也可以说并行不悖"[1]，字里行间充满了用现实主义精神和浪漫主义情怀观照现实生活。习近平总书记高瞻远瞩地指出："构建人类命运共同体是世界各国人民前途所在。万物并育而不相害，道并行而不相悖。"[2]

---

[1] 金岳霖：《论道》，商务印书馆1987年版，第66页。
[2] 《习近平著作选读》第1卷，人民出版社2023年版，第51页。

踵事增华：民族文化研究的"双创"

宋小飞

2023年6月2日，习近平总书记在文化传承发展座谈会上强调，"在新的起点上继续推动文化繁荣、建设文化强国、建设中华民族现代文明，是我们在新时代新的文化使命"，"只有全面深入了解中华文明的历史，才能更有效地推动中华优秀传统文化创造性转化、创新性发展，更有力地推进中国特色社会主义文化建设，建设中华民族现代文明"①。文化在诸多学科中兴起与发展，无论是文学、历史学、社会学，还是民族学、政治学等，均从自己学科学术角度进行阐释研究，已经积蓄了很多力量。民族学学科中，自泰勒给文化下定义以来，至20世纪中期，文化定义已经达160多种。文化究竟是什么？每个学科有不同的解释。民族文化研究是对不同群体的文化、社会特点、规章制度等方面的研究，主要研究一个群体及其文化之间的差异。回顾民族文化百余年的研究史，民族文化研究始终立足于时代特点，坚持以马克思主义理论为指导，与中国具体实际相结合。党的十八大以来，在习近平新时代中国特色社会主义思想引领下，赓续民族文化研究的理论选择与实践路径，不断推进中华优秀传统文化创造性转化、创新性发展。

一 民族文化研究的云程发轫与马克思主义的"首创"

民族学作为一门独立学科，20世纪初期进入中国。蔡元培1926年在期刊上发表了《说民族学》一文，对民族学进行了界定，他说："民族

---

① 《担负起新的文化使命　努力建设中华民族现代文明》，《人民日报》2023年6月3日。

学是一种考察各民族的文化而从事于记录或比较的学问。"① 至此，民族学作为一门学科，在中国有了地位，也开始有了探索与研究。从民族学作为一门学科产生之日起，其指导思想、研究领域、方法也在随时代变化而不断创造创新。

虽然民族学作为正式学科是20世纪初开始的，但西方民族学理论则是早在19世纪末就已传入中国。卫惠林曾就其传入过程之复杂进行过总结："民族学在中国亦早有巩固的根底，古代史家及地方志的编著者都曾很注意地描述过中国周围的原始民族的生活。"② 民国成立之后，高等学校专业架构已经成型。在1913年公布的《大学规程》中设置了哲学、文学、历史学、地理学，且在哲学、历史学及地理学三门课程中设立"人类学""人种学"的课程③。人类学、人种学课程涉及民族研究，这也算是民族研究在近代中国学科体系的早期形态。1903年京师大学堂官书局出版了林纾、魏易共同翻译的《民种学》，实际上这是将民族学、人类学相关知识介绍到中国的开始。1905年，梁启超发表《历史上中国民族之观察》，主要考察中华民族是"一民族"还是"由多数民族混合而成"④。梁启超算是使用"民族"学术概念的第一人，他说："自十六世纪以来（约三百年前），欧洲所以发达，世界所以进步，皆由民族主义（Nationalism）所磅礴冲激而成。"⑤

用马克思主义理论指导中国民族学研究是在中国共产党成立后。从19世纪末到1920年前后，中国进行争取民族独立、人民解放的社会革命，中国共产党把马克思主义民族理论作为中国革命的理论武器，灵活运用于革命实践中，提出一系列根据中国国情解决民族问题的实际政策方针，也创造性地丰富发展了马克思主义民族理论。1921年，中国共产党把当时的革命任务规定为"对外推翻国际帝国主义的压迫，达到中华民族完全独立""对内消除内乱，打倒军阀，建设国内和平""中国境内各

---

① 高平叔编：《蔡元培全集》第5卷，中华书局1988年版，第103—108页。
② 卫惠林：《民族学的对象领域及其关联的问题》，《民族学研究辑刊》1936年第1期。
③ 刘龙心：《学科体制与近代中国史学的建立》，山东人民出版社2001年版，第449—512页。
④ 梁启超：《饮冰室文集》第3集，云南教育出版社2001年版，第1678—1679页。
⑤ 梁启超著，黄珅评注：《新民说》，中州古籍出版社1998年版，第50页。

民族一律平等"①。这实际上就是继承了马克思主义经典作家关于民族问题的理论,把当时中国的革命实际与马克思主义原理相结合的一次实践,从而形成了自己的民族纲领和政策。

20世纪20年代,顾颉刚、钟敬文对少数民族文学作品进行了深入研究和挖掘,在北京大学还创办了《歌谣》。中山大学的《民俗》还刊登了壮、苗、彝、毛南等各族民歌。30年代,蔡元培、沈从文、闻一多从不同角度进行了少数民族文学创作。其中,闻一多利用与湘黔滇旅行团徒步之际,收集了很多资料,撰写了《伏羲考》《龙凤》《说鱼》《端午考》《"九歌"古歌舞剧悬解》等学术论文,《伏羲考》引用25条洪水神话传说资料,其中20条是苗、瑶、彝等民族民间文学。这一时期,民族文化方面的研究虽然在进行,但并未引起学术界的广泛关注。1926年,蔡元培发表《说民族学》之后,又再度发表《民族学与社会学》,"民族学"这一词语才为学术界广泛认同。② 当然这中间也经历了曲折发展,但马克思主义基本原理同中国具体实际相结合的历程,却是建设民族文化研究的时代真理。20世纪30年代,在蔡元培带领和组织下,许多学者奔赴祖国各个少数民族地区进行调查,并撰写出了一系列专著和调查报告,如林惠祥的《台湾番族之原始文化》、凌纯声的《松花江下游的赫哲族》等。

1949年6月,中国民族学、社会学界的重要学者如费孝通、林耀华、陈达、陈永龄等人对中国民族学学科发展进行了座谈。会议提出中华人民共和国成立后要采取马列主义观点立场方法,适应社会需要,针对中国实际问题之解决,谋求学科之发展。③ 在这之后,社会科学的研究坚持以马克思主义立场、人民群众的立场为出发点,用唯物主义世界观和方法论展开研究。

新中国成立以后,中国民族学界在马克思主义指导下开始形成了重视应用、重视历史文献、重视边疆和少数民族研究的特点。④ 在20世纪50年代运用马克思主义理论指导民族工作的实践中,中国民族学做出了两件历史性大事,即民族识别调查和少数民族社会历史调查。其中,少数民族社会

---

① 中共中央统战部编:《民族问题文献汇编》,中共中央党校出版社1991年版,第18页。
② 徐益棠:《十年来中国边疆民族研究之回顾与前瞻》,《边政公论》1942年第1期。
③ 杨圣敏:《中国民族学社会学界69年前的反思及其当代意义》,《民族研究》2018年第1期。
④ 杨圣敏:《新中国民族学之路》,《中央民族大学学报》2013年第5期。

历史调查中包含了大量民族文学材料,如《格萨尔》组、《阿诗玛》组、《创世记》组收集整理了大批相关民族文学资料。这时期,民族学学者把马克思主义经典作家对民族问题的理论阐释作为民族研究的重要理论支撑。

改革开放以后,中国民族学又发生了两个方面的重大变化,即学科得以重建,中国民族学摆脱了孤立处境。重建之初,由于少数民族出现了一些新的社会问题,中国学者开始探索解决这些新问题,研究也从理论探索转向了实际问题。20世纪80年代初,编写民族问题五种丛书成为要务,中国民族学学者参加了"中国少数民族简史丛书"和"中国少数民族社会历史调查资料丛刊"的编写及修订工作。20世纪80—90年代,还编写了以各个少数民族文化为主要内容的"民族知识丛书",以及《中国文化通志》《民族文化典》《中国民族文化大观》等一系列类似普及读物的书籍,让大众了解中国少数民族文化。

这时期民族文化方面的研究,首先还是要解决理论方面的问题。除了介绍和翻译国外的著作,中国民族学界还将马克思主义理论与中国国情相结合,开创了自己本土化的研究。这时期的学术界认为,外来的西方民族学理论虽然有其先进性,但是我们必须创造属于自己的理论体系,这个体系必须结合我们具体的民族问题,必须建立在马克思主义民族理论基础之上。杨堃的《民族学概论》,林耀华主编的《民族学通论》,李绍明的《民族学》,童恩正的《文化人类学》,黄淑娉、龚佩华的《文化人类学理论方法研究》,容观夐的《人类学方法论》,宋蜀华、白振声的《民族学理论与方法》,汪宁生的《文化人类学调查》等都是在马克思主义指导下撰写的学术论著。

民族文学当然也属于民族文化研究的一部分。1981年成立的抢救整理少数民族古籍小组,将《中国民间故事集成》《中国歌谣集成》《中国谚语集成》等整理问世。民族文学的理论是建立在马克思主义文艺学理论基础之上的,经过几十年的收集、整理、翻译,民族文学有了自己的理论方法,如口头创作中发霉的东西也有闪光的真实,不仅可以填补历史空白,还能以历史唯物主义观点纠正世俗偏见。[1] 这些具有马克思主义色彩的实践经验成为后来民族文学研究的指导方针。

无论是受到当时中国哲学社会科学发展滞后的影响,还是受到一些西方思想的影响,民族学作为一门学科,其民族文化方面的研究有合理的部

---

[1] 陈醒:《"半肩行李半肩书"——访马学良先生》,《民间文学论坛》1988年第4期。

分,也有应该受到批评的部分。事实也证明了,用马克思主义立场方法进行的民族文化研究,是能够为我国的社会主义学科建设服务的。

二 21世纪初期民族文化研究的赓续

马克思主义从成为中国民族学理论的指导思想和理论基础以来,已经渗透到民族研究内部。马克思主义民族理论是马克思主义认识民族现象、把握民族发展过程、解决民族实际问题的科学指导体系。它以辩证唯物主义和历史唯物主义的基本原理,对各个时期的民族过程进行了深入研究,也揭示了不同时期民族问题的本质。马克思主义不是一成不变的,它有开放的胸怀、与时俱进的理论品质,在新时期不断创新科学思想体系。

进入21世纪,由于市场经济的发展壮大,城市和乡村也在发生变化,人口流动趋势增大,文化交流迅速,这些现实情况让一些学者开始意识到用传统民族学概念和理论去解释已经跟不上社会发展趋势。少数民族面对社会大环境的变化,其社会和文化也会发生变化,这既是民族学需要研究的内容,也是学科发展需要面对的问题。民族学在民族文化研究领域中继续开展自己本学科的理论与方法研究、民族志理论范式的创新研究、非物质文化遗产等方面的研究,成为21世纪初期民族学研究的新方向,在这样的学科背景下,中国民族文化研究有了新的任务。

学者们在继续使用国外理论的同时,依然坚持运用马克思主义民族理论解决中国社会中的现实问题;在借鉴西方理论的同时,努力探索和创新中国民族文化研究的理论方法,提出了创建中国学派。在日新月异的大环境下,中国学者越来越重视民族志研究,很多学者走出国门,到海外进行研究,比如在非洲、拉美、中亚等地进行民族学、人类学的研究;比如开展本体论和知识论研究[1];比如提出多点民族志方法[2]和多元民族研究方

---

[1] 王铭铭:《当代民族志形态的形成:从知识论的转向到新本体论的回归》,《民族研究》2015年第3期。

[2] 徐炯:《多点民族志:全球化时代的人类学研究方法》,《中国社会科学报》2015年12月2日。

法①；比如指出随着城市化进程加快，城市中的民族关系、民族工作中出现的问题②。

民族文化的研究是长期的、复杂的，这也决定了我们在新的时代进程中会面临许多新的民族问题。因此，坚持以马克思主义为指导，运用马克思主义的立场理论方法不断推进健康解决民族问题是我们的必由之路。

三　新时代民族文化研究的"再创"

新时代的民族文化研究，在习近平新时代中国特色社会主义思想引领下，以马克思主义思想为指导，以时代命题为导向，使源远流长的中华优秀传统文化与博大精深的马克思主义理论有机结合，推进了思想理论的创新，"这是我们在探索中国特色社会主义道路中得出的规律性的认识，是我们取得成功的最大法宝"③。党的十八大以来，中国共产党人怀着文明互鉴的广阔视野，一方面，从中华优秀传统文化中汲取力量，坚守中华民族优秀文化根脉，保持中华文化的独立性；另一方面，以宽广的胸怀接纳不同国家、不同民族之间的交往、交流、交融，汲取营养成分，以自信开放的心态"传承中国文化，讲好中国故事"，推动文明互鉴。只有根植本民族文化，马克思主义才能闪烁光芒。

马克思指出："理论只要说服人，就能掌握群众；而理论只要彻底，就能说服人。"④ 理论的内涵须与特定时代相契合，民族文化的研究要把握好时代脉搏，不断开拓创新。新时代孕育新思想，习近平新时代中国特色社会主义思想是中国共产党基于新时代中国国情对马克思主义发展所做出的最新贡献，也是我们哲学社会科学发展的行动指南。党的十八大以来，习近平总书记在多个场合提出铸牢中华民族共同体意识。2017 年 10

---

① 何明、周文：《从单一走向多元：民族研究方法创新的构想》，《西北民族研究》2019 年第 4 期。

② 丁宏、良警宇：《城市民族学的学科定位与学科建设》，《西北民族研究》2019 年第 4 期。

③ 《担负起新的文化使命　努力建设中华民族现代文明》，《人民日报》2023 年 6 月 3 日。

④ ［德］马克思：《〈黑格尔法哲学批判〉导言》，中共中央马克思恩格斯列宁斯大林著作编译局编译《马克思恩格斯选集》第 1 卷，人民出版社 1995 年版，第 10 页。

月，把"铸牢中华民族共同体意识"正式写入党章。2021年8月，中央民族工作会议提出"铸牢中华民族共同体意识"是新时代党的民族工作的"纲"。关于中华民族共同体意识的民族学研究，更多是将共同体看作具体的族群构成、文化构成、制度文化、经济活动等方面的关联和印证。文化内聚力、影响力、认同力是对中华民族共同体意识的价值表达，心灵契合、情感共通成为铸牢中华民族共同体意识的文化路径。

在新的历史起点上，民族文化研究建设的核心要素是传承和发展。从顾颉刚对"中华民族是一个"的论断，到费孝通"中华民族多元一体格局"[1]，再到陈连开、贾敬颜论述中华民族形成和发展的历史细节[2]；从钱穆认为民族与国家在中国历史上是融为一体的，中国文化是"中国民族"的独创[3]，到梁漱溟指出"文化，就是吾人生活所依靠之一切"[4]；从徐杰舜等分析论述多元一体与各民族创造中华文化的过程[5]，到麻国庆认为"中华民族共同体是民族交往和历史发展的结果"[6]，民族文化研究继承了中华优秀传统文化中的思想精华，也继承了中国传统文化中能弥补西方哲学不足的思想方法。在推进民族文化研究的新时代，我们要特别强调"坚持马克思主义中国化时代化，传承发展中华优秀传统文化"[7]。

---

[1] 费孝通等：《中华民族多元一体格局》，中央民族学院出版社1989年版，第1—36页。
[2] 费孝通等：《中华民族多元一体格局》，中央民族学院出版社1989年版，第72—177页。
[3] 钱穆：《中国文化史导论》，商务印书馆1994年版，第21页。
[4] 梁漱溟：《中国文化要义》，上海人民出版社2011年版，第7页。
[5] 徐杰舜、刘冰清、罗树杰：《中华民族认同论》，宁夏人民出版社2014年版，第2—21页。
[6] 麻国庆：《民族研究的新时代与铸牢中华民族共同体意识》，《中央民族大学学报》2017年第6期。
[7] 《担负起新的文化使命 努力建设中华民族现代文明》，《人民日报》2023年6月3日。

"天人合一"：传统生态智慧与中国生态文明建设

高国荣

2023年6月2日，习近平总书记在文化传承发展座谈会上发表重要讲话，强调："把马克思主义基本原理同中国具体实际、同中华优秀传统文化相结合是必由之路。"习近平指出，"天人合一、万物并育的生态理念"是内嵌于源远流长的中华文化的重要元素，在马克思主义的引领下，生态理念实现了"从万物并育到人与自然和谐共生"的转换，"实现了从传统到现代的跨越"①，发展成为习近平生态文明思想，对中国乃至世界的生态文明建设将发挥重要作用。

一 "天人合一"：中国传统生态智慧的精髓

"天人合一、万物并育"表达了人与自然之间的和谐状态。这一理念可以追溯到先秦时期，庄子就提出"天地与我并生，而万物与我为一"②，西汉董仲舒认为"天亦有喜怒之气，哀乐之心，与人相副。以类合之，天人一也"③。"天人合一"的理念此后也不断有人阐发，在北宋时期，张载首次明确提出了"天人合一"的思想："儒者则因明致诚，因诚致明，故天人合一。"④ "天"和"一"作为中国传统文化中的两个重要概念，都具有多重含义。尽管历来人们对"天""一"的理解见仁见智，但都认

---

① 习近平：《在文化传承发展座谈会上的讲话》，《求是》2023年第17期。
② 吕惠卿撰，汤君集校：《庄子义集校》卷一，中华书局2009年版，第38页。
③ 苏舆撰，钟哲点校：《春秋繁露义证》卷一二，中华书局1992年版，第341页。
④ 张载著，章锡琛点校：《张载集·正蒙》，中华书局1978年版，第65页。

可"天"能用以指代自然世界或宇宙万物,即典籍中时常出现的"天地万物""山川草木""鱼虫鸟兽",亦即我们今天所称的"自然"。而"一"则具有万物之本源、万物为一等含义。"天人合一"强调人与自然之间的和谐统一,是人们所追求的最高境界。

在很大程度上,"天人合一、万物并育"可以视为中国古代的自然哲学,凝聚了古人对人与自然关系的诸多认识。其一,人与自然同宗同源,自然是宇宙的产物,人是自然的一部分,《周易》称为"有天地然后有万物,有万物然后有男女,有男女然后有夫妇,有夫妇然后有父子"①。其二,自然的运行有其自身规律,不因朝代更迭和人的好恶而转移。荀子对此有精辟论述:"天行有常,不为尧存,不为桀亡。……天不为人之恶寒也辍冬,地不为人之恶辽远也辍广。"② 其三,万物并育,即自然万物可以和谐共存。荀子提出:"万物各得其和以生,各得其养以成。"③《中庸》云:"万物并育而不相害,道并行而不相悖。"④ 这就是说,宇宙万物相克相生,可以彼此成就。其四,人应该尊重自然规律,在顺应自然的基础上改造自然,即道家所谓"人法地,地法天,天法道,道法自然"⑤,实际上是强调顺其自然,强调无为而治。但无为而治也并非无所作为,恰如董仲舒所言"天地人,万物之本也。天生之,地养之,人成之。……三者相为手足,合以成体,不可一无也"⑥。可以说,"天人合一"是尊重自然客观规律与发挥人的主观能动性的辩证统一。

"天人合一、万物并育"的生态理念是在中华农业文明发展过程中形成的,受到了农业实践本身及农业天、地、人"三才理论"的影响。《吕氏春秋》有云:"夫稼为之者人也,生之者地也,养之者天也。"⑦ 农业生产被视为天、地、人诸因素组成的统一整体,强调"因时而宜"和"因

---

① 周振甫译注:《周易译注》,中华书局2013年版,第313页。
② 王先谦撰,沈啸寰、王星贤点校:《荀子集解》卷一一,中华书局1988年版,第306、311页。
③ 王先谦撰,沈啸寰、王星贤点校:《荀子集解》卷一一,中华书局1988年版,第309页。
④ 朱熹:《中庸章句》,《四书章句集注》,中华书局1983年版,第37页。
⑤ 王弼注,楼宇烈校释:《老子道德经注校释》,中华书局2008年版,第64页。
⑥ 苏舆撰,钟哲点校:《春秋繁露义证》卷六,中华书局1992年版,第168页。
⑦ 许维遹撰,梁运华整理:《吕氏春秋集释》卷二六,下册,中华书局2009年版,第696页。

地制宜",孟子就曾说:"不违农时,谷不可胜食也。"① 在先秦时期,我国就形成了较为完整的月令体例,逐月列出了所应从事的农事活动及其方法,体现了农业生产强烈的季节性。农业生产依托于土地,受地形、地貌、土壤影响,尽管如此,人类在尊重自然的基础上,可以通过土壤改良、农具革新、水利灌溉、品种培育等方式促进农业生产,正所谓"顺天时,量地利,则用力少而成功多。任情返道,劳而无获"②。可以说,"三才理论"是在长期农业实践的基础上形成,"又被推广到农业以外的经济、政治、军事、文化等领域","渗透到各个学派的学说之中",对中国古代"天人合一"的思想产生了"广泛而深刻的影响"③。

"天人合一"的理念之所以可能,很大程度上是因为"仁民爱物"的伦理观,孟子称:"君子……亲亲而仁民,仁民而爱物。"④ 所谓"仁"首先表现为同情怜悯之心。"仁民爱物"是指善待他人,善待自然,这一伦理观使"天人合一"成为可能。就人与自然的关系而言,"天人合一"的理念在现实生活中常常体现为"取用有度"的资源利用观。为保护自然资源,古人倡导"取之有度",对资源利用的时间、种类、强度都有一定限制。"劝君莫打三春鸟,儿在巢中望母归"的谚语就非常感人地表达了人们对动物的怜悯和同情,奉劝不要对动物赶尽杀绝。与此同时,古人还主张"用之有节",将"尚俭戒奢"视为美德。《左传》称"俭,德之共也。侈,恶之大也"⑤,即将节俭视为美德,而把"奢侈"视为"大恶"。总之,倡导"取之有度"和"用之有节",无疑有助于自然资源的合理利用。

为保护山林川泽,中华民族在先秦时期就设立了虞衡管理制度。该制度设置专门机构对山林川泽进行管理,并任命山虞、林衡、川衡、泽虞等官员。虞、衡均属于官职,类似今天的林务官和水务员,主要负责山林防火,对山林川泽进行巡视,对滥采滥伐进行惩处。该制度相传在三皇五帝时期即已出现,在西周时期已经有详细记载,在秦汉以后被长期沿袭,一

---

① 朱熹:《孟子集注》卷一,《四书章句集注》,中华书局1983年版,第203页。
② 贾思勰著,石声汉校释:《齐民要术今释》卷一,中华书局2009年版,第44页。
③ 李根蟠:《"天人合一"与"三才"理论——为什么要讨论中国经济史上的"天人关系"》,《中国经济史研究》2000年第3期。
④ 朱熹:《孟子集注》卷一三,《四书章句集注》,中华书局1983年版,第363页。
⑤ 王叔岷:《左传考校》,中华书局2007年版,第24页。

直延续到清代。虞衡制度依托于政府颁布的、有关资源保护的律令。虞衡管理制度表明，数千年来自然资源保护早已成为一种政府行为，被纳入国家治理层面，"天人合一"的理念并不只停留在观念层面，在现实生活中也建立了相应的管理制度，使之得到一定程度的贯彻落实。

二 生态文明：传统生态智慧的创造性转化

以"天人合一、万物并育"为代表的中国传统生态智慧，具有以生命关怀为中心、高度伦理化的突出特点。所谓生命关怀，是指关心包括人类在内的生命共同体的生存、健康与延续。在很大程度上，"天人合一"正是通过生命将人与自然联系起来。荀子提到"天地者，生之本也"[①]，《周易》指出"天地之大德曰生"[②]，这些表述都将自然等同于生命本身。既然自然有生命，人就应该善待自然。自然不是人类要征服的对象，而是人类需要关心和保护的伙伴。自然和人类同一，构成一个生命共同体，包含人类在内的自然世界也因此是一个整体。"仁者乐山，智者乐水"的自然审美情趣在很大程度上可以体现"天人合一"的理念，别具一格的山水田园诗和山水田园画艺术地呈现了自然之美和生命之美，体现了返璞归真、逍遥自在、物我两忘的空灵境界。

传统生态智慧在当今时代的价值，还在于它将人视为生命共同体中的建设者。在中国传统的"三才理论"中，天地人三者并列，天地作为自然因素在农业生产中发挥作用，而在顺应自然规律的前提下，人类可以有目的地对自然进行利用与改造，提高社会生产力，为自己的生存创造更好的物质条件。也就是说，人在生命家园中可以积极发挥建设作用；科技进步可以使人类生活更美好。这样一种持中的观点，与一味反对开发的偏激观点有明显不同。而"天人合一"将人视为建设者的这种观点，对环保组织和社会公众也有更多的吸引力。

正是由于生命关怀、高度伦理化的特点，中国传统生态智慧在欧美国家得到了一定范围的认可。实际上，在人与自然关系方面，西方在近代之

[①] 王先谦撰，沈啸寰、王星贤点校：《荀子集解》卷一三，中华书局1988年版，第349页。

[②] 周振甫译注：《周易译注》，中华书局2013年版，第271页。

前也有将自然视为一个有机体的"阿卡迪亚"观念。近代以来,有机论自然观逐渐为机械论自然观所取代。机械论自然观将自然视为可以任意拆分、随意组合的机械部件的集合,它割裂了自然世界内部,以及宇宙万物与人类的有机联系。机械论自然观的流行,人类中心主义的恶性膨胀,资本主义在全球范围内的扩张,导致环境问题和社会矛盾不断累积。在环境危机愈演愈烈的情况下,以"天人合一"为代表的中国传统文化在西方受到越来越多的关注。李约瑟、霍尔姆斯·罗尔斯顿、小约翰·柯布等欧美知名学者充分肯定了中国传统生态智慧在应对全球生态危机方面的建设性作用。

"天人合一"理念作为中国农业文明的时代产物,不可避免地带有那个时代的特点,它依然属于一种朴素的自然观。它对宇宙万物、人地关系的认识,主要基于经验观察,是从伦理学而非科学的角度加以阐述,它在一定程度上具有神秘主义的玄学性质,甚至包括一些迷信的成分。在近代以前的中国,"天人合一"的理念往往停留在思想文化层面,对朝野保护自然资源也有所影响,但由于封建吏治腐败、人口增长、贫困、战乱等诸多社会原因,资源保护往往难以得到有效贯彻执行,环境破坏屡禁不止。宋代以来,由于黄河中游主要土地利用方式逐渐从畜牧转向农耕,黄河自东汉以来近千年保持长期安流的局面不再。[①] 黄河决溢改道日益频繁,河患日益严重。随着人口的增加,农业在宋代以后开始向非宜农地区扩展,导致环境问题日渐突出,其中最显著的莫过于"宋代以来江南地区围湖造田"引起的湖泊面积萎缩、"宋元明清以来南方山区开发"导致的水土流失、"清代以来沿长城地带开垦农业"造成的土地沙化[②]。而进入近代以后,欧美列强对中国敲骨吸髓的残酷掠夺又进一步加剧了对中国环境的破坏。虽然中国历史上也有皇家苑囿、寺观园林,但这类保护往往是出于政治、宗教原因,与现代以科学为基础、系统性的自然保护不可同日而语。

为适应时代的要求,传统生态智慧不断吸收借鉴各种优秀文化的精华,实行创造性转化和创新性发展。这种转化既来自生态学的启迪,也得益于马克思主义的滋养,还受惠于可持续发展观和我国环境保护的伟大实

[①] 谭其骧:《何以黄河在东汉以后会出现一个长期安流的局面——从历史上论证黄河中游的土地合理利用是消弭下游水害的决定性因素》,《学术月刊》1962年第2期。

[②] 韩茂莉:《中国历史地理十五讲》,北京大学出版社2015年版,第87页。

践。生态学是研究生物与环境之间关系及其作用机理的科学。生态学在发展过程中出现了伦理化的倾向,对这种倾向最完美的表达是美国生态学家利奥波德于1949年提出的土地伦理。土地伦理,简而言之,就是"要把人类在共同体中以征服者的面目出现的角色,变成这个共同体中的平等的一员和公民。它暗含着对每个成员的尊敬,也包括对这个共同体本身的尊敬"[1]。传统生态智慧也得到了包括自然辩证法在内的马克思主义的滋养。马克思主义认为,资本主义制度是造成当今世界深陷生态困境的根本原因;环境问题的解决需要社会全方位的深刻变革。也就是说,环境问题究其实质就是社会问题,仅依靠观念变革不可能解决环境问题。另外,传统生态智慧的创新性发展也受到了可持续发展理念的影响。可持续发展将经济维度同生态维度、社会维度结合起来,倡导经济发展以生态承载力为前提,而且要兼顾社会公平。新中国成立以后,历届国家领导人对环保工作给予了高度重视,环保实践的得失成败也引起了人们的反思。总之,生态学、马克思主义、可持续发展理念及中国的环保实践从不同方面为中国传统生态智慧转化为生态文明思想提供了有益思考和学理依据。

三 生态文明思想及其深远意义

"生态文明"(ecological civilization)这一术语的首次出现,大概是在1978年。当年德国学者伊林·费切尔在一篇文章中对此进行了介绍。1987年叶谦吉在国内首次提出这一术语,随后国内学术界对生态文明的探讨逐渐增多,进入21世纪以后探讨更加热烈和深入,生态文明的内涵也变得日渐丰富而完整。生态文明的包容性强,具有多方面、不同层次的含义,它既可以指作为新理念新思想新战略的生态文明思想,也可以指包括制度创新、实践创新在内的生态文明建设。生态文明这一术语,恰如环境保护主义一样,可以说是思想和实践的统一体。

在很大程度上,生态文明反映了战后以来的时代巨变,体现了文明发展的趋势。在从农业国变成工业国、人民日益增长的物质文化需要因为社

---

[1] [美]奥尔多·利奥波德:《沙乡年鉴》,侯文蕙译,吉林人民出版社1997年版,第194页。

会生产力而得到满足之后，人民日益增长的美好生活需要和不平衡不充分的发展构成了社会的主要矛盾。生态文明实际上反映了社会大转折时期人们对未来发展道路的新期待。

为顺应这种形势，我国不断调整国家发展战略，不断提升和强化环境保护的地位，将生态文明提升到国家战略层面，并确立为基本国策。作为国家战略，习近平生态文明思想具有丰富的内涵，主要包括人与自然是生命共同体；绿水青山就是金山银山；良好生态环境是最普惠的民生福祉；统筹山水林田湖草沙系统治理；用最严格制度最严密法治保护生态环境；共谋全球生态文明建设。党的十八大以来，党中央对生态文明高度重视，将其提到了关乎人民福祉、民族未来乃至中华民族永续发展的高度。2018年3月，生态文明被写入宪法，中国环境保护从此进入了一个新阶段。我国环境保护不断续写新篇章，取得了世人瞩目的重大成就。

习近平生态文明思想作为实现人与自然和谐共生的中国式现代化的根本遵循，是对中国传统生态智慧的创新和超越。"人与自然和谐共生"的基本原则、"山水林田湖草沙"的系统观念都受到了"天人合一""仁爱万物"理念的启发，人与自然不仅被视为生命共同体，而且是利益共同体和发展共同体，强调人类要"尊重自然、顺应自然、保护自然"。"绿水青山就是金山银山"，受到了"取用有节"观念的启迪，体现了工业城市时代的可持续发展观。而古代的虞衡管理在新时代升华为"最严格的生态保护制度"。总之，生态文明思想赋予中华传统生态智慧以新的时代内涵，是对中华优秀传统文化的继承与升华。较之于传统生态智慧，生态文明强调认识与实践的统一，高度重视实践。目前，我国正在加快发展方式绿色转型，深入推进环境污染治理，提升生态系统多样性、稳定性、持续性，积极稳妥推进碳达峰碳中和，美丽中国建设已经取得了举世瞩目的突出成就。

习近平生态文明思想是融汇中国传统生态智慧、立足于中国特色社会主义建设、以马克思主义为指导的最新理论成果。这一理论成果熔铸古今、汇通中西，借鉴吸收了人类一切优秀文明成果。它将时代主题用通俗易懂、具有中国文化韵味的语言创造性地表达出来，实现了传统生态话语的现代转换，具有强大凝聚力、影响力和感召力，构建了中国负责任的大国形象。习近平生态文明思想作为新时代中国特色社会主义思想的重要组成部分，是我国自主建构的文明话语体系，坚定了文化自信，有力地促进了中外文明交流互鉴，为破解世界生态困境提出了中国方案，即立足于自身而不是扩张，服务于人民而不是资本，强调合作共赢而不是零和博弈。这种方案已经得到了国际社会的广泛赞誉。可以说，习近平生态文明思想实现了中华优秀传统文化与国际文化的接轨融通，在推动美丽中国建设和全球生态治理的未来征程中必将发挥更加重要的作用。

中华优秀传统文化与中国文学自主知识体系的建构

孔子资源与马克思主义文艺
思想体系中国化建构

徐正英

从人类历史发展的眼光看,任何文明的进步都离不开不同文明之间的交流互鉴,诞生于资本主义时代欧洲大地上的马克思主义,在中国落地生根并开花结果,就是最有力的证明。实践告诉我们,若要让马克思主义在中国"始终保持""蓬勃生机和旺盛活力",就必须实现马克思主义中国化;而要实现马克思主义的中国化,在"把马克思主义基本原理同中国具体实际相结合"的同时,还必须"把马克思主义思想精髓同中华优秀传统文化精华贯通起来"。这不仅是因为任何外来真理的指导都必须首先适应其被指导国的文化土壤,更是因为生成于中华大地上的传统思想精华,本身就是人类文明智慧的有机组成部分,具有与马克思主义真理无意识的契合性,能为马克思主义理论在中国的发展供给民族滋养。作为中华思想主干创立者的孔子,自然应当成为马克思主义理论中国化的早期资源。

一 孔子资源对马克思主义文艺思想
体系中国化建构的可借鉴性

辩证唯物主义和历史唯物主义是马克思主义指导认知一切事物的基本法则,也是其文艺思想体系建构的哲学前提和理论基础。而孔子在约两千五百年前就具备了朴素的辩证唯物哲学观和明确的历史唯物史观。孔子思想的哲学基础是"中庸",所谓"中庸"就是"执其两端而用其中",处理一切事物都须把握矛盾的两个方面,认知和处理好矛盾双方相互对立、相互依存、相互转化的辩证关系,唯其如此,才能避免"过犹不及"的情况发生。孔子终生"不语怪力乱神",说明他早已对"神"即西方所谓上帝的存在保持了怀疑态度;而他的"祭如在,祭神如神在"之论,言外之意就是不祭祀时,"神"是不存在的,对人格化的上帝的存在持否定性认知。

更不容忽视的是,孔子早已用历史唯物史观来审视中国的历史发展规律了。其"殷因于夏礼,所损益,可知也;周因于殷礼,所损益,可知也。其或继周者,虽百世,可知也"[①] 的著名论断,一反时人认知,确认商朝取代夏朝、周朝取代商朝的政权更替仅仅是表面现象,而从深层的文化层面看,其实质上却是一个继承发展的过程,而不是否定之否定的过程;进而更首次提出"损益"概念,揭示了人类历史发展规律都是继承革新、创造发展、循序渐进的过程,唯有如此审视,才能把握历史走向、预见国家未来。孔子这一巨大理论贡献,可称为我国早期最清晰的历史唯物主义发展观。

综上所述,孔子民族特色思想精华契合了马克思主义的唯物论、辩证法、历史观,为马克思主义文艺思想体系中国化的理论建构提供了中国式早期借鉴。"中庸"朴素辩证思想,可作为马克思主义辩证法的方法论资源;"无神""唯物"思想,可作为马克思主义唯物论的哲学资源;"损益"思想,可作为马克思主义历史观资源。如果说其差异性,则是孔子的历史观更侧重于继承基础上的改良,而马克思主义的历史唯物主义,更侧重于批判基础上的继承。

二 孔子资源与马克思主义实践性品格的"同构性"

孔子资源与马克思主义实践性品格的"同构性"昭示了马克思主义文艺思想体系中国化建构的可行性。实践性是马克思主义的基本品格,被称为"实践的唯物主义哲学"。实践证明,"理论在一个国家实现的程度,决定于理论满足这个国家的需要的程度",其实就是说一个理论有没有价值或价值大小,就是看该理论能对实践有多少指导意义。而孔子学说的最大特点是重实践,他的一切理论认知都源于其对当时社会生活的切身体

[①] 朱熹:《论语集注》卷一,《四书章句集注》,中华书局1983年版,第59页。

验,在指导改造社会现实的同时又接受着社会实践的检验。孔子学说自汉代始能够主导官方意识形态两千余年,便足以说明一切。

《论语》开篇首句"学而时习之,不亦说乎",即为教导弟子学习课堂知识和道理要抓住时机到社会上去"习",即理论指导实践,能接受实践的检验才是快乐的。子夏所说"仕而优则学,学而优则仕",就是对这一实践观的具体阐发。所谓"优"就是从容,而非优秀,是说为官实践有余力了就继续学习充实提高,学习有余力了就去为官实践。实践和学习是一个不断提升的辩证过程,并不是学习优秀的才能为官的"读书做官论"。孔子以《诗》《书》作教材,曾提醒学生:"诵《诗》三百,授之以政,不达;使于四方,不能专对;虽多,亦奚以为?"如果不能将所学内容运用于实际政务和外交场合,那么教材掌握再熟练也没有意义,学以致用的目的非常明确。孔子甚至认为,身体力行的社会实践,比道理学习本身更为重要:"弟子入则孝,出则悌,谨而信,泛爱众,而亲仁。行有余力,则以学文。"认为品格培养重在行为培养,践行有余力再进行文化知识的学习。孔子这一重实践的思想,也被他的学生们推广,如子夏就称:"贤贤易色;事父母,能竭其力;事君,能致其身;与朋友交,言而有信。虽曰未学,吾必谓之学矣。"这是对贵族子弟的要求,因为在当时宗法血缘世袭的时代,平民子弟是先系统学习礼乐而后方能入职,而贵族子弟不经过学习便可直接世袭。孔子和子夏都认为,如果贵族子弟先从行动上践行了当时的各种人格修养要求,也同样可以视为已经学习过了。另外,孔子论言和行的关系多达27章,全是主张重行轻言、言行一致的,这些言论虽重在强调诚信,但同时又都蕴含着重视实践的意涵;面对不同人请教的同一个理论概念,孔子往往会根据提问者的实际情况甚至身上的缺失作出不同阐释,这本身就是对其实践观的具体践行,充分体现出孔子学说的实践品格。

孔子学说的实践品格与马克思主义的实践品格之"同构性",无疑昭示了马克思主义文艺学思想体系中国化建构在实践层面的可行性。

三 孔子资源与马克思主义文艺本质论中国化建构的互补性

马克思和恩格斯多将文艺的概念称为"艺术",这是东西方的差异,并不影响问题的讨论。马克思主义认为，文艺的本质属于上层建筑中的特殊社会意识形态，是社会生活被作家头脑能动改造并反映的产物，其直接反映作家的特定社会心理，通过社会心理的中间环节间接地反映社会生活本质。同时，文艺是美的集中体现，文艺反映社会生活的表现形式是独特生动的形象思维，审美想象是关键。

两千多年前的孔子不可能对文艺的本质作出马克思主义如上系统深刻的揭示，但他根据当时的中国文艺生产实际，依次对各类文学艺术的本质，作出了"诗亡隐志，乐亡隐情，文亡隐意"（即诗言志、乐抒情、文表意）的全面概括。认为诗歌的本质是以表达理性的思想为主，而以抒发感性的情感为辅；音乐的本质是以抒发感性的情感为主，而以表达理性的思想为辅；散文的本质则主要是表达理性的思想。这是孔子在归纳当时存在的除绘画之外的所有文艺样式中，对文艺本质所作的系统化揭示，其以作者情感的多少区分诗、乐、文三类文艺的本质特征，这一揭示完全符合当时诗乐一体，抒情诗尚不发达，文则基本为官方应用性文体（如占、谱、表、令、册、祝、诰、典、训诫、颂、誓、哀祭、判词、契约等），纯文学性散文尚未产生的"大文艺"作品的客观实际。依孔子的揭示，这三大类文艺作品，正是通过作者在作品中的社会心理"志""情""意"反映了那个时代的社会生活本质。因此，孔子的文艺本质论，无疑为加深对马克思主义文艺本质论的理解，提供了可资借鉴的早期思想资源。

但必须说明的是，马克思主义文艺本质论是以当时和前代欧洲戏剧小说等"再现性"文学样式及理论为资源建构起来的，而中国早期的"大文艺"作品则是以"表现性"文学样式为特征的。因此，孔子从中国文艺创作实践中提炼出来的文艺本质论，与马克思主义所作典型化手段反映社会生活本质的论述并不一致，是自然而然的。这恰恰说明孔子文艺本质论与马克思主义文艺本质论的互补性，孔子这一符合中国早期文艺实际的理论能够为马克思主义文艺本质论的中国化建构补充营养、扩大边界，使其更为符合中国国情。加之孔子文艺本质论的具体可感性，与具体文艺作品解读结合的紧密性，彰显了其理论深度与温度的统一性特征，亦可为马克思主义文艺本质论的中国化言说方式提供借鉴。

四 孔子资源与马克思主义文艺内容形式
关系论中国化建构的相近性

马克思主义坚持文艺构成的辩证法，即内容第一，形式第二，内容决定形式，形式服务内容而又具独立性并反作用于内容，内容与形式相互制约、相互渗透、相互转化，辩证统一于审美高度。

其实，孔子早在春秋末期就创立了著名的"文质彬彬"说，即文艺作品的内容与形式完美统一理论。他所谓"质胜文则野，文胜质则史。文质彬彬，然后君子"，虽然是讲君子内在气质与外在形象的完美统一，但完全适用于包括文艺作品在内的一切事物，尤其"文胜质则史"句以"史"代指虚浮，用的就是专门文学术语。因为远古的历史事实主要是由"史"官口耳相传的，直到文字发达的孔子时代，还是以口头讲授为主，孔子的"述而不作"就是对这一传统的继承。而"史"官为了使传授的历史内容便于听者记忆和传播，往往会凭借想象虚构出一些生动形象的故事细节，自然"史"在人们心目中也就虚浮化了。从文学视角看，"虚浮"恰是文学化、艺术化的呈现方式，故而孔子的"文质彬彬"说借君子而言文艺作品内容与形式之关系是毋庸置疑的。孔子所谓"质"，既可指作品内容，同时又可指作品质朴风格；而"文"则既可指作品形式，同时又可指作品华丽风格。所谓"文质彬彬"，就是内容与形式的配合恰到好处，说明孔子既主张文艺作品充实的内容与完美的形式高度统一，又主张文艺作品的风格既不过于质朴又不过于华丽，这是他中庸哲学在文学上的必然结论。

而以孔子具体运用"文质彬彬"的理论标准去评价作品时又可发现，他反而更为关注作品的形式对内容的带动作用："子谓《韶》，'尽美矣，又尽善也'。谓《武》，'尽美矣，未尽善也'。"无论是对《韶》乐还是《武》乐的评论，孔子首先称赞的都是它们的形式之美，其次才是其内容的善与未尽善。孔子对《诗经》"颂"的归纳评说也是如此，所谓"其乐安而迟，其歌绅而逊，其思深而远"，即"颂"的音乐安和而迟缓，歌声宽缓而悠长，文本思深而虑远，也是从乐声、歌声的外在形式，到诗歌文本的思想内容依次论述的。依笔者理解，孔子的先形式而后内容之评，是当时中国文艺作品客观现实决定的，因为无论《韶》《武》还是《诗经》"周颂"，应该都是乐、歌、诗三位一体的。而人们观赏时，首先听到的是音乐之声，其次是歌唱之声，最终体会出的才是文本的深层思想内涵。但无论什么原因，孔子之论却揭示出了一个普遍性的理论问题：这就是"尽善""未尽善""深而远"的文本内涵，是由"尽美""安和"的音乐外在形式带入观赏者头脑中的，亦即完美或不完美的内容，都是通过外在形式表现出来的。足见孔子的"完美统一论"，不仅与马克思主义"辩证统一论"的精神实质相契合，而且在更为强调"反作用论"的同时，还揭示出了"完美统一"的具体呈现方式问题，可用以充实马克思主义内容形式"关系论"中未曾论及的部分。

五 孔子资源与马克思主义文艺批评论中国化建构的相反相成性

马克思主义为文艺确立的最高批评标准，是以辩证唯物主义为哲学基础的美学的和历史的批评标准，及两个标准的辩证统一。美学的批评标准要求作品必须是感性的、形象的，具有独创性，富有真挚情感和艺术感染力，形式上合乎美的法则；历史的批评标准是从历史唯物主义的观点出发，要求作品中反映的矛盾冲突符合历史实际，反映历史真实，作品人物应该成为某种社会力量的代表；两个批评标准的辩证统一，就是要求作品的思想倾向与审美价值辩证统一。同时，马克思主义还明确指出，文艺批评标准不是以道德的尺度来衡量的。从表面看，孔子确立的以"德"为文艺的最高批评标准，与马克思主义宣称的不以"道德"为衡量尺度是有所抵牾的。但深研孔子论述，其"德"的标准与马克思主义的"历史"标准看似相反，实则相通，具有共融性。

孔子的"志于道，据于德，依于仁，游于艺"，依次论述了"道""德""仁""艺"由高到低的四级关系。他主张以"道"为终极志向和目标，以"德"为评判事物的根据和最高标准，以"仁"为思想依靠和基础，以"艺"为学习的对象和典范。其中以"德"为评判一切事物的根据和最高标准，本身就包括对文艺作品的评判，而"游于艺"所"游"的几部经典则是以《诗经》为首。《论语》"子所雅言，《诗》、《书》、执礼，皆雅言也"，不仅明言孔子以《诗经》《尚书》两部经典作教材，而且平时说话用鲁国方言，讲授这两部经典时才用严肃的官话，足见重视程度；同时，孔子以降至唐代各经排序都以《诗经》为首；且"游"字彰显的就是畅游意涵，而形象思维的《诗经》最适宜这一意涵的使用。具体到对《诗经》的批评方法和标准，孔子概括为"兴于诗，立于礼，成于乐"，历代多将这三句话理解为孔子要求士人学习《诗》《礼》《乐》三部经典用以修身的三个步骤，其实是一种误读。孔子这三句概括针对的都是同一部《诗经》，这是他建构的诗学批评标准的三个递进层级。

所谓"兴于诗"，是指解读批评《诗经》文本首先要借助其作品中的生动审美形象和真情实感，诱发对经历过的社会生活的丰富联想，揭示其表层的审美价值。情感性和形象性的审美认知就是文学认知，孔子的这一认知自觉，既是中国最早的文学认知自觉，也正与马克思主义美学的批评标准相契合。孔子的这一诗学批评标准应该是他对诗学批评实践的理论总结，又用来指导具体的作品批评，如评《关雎》"组诗"，依次称"《关雎》情爱也""《鹊巢》之归，则离者父母""《甘棠》之爱""《绿衣》之思""《燕燕》之情"，都是以情感和形象为标准揭示其美学价值的；又如，除"《关雎》乐而不淫，哀而不伤"的著名评论外，评其他"风诗"，《邶风·柏舟》"闷"，《谷风》"悲"，《北风》"不绝人之怨"，《鄘风·相鼠》"恶而不悯"，《王风·扬之水》"爱妇烈"，《采葛》"爱妇切"，也都是以作品的情感抒发程度为批评标准揭示其美学价值的。如上批评理论和批评实践的结合，都可为马克思主义美学的批评标准的中国化建构贡献资源。

所谓"立于礼"，就是在对作品感性的情感和生动的形象进行评判的基础上，发掘《诗经》文本蕴含的礼义精神，并以礼学为标准予以评判。其中孔子对《关雎》的评价最具代表性。这是西周以来依礼治国的时代产物，体现了孔子对人伦关系的重视程度，具有典型的中国特色；但同时与马克思主义历史的批评标准中要求作品反映历史真实有某种关联度，在马克思主义文艺批评中国化建构中也具有借鉴价值。

所谓"成于乐"，就是"据于德"，此有《周礼·春官·宗伯》《管子·形势解》《国语·晋语八》《文子·下德》《马王堆帛书·二三子问》《礼记·乐记》等大量文献依据可证，意为以"德"为标准完成对文艺作品终极社会价值的评判。之所以称孔子的这一"德化"评诗标准与马克思主义历史的批评标准看似相左而实则相成，主要是因为马克思主义所称之"德"单指西方作家个人私德在作品中的呈现，对其作品所作"道德"评判属于低层级的私德评判；而孔子所称之"德"则是周朝国家层面长期形成的公共社会价值标准，具体到对作品的评判标准其实就是马克思主义所说的思想倾向标准，属于高层级的历史的社会价值评判。可见，孔子建构的"德化"批评标准与马克思主义建构的"历史的"批评标准终极目标是一致的，都是通过文艺作品完善社会，如孔子评"周颂"为"平德也，多言后"，称其内容歌颂了平定天下之德，其中主要书写的是周文王的奠基之功；评"大雅"为"盛德也，多言周"，称其内容歌颂了建设天下之德，其中主要书写的是周朝的发展历史；评"小雅"为"少德也，多言难而怨悱者也"，称其内容揭露了西周后期统治者的少德，其中主要书写的是社会苦难和人民的怨愤情绪。足见孔子的"德化"批评标准在具体批评实践中，其实是借用"德"字对作品的历史价值和社会价值所作的评判，不仅是历史的，而且是唯物的，又是与"兴于诗"的审美价值评判相辅相成的，完全可以为马克思主义文艺批评标准贡献中国式话语体系。

统观孔子资源的哲学基础、唯物史观、实践品格、文艺本质论、内容形式关系论、文艺批评标准论，和本文未能论及的文艺认识论、文艺批判论、文艺教育论、文艺风格论等，都可为马克思主义文艺思想体系中国化建构提供重要借鉴。

契合与共振：马克思主义与中国文学精神

郭 杰

一 马克思主义的历史观念和社会理想

形成于 19 世纪 40 年代的马克思主义，批判地继承了德国古典哲学、英国古典政治经济学和法国空想社会主义思想，科学地阐述了社会发展一般规律，精辟地指出了人类经由工业革命而进入世界历史、最终实现全面解放的发展进程。马克思主义高度凝聚和全面总结千百年来人类文明的优秀成果，形成了世界范围内的普遍意义。20 世纪的中国，从积贫积弱的半殖民地半封建社会，经过天翻地覆的历史巨变，正奋发昂扬向现代化强国迈进。这一历史进程，是马克思主义与中国革命和建设实际相结合的必然结果，也是马克思主义与中华优秀传统文化相结合的必然结果。实践证明，马克思主义与中华优秀传统文化，具有深刻的历史契合和强烈的精神共振。作为中国文化之重要表现和载体、感性与理性融会、艺术性与思想性相统一的丰富多彩的中国文学及其民族精神，为其契合与共振提供了充足的范例。

马克思主义的哲学基础，是对德国古典哲学加以扬弃吸收、批判继承而形成的辩证唯物主义。在物质与精神的关系上，强调物质的第一性；在社会存在和社会意识的关系上，强调社会存在的第一性。恩格斯指出："全部哲学，特别是近代哲学的重大的基本问题，是思维和存在的关系问题。""哲学家们依照他们如何回答这个问题而分成了两大阵营。凡是断定精神对自然界来说是本原的……组成唯心主义阵营。凡是认为自然界是本原的，则属于唯物主义的各个学派。"[①] 而马克思则旗帜鲜明地宣布，

---

① [德] 恩格斯：《路德维希·费尔巴哈和德国古典哲学的终结》，《马克思恩格斯文集》第 4 卷，人民出版社 2009 年版，第 277—278 页。

自己是唯物主义阵营的一员，他的哲学是扬弃了德国古典哲学而形成的辩证唯物主义立场，"我的辩证方法，从根本上来说，不仅和黑格尔的辩证方法不同，而且和他截然相反。……观念的东西不外是移入人的头脑并在人的头脑中改造过的物质的东西而已"①。这就深刻阐述了辩证唯物主义的理论内涵，也揭示出马克思主义哲学与旧唯物主义、黑格尔辩证法之间的根本区别。

当辩证唯物主义运用于人类历史的观察分析中，就形成了历史唯物主义的基本结论，即唯物史观。马克思、恩格斯在《德意志意识形态》中指出："人们为了能够'创造历史'，必须能够生活。但是为了生活，首先就需要吃喝住穿以及其他的一些东西。因此第一个历史活动就是生产满足这些需要的资料，即生产物质生活本身，而且，这是人们从几千年前直到今天为了维持生活就必须每日每时从事的历史活动，是一切历史的基本条件。……因此任何历史观的第一件事情就是必须注意上述基本事实的全部意义和全部范围，并给予应有的重视。"② 恩格斯认为，唯物史观是马克思一生最重大的发现之一："马克思发现了人类历史的发展规律，即历来为繁茂芜杂的意识形态所掩盖着的一个简单事实：人们首先必须吃、喝、穿、住，然后才能从事政治、科学、艺术、宗教等等；所以，直接的物质的生活资料的生产，从而一个民族或一个时代的一定的经济发展阶段，便构成基础，人们的国家设施、法的观点、艺术以至宗教观念，就是从这个基础上发展起来的，因而，也必须由这个基础来解释。"③ 无论在人类社会发展的任何阶段，"创造历史"的，即从事"直接的物质的生活资料的生产"、建立社会存在的"基础"的，只能是人民。

因此，马克思主义始终坚持以人为本，追求人的全面解放："人是人的最高本质。""德国人的解放就是人的解放。""'解放'是一种历史活动，不是思想活动，'解放'是由历史的关系，是由工业状况、商业状况、农业状况、交往状况促成的。"哲学中抽象的"人"，在历史发展中，

---

① [德]马克思：《〈资本论〉第一卷第二版跋》，《马克思恩格斯文集》第5卷，人民出版社2009年版，第22页。

② [德]马克思、恩格斯：《德意志意识形态》，《马克思恩格斯文集》第1卷，人民出版社2009年版，第531页。

③ [德]恩格斯：《在马克思墓前的讲话》，《马克思恩格斯文集》第3卷，人民出版社2009年版，第601页。

只能是作为社会实践的主体和动力的人民。在精辟分析了资本主义不可调和的内在矛盾以后，马克思、恩格斯提出了经过社会革命实现共产主义的理想："在发展过程中，当阶级差别已经消失而全部生产集中在联合起来的个人的手里的时候，公众的权力就失去政治性质。"① 本质上说，未来社会"将是这样一个联合体，在那里，每个人的自由发展是一切人的自由发展的条件"。这种建立在社会生产力空前发展、生产资料和生活资料极大充裕前提下的理想社会，由于阶级消亡而达到公平公正，实现了人的自由发展和全面解放。马克思主义的基本理论，是通过对自然和社会发展的科学总结和规律性认识而形成的，因此对人类认识与实践活动，具有普遍的指导意义。这种意义，需要从内在关系的本质上加以把握。具体来说，马克思主义与中国文化的内在一致性，是一个具有深远历史意义和现实意义的重大问题；而马克思主义与体现着鲜明民族特征的中国文学精神的契合与共振，则提供了极具启示性的范例。

二　马克思主义与中国文学人本精神的契合

在世界上，处在地球北温带和亚洲大陆东部的古代中国，基于特定地理环境和自然条件，很早就形成了成熟的农业文明，并作为社会生活的物质基础，对中华民族精神产生深远影响。坚持以此为根基的"实用理性"，也就自然地成为中华民族精神的本质特征。从人口结构看，从事农业生产的农民阶层占总人口中的绝大多数，"士农工商"四类阶层各司其职、互为补充，即如《管子·小匡》所云："士农工商四民者，国之石民也。"中国古代属于相对平等的平民社会，这与欧洲古代贵族社会的等级制度有所不同；中国古代属于农业文明的自然经济，这与马克思主义所产生的 19 世纪欧洲资本主义社会有所不同。尽管如此，在对人类历史发展的规律性认识与把握方面，马克思主义与中国民族精神之间，却具有本质上的内在一致性。这种高度契合与共振的内在一致性，正如马克思主义与摩尔根古代社会研究在结论上的殊途同归，源于对社会存在决定社会意识

---

① ［德］马克思、恩格斯：《共产党宣言》，《马克思恩格斯选集》第 1 卷，人民出版社 1972 年版，第 273 页。

的普遍原则的高度认同，以及在此基础上对人类美好社会理想的执着追求。恩格斯曾指出："摩尔根在美国，以他自己的方式，重新发现了40年前马克思所发现的唯物主义历史观，并且以此为指导，在把野蛮时代和文明时代加以对比的时候，在主要点上得出了与马克思相同的结果。"[1] 而马克思主义与中国文化的契合和共振，更加具有毋庸置疑的历史必然性。其核心即体现在始终坚持以人为本、追求人民福祉的思想精神。

《尚书·泰誓》记载了商周之际周武王出兵征伐商纣王的誓词。其上篇云："天矜于民，民之所欲，天必从之。"其中篇云："天视自我民视，天听自我民听。"可见以人为本的精神，早在上古时代，已居于意识形态的核心地位。这是周人克商的精神武器，也是周朝统治天下的指导思想。春秋时代，孔子高举起"仁"的旗帜，明确提出"爱人"的思想。战国时代，孟子提出："仁者爱人。""民为重，社稷次之，君为轻。"儒家学派顺应时代需求，融会诸家思想，对以人为本的思想传统进行与时俱进的总结发展，后来其取得中国文化的核心地位，绝非偶然，而是适应了历史发展的本质要求。

在中国思想史上，最全面概括人类社会理想之基本内容的，是《礼记·礼运》所载孔子关于"大同"社会的著名表述："大道之行也，天下为公，选贤与能，讲信修睦。故人不独亲其亲，不独子其子，使老有所终，壮有所用，幼有所长，矜寡孤独废疾者，皆有所养；男有分，女有归；货恶其弃于地也，不必藏于己；力恶其不出于身也，不必为己。是故谋闭而不兴，盗窃乱贼而不作，故外户而不闭，是谓大同。"一般认为，《礼记》是西汉学者戴圣将前代儒生述论古代礼制的文献加以选编而成书的。其中关于上古社会制度、思想文化的记载，大体渊源有自、信而可征。从中可见，当时社会人际平等，财富平均，年富力强者努力工作，年老体衰者受到照顾，无人犯罪，社会平安。这种相对完整的古史记载，与摩尔根等杰出人类学家在世界各地对当时留存的氏族社会生活状况的描述，本质是一致的。这正是马克思主义与中国文化取得历史契合和精神共振的深刻社会基础所在。

---

[1] ［德］恩格斯：《家庭、私有制与国家的起源》，《马克思恩格斯文集》第4卷，人民出版社2009年版，第15页。

历史的记忆，往往蕴含着巨大的现实意义和未来意义。在中国历史上，"大同"的理想本质，不仅是历史的记忆，也是现实的目标和对未来的憧憬。"大同"作为中国文化重要内涵和感性表现的文学艺术，必然鲜明生动地表现出出对"大同"理想的执着追求。其中最著名的，当属东晋大诗人陶渊明的代表作《桃花源诗并记》。其诗云："桑竹垂余荫，菽稷随时艺。春蚕收长丝，秋熟靡王税。荒路暧交通，鸡犬互鸣吠。俎豆犹古法，衣裳无新制。童孺纵行歌，班白欢游诣。"其记云："土地平旷，屋舍俨然，有良田、美池、桑竹之属。阡陌交通，鸡犬相闻。其中往来种作，男女衣着，悉如外人。黄发垂髫，并怡然自乐。"这里，生动展示了一幅民风淳朴、社会安定，特别是没有赋税盘剥（"靡王税"）的田园生活图景。尽管据开篇所述，故事发生在"嬴氏乱天纪，贤者避其世"的秦末社会动荡年代，故事又以"西晋末年戎狄盗贼并起……其不能远离本土迁至他乡者，则大抵纠合宗族乡党，屯聚堡坞，据险自守，以避戎狄寇盗之难"的史实为背景，但我们仍然有理由相信：当其创作之时，陶渊明脑海里浮现的，一定不止于秦末的载记和两晋的史实，而孔子当年所述"大同"理想，必然成为其由衷向往的美好社会之原型。唐长孺先生指出："渊明却以之寄托自己的理想，并加以艺术的加工。"① 堪称精辟之见。

正如孔子关于"大同"理想的历史表述，在中国思想史上产生了深远广泛的影响，陶渊明关于"桃花源"理想的艺术描述，在中国文学史上同样产生了深远广泛的影响。略举唐诗为例，继其踵武、以桃源为题者，就有包融《武陵桃源送人》、王维《桃源行》、李白《桃源》二首、卢纶《同吉中孚梦桃源》、权德舆《桃源篇》、刘禹锡《桃源行》、施肩吾《桃源词二首》、李群玉《桃源》、张乔《寻桃源》、章碣《桃源》、李宏皋《题桃源》等。其中尤以王维的歌行体《桃源行》最为著名，该诗境界开阔，辞采华美，以唐诗之美再现了陶诗之境，带有鲜明的时代风貌。而刘禹锡的歌行体《桃源行》，也同样达到了极高的审美境界。至于像孟浩然《南还舟中寄袁太祝》那样，虽未径以桃源为题，而写下"桃源何处是，游子正迷津"这样的警句抒发对桃源之境由衷憧憬的作品，更是不计其数。到了宋代，王安石的歌行体《桃源行》，以"望夷宫中鹿

---

① 唐长孺：《读〈桃花源记旁证〉质疑》，《唐长孺文集》第 2 卷，中华书局 2011 年版，第 187 页。

为马,秦人半死长城下"开篇,以"重华一去宁复得,天下纷纷经几秦"结尾,深沉的历史兴叹与强烈的现实忧患密切交融,发人深思,较之唐人之作更胜一筹。

中国古人在对美好社会理想的执着追求中,体现出一种强烈的创造精神。后世各类文献所载上古神话,最能体现中华民族先人的创造精神。《山海经·北山经》所载"精卫填海"、《列子·列御寇》所载"愚公移山"等,以形象生动的艺术夸张,展现了一往无前的创造精神。而《韩非子·五蠹》所载上古传说,更真切反映了历史的影像。所谓有巢氏、燧人氏、鲧、禹等,显然并非实指性的具体人物,而是代表了中华民族的先人在不同历史时期,克服重重困难、创造美好生活的艰苦努力。无论任何时代,从事创造的主体都是广大人民。所以,对美好社会理想的执着追求,从来都是以对广大人民(特别是农民)的真挚关心和深切同情为感性基础的。从第一部诗歌总集《诗经》中大量歌咏人民多方面生活及其喜怒哀乐丰富情感的篇章,到楚辞《离骚》中对"美政"理想的九死未悔的追求,从汉魏六朝乐府和唐诗宋词元曲中对各种美好形象的歌颂,到数量众多的明清小说对广大农民、市民等下层人民的关注和同情,都是对以人为本的文学精神的延绵传承。而唐代伟大诗人杜甫,在对"朱门酒肉臭,路有冻死骨"黑暗现实予以尖锐抨击的同时,发出"安得广厦千万间,大庇天下寒士俱欢颜"的宏伟理想,以其忧国忧民的博大胸怀和精湛绝伦的艺术水平,登上中国现实主义文学传统的伟岸高峰。

三 马克思主义与中国文学批判精神的共振

随着劳动生产率的逐渐增长和社会生产力水平的不断提高,氏族社会由于不能适应新的条件而逐渐解体,逐渐成熟的私有制代之而起。关于这一历史演变过程,恩格斯曾指出:"在以血族关系为基础的这种社会结构中,劳动生产率日益发展起来;与此同时,私有制和交换、财产差别、使用他人劳动力的可能,从而阶级对立的基础等等新的社会成分,也日益发展起来;这些新的社会成分在几世代中竭力使旧的社会制度适应新的条件,直到两者的不相容性最后导致一个彻底的变革为止。以血族团体为基础的旧社会,由于新形成的各社会阶级的冲突而被炸毁;代之而起的是组成为国家的新社会,而国家的基层单位已经不是血族团体,而是地方团体了。"① 探究私有制的生成及其历史必然性,是马克思主义唯物史观的重要内容。

历史证明,从氏族社会向私有制的演变,在世界范围内带有普遍性,中国并不例外。但由于特定自然条件和民族特性,这一历史演变在中国上古时代,不是表现为血缘团体(家族)由于地方团体(国家)的取代而消亡,而是表现为血缘团体融会到新兴的地方团体中,形成了家族和国家相互依存的私有制形态。其最集中的理论概括,就是《礼记·礼运》所载孔子关于"小康"社会的著名表述:"今大道既隐,天下为家,各亲其亲,各子其子,货力为己,大人世及以为礼,城郭沟池以为固,礼义以为纪。以正君臣,以笃父子,以睦兄弟,以和夫妇,以设制度,以立田里,以贤勇知,以功为己。故谋用是作,而兵由此起。禹、汤、文、武、成王、周公,由此其选也。此六君子者,未有不谨于礼者也。以著其义,以考其信,著有过,刑仁讲让,示民有常。如有不由此者,在执者去,众以为殃。是谓小康。"换言之,伴随着人们对于基本生产资料的土地的依存和传承,与土地继承相适应、以血缘关系为纽带的宗法制度,成为社会政治伦理制度的基础。这种状况,与西方社会相比,血缘团体的消亡与否固然不同,但进入私有制的历史进程却是本质相同的。

较之氏族社会,私有制极大促进了劳动生产率的发展和社会生产力水平的提高,带有无可置疑的历史必然性。但由于社会生产资料占有的不平等,导致社会财富在不同阶级之间的差异日益扩大,必然造成贫富悬殊和两极分化。因此,私有制自诞生之日起,又带有天然的不合理性。对此,从思想形态上予以批判,在实践过程中进行变革,就成为推动社会进步的巨大动力。马克思指出:"批判的武器当然不能代替武器的批判,物质力量只能用物质力量来摧毁;但是理论一经掌握群众,也会变成物质力量。"② 从人类历史总体发展来看,意识形态的批判,往往具有先导性和常态性。

---

① [德]恩格斯:《家庭、私有制与国家的起源》,《马克思恩格斯文集》第4卷,人民出版社2009年版,第16页。
② [德]马克思:《〈黑格尔法哲学批判〉导言》,《马克思恩格斯文集》第1卷,人民出版社2009年版,第11页。

坚持广大人民基本福祉，强调财富分配相对均衡，抨击统治阶级以权谋私、造成贫富悬殊的严重社会矛盾，从来就是中华民族精神中光彩熠熠的优良传统。孔子曾把社会公平的理想概括为："不患寡而患不均，不患贫而患不安。盖均无贫，和无寡，安无倾。"在他看来，消除贫富悬殊，达到经济生活相对平衡（"均"）和人民生活相对稳定（"安"），是实现社会公平的基本前提。为此，他对协助贵族季氏大肆聚敛财富、严重损及下层人民基本生活的弟子冉求，发出强烈谴责："非吾徒也。小子鸣鼓而攻之，可也。"其实，孔子所呼吁"鸣鼓而攻之"的对象，岂止是趋附季氏的冉求，又岂止是财富超过周公的季氏！他所呼吁"鸣鼓而攻之"的对象，实际上涵盖了一切依靠政治权力盘剥下层人民的统治者，以及由此造成的贫富悬殊、两极分化的社会现实。

早在中国第一部诗歌总集《诗经》的大小《雅》中，许多产生于西周末年的政治怨刺诗，就表达了当时贵族阶级中正直的有识之士，出于高度历史责任感，对黑暗社会现实的强烈抨击和批判。《诗大序》云："至于王道衰，礼义废，政教失，国异政，家殊俗，而变风、变雅作矣。"郑玄《诗谱序》亦云："厉也、幽也，政教尤衰，周室大坏。《十月之交》《民劳》《板》《荡》，勃而俱作，众国纷然，刺怨相寻。"这些作品针砭时弊、痛斥佞昏，具有鲜明的政治倾向和强烈的怨刺精神，从而奠定了中国现实主义文学传统的基石。在此基础上，历代中国文学都坚持以人为本，以深刻批判精神为底色，形成了绵延不绝的现实主义传统。中国历史上第一位伟大诗人屈原，生于战国时代的楚国，他在《离骚》等作品中，对当时的黑暗现实进行了尖锐抨击，并表达了九死未悔的志节情操。司马迁指出："信而见疑，忠而被谤，能无怨乎？屈平之作《离骚》，盖自怨生也。"这就深刻揭示了《离骚》的精神主题。当然，在《离骚》中，现实的批判和理想的追求，本就是融为一体、不可分离的。这也正是中国现实主义文学传统的基本特征。从被称为"史家之绝唱，无韵之《离骚》"的司马迁的《史记》，到鄙弃流俗、甘于淡泊、坚守人格、归隐躬耕的陶渊明；从李白诗歌中"安能摧眉折腰事权贵"的豪放飘逸、个性张扬，到关汉卿《窦娥冤》对人民苦难命运的深切同情……以社会理想为引领，以现实批判为职责，源远流长的中国文学精神，始终闪耀着现实主义和理想主义的璀璨光芒。

世界上任何事物，都具有质的内在规定性，即成其为自身而区别于他物的内在规定性。正如恩格斯所说:"在自然界中,质的变化——在每一个别场合都是按照各自的严格确定的方式进行的——只有通过物质或运动(所谓能)的量的增加或减少才能发生。……在生物学中,以及在人类历史中,这一规律在每一步上都被证实了。"[1] 自然界如此,人类社会亦然。数千年来中华民族创造出适应于特定地理、气候等自然条件的成熟的农业文明,并在此基础上形成了具有鲜明民族特色的中国文化传统。尽管由于生产力水平以及相应经济基础的局限,肯定会存在财富分配失衡等不合理现象,但在漫长历史发展中,总体来看,由于贵族制度的消除,中国古代社会以相对公平的制度优越性,充满了巨大的社会内生力和民族凝聚力,处于其"制度本身还相信而且也必定相信自己的合理性的时候"[2]。这就是中国古代社会形态和文化传统得以绵延不息的质的规定性,即其现实合理性。中国文化以其鲜明的民族特色,自立于世界民族之林,历经五千年风雨沧桑而始终未曾中断,为人类文明的发展做出了卓越贡献。追根溯源,坚持人民福祉、追求社会理想的以人为本精神,始终是中国传统文化的总基调;而承担社会责任、抨击社会弊端的批判精神,则体现了勇于自我革新、自我完善、自我扬弃的深刻和果断,为民族精神的永续发展注入新的活力。批判精神与人本精神相融合、以理想追求为旨归的中国传统文化,通过波澜壮阔的中国文学精神,通过历代无数优秀作家作品的艺术创造,深邃完美、炉火纯青地呈现出来。

总之,深厚的人本精神和强烈的批判精神,是具有鲜明民族特征的中国文学精神。其与马克思主义高度契合与共振的内在一致性,实际上也预示了从20世纪初期开始,马克思主义与中国社会历史和思想文化巨大变革的密切联系,具有历史的必然性。

---

[1] [德]恩格斯:《自然辩证法》,《马克思恩格斯文集》第9卷,人民出版社2009年版,第464—469页。

[2] [德]马克思:《〈黑格尔法哲学批判〉导言》,《马克思恩格斯文集》第1卷,人民出版社2009年版,第7页。

"两个结合"：中国现代化所激发的文化自信与自觉

关爱和

一 积弱积贫时代开始的中国现代化之路

在世界现代化进程中，中国的现代化是被迫后发的现代化。19世纪中叶，率先完成工业革命的欧洲国家，进入资本主义最后阶段——帝国主义阶段。它们依仗工业化生产的坚船利炮，在世界范围内掠夺土地、财富和资源。远在东方的泱泱大国，未能在这场大掠夺中幸免。1840年爆发了鸦片战争，英帝国主义用鸦片和枪炮，强行打开了中国的国门。其后，随着《南京条约》等一系列不平等条约的签订，原来自给自足的东方大国，渐渐失去独立自主国家的地位，在帝国主义的敲骨吸髓中形销骨立，成为积弱积贫之国。

鸦片战争爆发的19世纪上半叶，恰好正是马克思主义的形成发展时期。西方大工业发展所暴露出来的资本主义矛盾与危机，促成了马克思主义学说的成熟。1848年1月，德文版的《共产党宣言》问世。《共产党宣言》第一次以阶级斗争学说和唯物史观为指导，全面阐述科学社会主义思想，号召全世界无产阶级联合起来，掌握国家政权，为建设社会主义社会、进入共产主义社会、实现人的自由全面发展的目标而奋斗。《共产党宣言》的问世，开启了世界范围内无产阶级革命斗争的新时代。

在研究世界社会主义革命的同时，马克思主义的创始人也敏锐地注意到远东鸦片贸易战争，并预料远东的鸦片贸易战争可能会彻底改变东方大国的命运。1858年9月，马克思在美国《纽约每日论坛报》上发表题为《鸦片贸易史》的文章。马克思认为，英属东印度公司与清代中国的鸦片贸易，从 19 世纪初叶起，已经不再仅仅是贸易争执问题。他说道："半野蛮人维护道德原则，而文明人却以发财的原则来对抗。一个人口几乎占人类三分之一的幅员广大的帝国，不顾时势，仍然安于现状，由于被强力排斥于世界联系的体系之外而孤立无依，因此竭力以天朝尽善尽美的幻想来欺骗自己，这样的一个帝国终于要在这样一场殊死的决斗中死去。在这场决斗中，陈腐世界的代表是基于道义原则，而最现代的社会的代表却是为了获得贱买贵卖的特权——这的确是一种悲剧。"东方大国在战争中的悲剧是，它站在道义的高地，却代表"陈腐的世界"；西方国家在战争中的悲剧是，它代表"现代的社会"，却以霸道欺凌的方式出现。"陈腐"与"现代"相遇的结果，是有着"天朝"尽善尽美的幻想的东方大国，被强行拉入世界竞争体系之中。因此，追赶现代化步伐以求自立于世界民族之林，成为 19—20 世纪中国与中华民族生存发展的头等问题。

中国被迫进入世界体系是从鸦片战争开始的，中国的觉醒和现代化进程也是从鸦片战争开始的。近代中国的现代化进程，经历师夷制夷的器物革命阶段，又经历变法维新、推翻帝制的制度革命阶段，至 1917 年，发展到被陈独秀称为"吾人最后之革命"的伦理革命阶段。新文化运动肩扛"民主""自由"的思想旗帜，在第一次世界大战和俄国十月革命爆发的背景下，开创了一个中国思想与文化的崭新时代。俄国十月革命之前，马克思主义在中国的传播尚是星星之火；俄国十月革命的一声炮响之后，其在中国的传播则形成燎原之势。"五四"学生爱国运动的兴起，使新文化的领导者意外地发现，民众的力量可以改变政治。1919 年 9 月，李大钊主编的《新青年》第 6 卷第 5 号，成为"马克思研究专号"。1920 年 2 月，陈独秀决意不与旧政党合作，南下上海，尝试从事把政权分配给民众的事业。他在上海成立马克思主义研究会，并以研究会为基础，在共产国际的帮助下筹建中国共产党。8 月，陈望道根据英译本翻译的《共产党宣言》在上海正式出版。"无产者""阶级斗争""土地革命"等词语，出现在陈望道的译本中。北京、武汉、长沙、广州、济南相继成立共产党的早期组织。马克思主义的传播和早期共产党组织的建立促成了 1921 年 7 月中国共产党的建立。中国共产党第一次全国代表大会通过的《纲领》，把联合无产阶级、实行社会革命、推翻旧政权、消灭私有制写在自己的旗帜上。中国共产党的建立，是马克思主义与中国革命实践需要相结合的产物，中国后发的现代化有了追赶世界的领导力量。

二 "站起来时代"国家与民族的文化选择

中国现代化的首要任务是让东方大国摆脱帝国主义国家的奴役、欺凌，实现民族独立、人民解放、国家富强。中国共产党领导中国人民所进行的艰苦卓绝的斗争，其一开始就是从马克思主义基本原理同中国具体实际相结合起步的。虽经历曲折失败，但最终迎来民族独立、人民解放的伟大目标的实现。1949年10月，毛泽东主席在天安门城楼庄严地宣告"中国人民站起来了"，充满了民族独立、人民解放的喜悦，也铭记着马克思主义与中国革命实践结合的成功。

中国进行争取民族独立、人民解放的社会革命，需要马克思主义科学社会主义思想的指导，需要别国社会革命经验的借鉴，更需要从中国革命的实际出发，寻找正确的思想路线和方法。中国共产党经历大革命、土地革命，有成功的经验，也有失败的教训。红军长征胜利到达陕北后，作为中国共产党领导者的毛泽东，在瓦窑堡会议后，开始从思想路线的高度总结党的历史经验。从1936年底至1937年夏，他集中创作了《中国革命战争的战略问题》《实践论》和《矛盾论》，从唯物主义的认识论、唯物辩证法的对立统一法则入手，系统论述了党的辩证唯物主义思想路线，并依据这一思想路线，清除党内"左"的和"右"的思想认识根源，深刻认识中国革命战争的特点规律，避免照搬苏联军事斗争经验的教条主义。1939年，在抗日进入战略相持阶段后，毛泽东又在延安发表《〈共产党人〉发刊词》《中国革命和中国共产党》《新民主主义论》等一系列文章，系统论述中国革命的性质、目标，创新和发展了以马克思主义与中国革命实际相结合为基本遵循的毛泽东思想。上述文章认为，中国社会半殖民地半封建的性质，决定了中国革命必须分两步走：第一步是民主主义革命，通过社会革命，获得独立解放，摆脱半殖民地半封建社会的束缚；第二步是社会主义革命，建立富强民主的社会主义社会。民主主义革命是社会主义革命的必要准备，社会主义革命是民主主义革命的必然趋势。正在进行的民主主义革命，又分为新旧民主主义革命。五四前资产阶级所领导的为旧民主主义革命，五四后共产党代表无产阶级所领导的为新民主主义革命。无产阶级领导新民主主义革命走向成功的法宝是统一战线、武装斗争和党的建设。党的建设中,最紧要的任务是提倡实事求是、理论联系实际的学风。在接下来的整风运动中,毛泽东创作了《改造我们的学习》《整顿党的作风》等文,号召全党反对教条主义、经验主义,善于用马克思主义之"箭",去射中国革命之"的"。面对中国革命的复杂局面,正是全党坚持一切从实际出发、理论联系实际、实事求是的辩证唯物主义思想路线,坚持马克思主义基本原理同中国革命相结合的原则,才最终赢得"中国人民从此站起来"的伟大胜利。

三 "富起来强起来时代"所赋予的文化自信与文化自觉

中国现代化从"站起来"时代,走进"富起来强起来"时代,同样充满曲折坎坷。带领占世界四分之一人口的民族走向富足,带领一穷二白的国家走向强盛,是社会主义革命和建设的伟大任务,也是世界文明史上史诗级的革命。中国在"站起来"之后,所进行的"富起来强起来"的中国特色社会主义的积极实践,丰富了马克思主义的科学社会主义理论。中国1949年以后的社会主义建设的实践,保证了科学社会主义的旗帜在中国高高飘扬。

1997年,在共和国有了近50年奋斗与积累的基础上,党的十五大报告首次提出"两个一百年"的奋斗目标:到建党一百年时,使国民经济更加发展,各项制度更加完善;到21世纪中叶建国一百年时,基本实现现代化,建成富强民主文明的社会主义国家。"两个一百年"开启了全面建设社会主义现代化国家的新征程。在"两个一百年"建设的伟大征程中,我国以经济建设为中心,实行改革开放,实行社会主义市场经济体制,实现了经济总量世界第二的历史性突破。2021年,在中国共产党成立100周年之际,中国向全世界宣布:现行标准下9899万农村贫困人口全部脱贫,区域性整体贫困得到解决,实现了消除绝对贫困、如期全面建成小康社会的第一个百年奋斗目标。

在中国现代化完成第一阶段目标,继续向第二阶段目标挺进的历史进程中,继续促进马克思主义的基本原理同中国具体实际相结合,继续不断地吸收世界文明的优秀成果,仍然是我们必须遵循的思想路线。与此同时，积极促进中国现代化与中华优秀传统文化相结合，为中国现代化注入更多具有民族精神、民族气魄的浑圆之气，为现代社会中人的全面自由发展提供更丰富的思想滋养，成为党的二十大报告中的新思维、新思想。党的二十大报告指出："只有坚持把马克思主义的基本原理同中国具体实际相结合、同中华优秀传统文化相结合。坚持运用辩证唯物主义和历史唯物主义，才能正确回答时代和实践提出的重大问题，才能始终保持马克思主义的蓬勃生机和旺盛活力。"党的二十大报告"两个结合"的理论，既体现出我党对马克思主义对中国现代化的指导意义的一贯坚持，又体现出第一个百年目标实现之后，中华民族伟大复兴进程所带给我们的新的民族文化自信与文化自觉。

四　中国现代化需要中华文明精神的支撑

中国现代化是在中国大地上进行的、有14亿多人口参与共享的现代化。它既有与西方现代化目标特征一致的地方，如具有较高的生产力水平、较充裕的物质财富、较高的社会文明；但因为社会制度不同，国情与民族文化不同，也有与西方现代化不同的道路选择，呈现出中国现代化独特的风貌：中国的现代化要坚持全体人民共同富裕、物质文明与精神文明协调发展、人与自然和谐共生、和平和谐发展的现代化之路。中国现代化所呈现的崭新形态，展现了科学社会主义的伟大壮举。它的成功，将打破现代化就是西方化的迷思，为人类文明进程和发展中国家提供中国模式和中国智慧。

中国现代化的完成和中华民族伟大复兴目标的实现，不会是一蹴而就的。上述目标的完成，需要物质条件的支撑，更需要精神力量的推动。中华优秀传统文化，是中华民族的文化根脉，其本身所蕴含的思想观念、人文精神、道德规范，已经渗透在中国人的血脉与行动中。它可以帮助中华民族在世界文化的激荡中站稳脚跟。中华文明所包蕴的"多样、平等、包容、互鉴"的思想精神，也可以为人类文明进步贡献中国智慧和中国力量。妥善处理好历史与现实、东方与西方、当代与未来的关系，离不开我们不忘本来、吸收外来、面向未来的艰苦奋斗。而坚持把马克思主义基本原理同中国具体实际相结合、同中华优秀传统文化相结合，才是保证中国现代化顺利实现的康庄大道。

五 做好"两个结合"必须把握历史主动、实现"六个必须坚持"

百余年来,马克思主义能够不断地在中国传播、生根、结果,是中国共产党把握历史主动的结果。把马克思主义的基本原理和中国具体实际相结合、同中华优秀传统文化相结合,正确回答时代和实践提出的重大问题,始终保持马克思主义的蓬勃生机和旺盛活力,仍需百年大党继续把握历史主动,努力开辟马克思主义中国化的新时代、新境界,全面推进中华民族伟大复兴。

做好"两个结合",必须把握历史主动。所谓把握历史主动,就是要求我们在"两个结合"的推动中,牢牢把握历史发展与变革机遇,以时不我待的精神状态,奋发有为、锐意进取、乘势而上、砥砺前行,走好全面建设社会主义现代化国家的赶考之路;把握历史主动,就是要求我们密切观察时代、理解时代、引领时代,不断回答解决人民之问、中国之问、世界之问。

做好"两个结合",还必须做到"六个必须坚持":坚持人民至上;坚持自信自立;坚持守正创新;坚持问题导向;坚持系统观念;坚持胸怀天下。坚持人民至上,是因为人民群众是历史的主体,是现代化的创造者和分享者。以人民为中心,是中国现代化的重要目标;站稳人民的立场,尊重人民的创造,集中人民的智慧,是中国现代化的胜利之本。坚持自信自立,是因为中国现代化是前无古人后无来者的伟大变革。中国的现代化,书本上没有可以借鉴的经验,现实中没有可以复制的模式。中国的现代化只有脚踏中华大地,致力于身体力行,从中国国情出发,独立探索,才能走出符合中国立场利益的现代化之路。在探求探索的历史过程中,自信自立比黄金更宝贵。坚持守正创新,是因为作为马克思主义政党,既要从科学社会主义的基本原理出发,又要与时俱进,敢于并善于解决现代化进程中的问题。守正才能有所依据,避免颠覆性错误;创新才能引领时代,不断发展。坚持问题导向,是因为以问题为导向,体现着马克思主义源于实践、高于实践、指导实践的理论品格。马克思主义只有在科学社会主义实践中才能不断发展，永葆青春。而中国的现代化进程，只有不断解决中国之问、世界之问，才能不断前进，不断为世界现代化提供中国经验、中国智慧。坚持系统观念，是因为中国与世界的变化巨大，只有全面把握马克思主义普遍联系、运动发展、唯物辩证规律，结合中国社会主义革命与建设的理论、经验，才能更好地把握历史与时代、中国与世界的关系，才能在宏观与微观世界里建立正确的战略思维，选择正确的战术步骤。坚持胸怀天下，是因为科学社会主义的实现，是全世界无产阶级联合起来的伟大事业。构建人类命运共同体，创造文明新形态，仍是世界当前的基本趋势。为人类谋进步，为世界求大同，体现出中国的人类意识和历史自觉。

　　从鸦片战争爆发到现在，中国走过了180余年的历史。从《共产党宣言》发表到现在，世界经历了170余年的历程。鸦片战争后的中国，《共产党宣言》后的世界，人类社会发生了沧桑巨变。马克思在预告鸦片贸易给东方大国带来的变动时所做出的预言，至今仍震撼人心："一个人口几乎占人类三分之一的幅员广大的帝国，不顾时势，仍然安于现状，由于被强力排斥于世界联系的体系之外而孤立无依，因此竭力以天朝尽善尽美的幻想来欺骗自己，这样的一个帝国终于要在这样一场殊死的决斗中死去。"被强力排斥于世界联系的体系之外而孤立无依的帝国，已经在辛亥革命的洪流中死去；而在旧帝国的废墟上，和着《共产党宣言》传播的节奏孕育出了中国共产党。中国共产党带领中国人民经过浴血奋战，成立了中华人民共和国。中国革命与建设已经取得的成功，证明了马克思主义基本原理与中国具体实际相结合思想路线的正确；中国现代化进程的继续推进，将在更多的领域、更大的范围里，证明"两个结合"的必要和正确。

文学批评的"中国式"话语构建与学术表达

傅道彬

党的二十大提出"中国式现代化"建设的宏伟目标，其理论表述是新时代中国特色社会主义思想的重要内容。"中国式现代化"具有两个理论维度：第一，它是面向现代的，代表着中国人民向着高度发达的现代物质文明和精神文明目标的奋斗和追求，这一目标具有各国现代化的共同特征；第二，它是基于中国的，是在本民族的历史土壤里生长的，是根据中国社会的时代要求提出的，因此这一体系又带有中华民族历史和文化的特征，有着鲜明的中国立场、中国特色、中国风格和中国气派。

"中国式现代化"是一个系统的理论表述，包含丰富的理论内涵和现实内容。在"中国式现代化"的时代语境中，不仅存在现代化的物质文明内容，也存在现代化的精神文明的思想内涵，存在建立现代化的中国式学术话语和中国式文学批评风格的问题。"中国式"文学批评，一方面，是从中国文学发展演进的历史事实出发的，是立足于中华民族的基本立场的，体现着对中国传统学术精神气派的继承；另一方面，又是在现代化的语境下提出的，因此又必须有面向世界的时代格局，代表现代学术思潮的发展方向。按照马克思主义的理解，世界历史已经不是各民族和国家历史的简单集合，而是新的生产关系和时代背景的有机融合，世界历史变成了"世界的历史"。从这个意义上说，世界文学也变成了"世界的文学"，因此要将我们的文学批评也放置到大变动的历史格局中，以开放的眼光审视中外一切文化和文学现象，形成具有中国风格的学术理论体系，建构中国式的文学批评话语模式。

一　中国式学术的话语体系与理论风格

"话语"（Discourse）一词源于拉丁文"discursus"，本义是指"讲话"或"谈话"。"传统的话语"（Discourse as a system of representation）是一个语言概念，指一段连贯的书写或口头言语。但巴赫金、哈贝马斯、福柯等跨越了学科界限，赋予它一种新的意义表达。尤其是福柯将权力和话语并列，以为知识寓于权力之中，成为权力的载体，体现为话语形式。话语是一种不易觉察的规则："它们标志着话语某些层次，确定着某些规则；话语，作为特殊的实践，又将这些规则现时化。"① 话语意味着规则的制定和思想的引领。中国话语是潜藏于中国文化深处的结构形式，"是指一种可以直接再现中华民族的当下经验、表达它们内在真实需要的现代汉语词汇与深层话语结构"②。中国式学术话语即在世界交融与变动的历史背景下，发出中国声音，讲好中国故事，建构具有中国精神气派和风格的学术体系。

有学者以"中国本位学术"③ 表述中国式学术话语的概念。"中国本位学术"的本质，是在中国学术的历史发展过程中形成的具有中国风格和精神的话语体系。与此相适应，中国式文学批评的建立正是立足于中国式学术的历史土壤，并与中国式学术的基本精神息息相关。欧美学术的特征呈现为思想的革命性、知识的体系性、方法的逻辑性和表达的整体性，中国式学术则表现出中华文化的本位立场、积累式的知识结构、从小学出发的考据方法和非体系化的学术表达等基本特点。

（一）中华文化的本位立场

中国古典学术从一诞生就带有鲜明的华夏民族的本位立场。《尚书》

---

① ［法］福柯：《知识考古学》，谢强、马月译，生活·读书·新知三联书店2003年版，第83页。

② 刘士林、周晴：《学术研究与批评的中国话语——刘士林教授访谈》，《学术月刊》2005年第8期。

③ 沈喜阳、胡晓明：《重建中国文学思想的话语体系——〈管锥编〉"中国本位学术"论》，《文化与诗学》第31辑，华东师范大学出版社2022年版。

《国语》等经典文献精心构建的所谓甸、侯、绥（宾）、要、荒的"五服"制度，本质上是建立起一个以华夏为核心的层次分明的文化圈。在这个文化圈当中，华夏文化位于中心位置。从中心到外缘，空间距离逐层渐远，华夏因素逐层递减，最终发生质的变化，而成为异质的蛮夷文明。《禹贡》"五服"看似是地理制度，其实是一个环绕华夏文明而构建的层次分明的文化体系。中国之"中"本来就有立于文化中央而雄视四方之义，以孔子为代表的儒家一直强调维护华夏文明本位的立场，强调维护这个文化体系的稳定性。在华夷之辨的思想观念中，孔子明显有一种文化上的自信，其谓"夷狄之有君，不如诸夏之亡也"[1]，孟子主张"吾闻用夏变夷者，未闻变于夷者也"[2]，儒家思想本身就是在中华文化本位土壤上建立起来的，这对中国古代学术传统产生了重要影响。

在社会剧变、时代转折的关键历史时刻，坚守中华文化的本位立场，赓续中华文化的精神血脉，更成为古代学术的历史传统。"五四"时期既有颠覆传统文化的激进主张，也有文化保守主义的思想潮流。王国维、章太炎、陈寅恪、吴宓、钱穆、钱锺书、张舜徽等学者始终坚持"对于古人之学说，应具了解之同情，方可下笔"[3]的原则，冷静理性，处变不惊，坚信中华文化经历凤凰涅槃必然复兴的理想信念。其中陈寅恪的思想话语尤为显著，他认为，学术"实系吾民族精神上生死一大事者"[4]，特别强调学术的民族立场，"必须一方面吸收输入外来之学说，一方面不忘本来民族之地位"[5]，"必须保有中华民族之独立与自由，而后可言政治与文化"[6]。从中华民族的立场出发，"不忘本来民族之地位"，一直是中国式学术坚守的基本理念。

---

[1] 何晏注，邢昺疏：《论语注疏》卷三《八佾》，阮元校刻《十三经注疏》第5册，中华书局2009年版，第5256页。

[2] 赵岐注，孙奭疏：《孟子注疏》卷五下《滕文公上》，《十三经注疏》第5册，中华书局2009年版，第5884页。

[3] 陈寅恪：《金明馆丛稿二编》，生活·读书·新知三联书店2001年版，第279页。

[4] 陈寅恪：《金明馆丛稿二编》，生活·读书·新知三联书店2001年版，第363页。

[5] 陈寅恪：《金明馆丛稿二编》，生活·读书·新知三联书店2001年版，第284—285页。

[6] 吴宓著，吴学昭整理注释：《吴宓日记续编》第5册，生活·读书·新知三联书店2006年版，第162—163页。

(二) 总结与传承的知识体系构成

一个民族和一个时代的知识视野决定了一个民族和一个时代的思想视野，所谓"知识的储备是思想接受的前提，知识的变动是思想变动的先兆"①。与西方寻求知识的断裂性、突破式发展不同，中国古代学术往往追求知识的连续性、渐进式发展。古代中国的知识理论不长于系统的逻辑论证，而将知识的追求看成一个阶段性、循序渐进的积累过程。对知识连续性的理解，决定了中国学术较少"反着讲"的创新而多是"接着讲"的继承。所谓"温故而知新，可以为师矣"②，正反映了孔子对知识的理解。知识的传授是一个温故知新的过程，知识本身也是历史与未来相互联系沟通的媒介，是鉴往知来的连续性过程。《礼记·学记》云："古之教者，家有塾，党有庠，术有序，国有学。比年入学，中年考校。一年视离经辨志，三年视敬业乐群，五年视博习亲师，七年视论学取友，谓之小成；九年知类通达，强立而不反，谓之大成。夫然后足以化民易俗，近者说服，而远者怀之，此大学之道也。"③ 这里所描述的教育过程，以技能学习为知识的开端，最终实现触类旁通的思想引申，是一个知识升华的过程。《礼记·内则》云："十有三年，学乐诵《诗》，舞《勺》。成童舞《象》，学射御。二十而冠，始学礼，可以衣裘帛，舞《大夏》，惇行孝弟，博学不教，内而不出。"④ 儒家的知识链条存在前后、因果之间的逻辑关系，是由浅入深渐进式的积累过程，包含着从量的积累到质的升华。戴震云："经之至者，道也；所以明道者，其词也；所以成词者，未有能外小学文字者也。由文字以通乎语言，由语言以通乎古圣贤之心志，譬之适堂坛者之必循其阶，而不可以躐等。"⑤ 传统学术是一个阶梯式发展过

---

① 葛兆光：《七世纪前中国的知识、思想与信仰世界》，复旦大学出版社1998年版，第29页。

② 何晏注，邢昺疏：《论语注疏》卷二《为政》，《十三经注疏》第5册，中华书局2009年版，第5347页。

③ 郑玄注，孔颖达疏：《礼记正义》卷三六，《十三经注疏》第3册，中华书局2009年版，第3297页。

④ 郑玄注，孔颖达疏：《礼记正义》卷二八，《十三经注疏》第3册，中华书局2009年版，第3186页。

⑤ 戴震撰，汤志均校点：《戴震集》卷一〇《古经解钩沉序》，上海古籍出版社1980年版，第192页。

程，从文字到语言再到圣贤心志，最终上升为思想。也就是说，"小学"是知识的基础，也是思想的基础。

中国古典哲学的知识追求，不是神祇启示的天命授受，而是"困而学之"的后天努力。孔子说："生而知之者，上也；学而知之者，次也；困而学之，又其次也；困而不学，民斯为下矣。"① 虽然孔子也在理论上承认"生而知之"的知识来源，但在学术实践中，"生而知之"只是一种理论假设，孔子知识理论的核心还是"学"，是立足于"学而知之"的基本事实。孔子说自己"非生而知之者，好古敏以求之者也"②。从"学而知之"的知识理论出发，中国古典哲学倡导的就是"学而时习之"的后天努力。所谓"学"，是不断追求、持续努力的过程。《荀子·劝学》云："故不积跬步，无以至千里；不积小流，无以成江海。骐骥一跃，不能十步；驽马十驾，功在不舍。锲而舍之，朽木不折；锲而不舍，金石可镂。"③ 这是对"学"的历史过程的描述，在一连串的比喻中，道出了积少成多、循序渐进以及在渐进中实现突破的知识观念。

中国古典知识理论决定了中国古典学术的总结式和传承性特征。孔子自谓"述而不作，信而好古，窃比于我老彭"④，"述"是总述和继承，是对学术的总结、讲述和继承，以对古典的信仰和喜好为己任。这一思想成为中国古代的学术传统。司马迁"究天人之际，通古今之变，成一家之言"⑤ 以及郑玄"但念述先圣之元意，思整百家之不齐"⑥ 的学术理念，为历代硕学通儒所祖法。郑玄、孔颖达、朱熹、顾炎武、戴震、王国维、陈寅恪、钱穆、张舜徽等中国式的学术继承大于创新的特点，虽然不

---

① 何晏注，邢昺疏：《论语注疏》卷一六《季氏》，《十三经注疏》第5册，中华书局2009年版，第5479页。

② 何晏注，邢昺疏：《论语注疏》卷七《述而》，《十三经注疏》第5册，中华书局2009年版，第5393页。

③ 王先谦撰，沈啸寰、王星贤点校：《荀子集解》卷一，上册，中华书局1988年版，第8页。

④ 何晏注，邢昺疏：《论语注疏》卷七《述而》，《十三经注疏》第5册，中华书局2009年版，第5390页。

⑤ 班固撰，颜师古注：《汉书》卷六二《司马迁传》第9册，中华书局1962年版，第2735页。

⑥ 范晔撰，李贤等注：《后汉书》卷三五《郑玄传》第5册，中华书局1965年版，第1209页。

无可臧否之处，但是这种学术性格恰恰保证了中国文化的绵延不绝、生生不息。

（三）始于"小学"的科学考证方法

"小学"是中国学术特有的知识结构，也是最具中国式学术风格的经典形式。所谓"小学"，在周代本为童蒙之学，在汉代则为文字训诂之学，后来成为传统语文学的代称，包括文字、音韵、训诂等基本内容。"小学"强调读书自识字始，从文献出发，立足于坚实的基础，据实而言，不尚空论，后来则演化为中国古典学术实事求是的科学方法。小学既是治学的门径，也是学术研究的基石。张之洞曾说："由小学入经学者，其经学可信；由经学入史学者，其史学可信。"[①] 因此，中国古代学术先贤无不具有以小学为基、以典章为辅、治诸艺而会于经的治学理念。这种基于小学的学术思想在清代达到了高峰，推动了中国式学术规则和方法的建立，主要体现在以下三点。

第一，实事求是的学术原则。"实事求是"出于《汉书·河间献王刘德传》的"修学好古，实事求是"，颜师古注谓"务得事实，每求真是也"[②]。最初表达的是汉代古文经学"以征实态度治先秦古书"的基本理念，而"求真"是"实事求是"的根本精神。清代经学家将"实事求是"作为普遍的理念用以指导经学研究，将"求真"的精神推广到更广阔的学术领域，成为一种普遍的学术原则和信仰。就经学研究而言，"实事"便是文本、文献的基本事实，"是"就是文本和文献蕴含的理念和精神，"求"就是从文本出发以求得精神解释的证明方法。"通儒之学，必自实事求是始"[③]，实事求是这一重要的学术精神为清代学术所坚守。戴震称赞惠栋："故训明则古经明，古经明则贤人圣人之理义明……松崖先生之为经也，欲学者事于汉经师之故训，以博稽三古典章制度，由是推求

[①] 张之洞：《书目答问二种》附录二《国朝著述诸家姓名略》，生活·读书·新知三联书店1998年版，第265页。

[②] 班固撰，颜师古注：《汉书》卷五三《景十三王传·河间献王刘德传》第8册，中华书局1962年版，第2410页。

[③] 钱大昕撰，吕友仁校点：《潜研堂集》卷二五《卢氏群书拾补序》上册，上海古籍出版社2009年版，第421页。

理义，确有据依。"① 钱大昕称赞戴震："研精汉儒传注及《方言》、《说文》诸书，由声音文字以求训诂，由训诂以寻义理，实事求是，不偏主一家，亦不过骋其辩以排击前贤。"② "实事求是""确有依据"是学术原则，而"由声音文字以求训诂，由训诂以寻义理"便是求证方式。

第二，无征不信的学术方法。梁启超特别推重清代朴学"实事求是，无征不信"的求证方法，认为这对中国式学术品格的建立影响甚巨，"故研究法一开，学者既感其有味，又感其必要，遂靡然向风焉"③。"无征不信"是"实事求是"的具体体现，强调学术研究必须重视文献，重视证据，一切从事实出发，即梁启超《清代学术概论》所谓"凡立一义，必凭证据；无证据而以臆度者，在所必摈"④。与"无征不信"相联系的是"孤证不立"，即不仅要有证据，而且论证要缜密，论据要充分，即梁启超《清代学术概论》所谓"论一事必举证，尤不以孤证自足，必取之甚博，证备然后自表其所信"⑤。"无征不信"与"孤证不立"对建立中国学术的现代学术品格具有革命性意义。

第三，贯通博证的学术视野。中国式学术始于"小学"而不止于"小学"，以博通和识见为追求，而不是陷于烦琐支离的境地。科学的考据方法，是为学术的贯通和识见服务的，从而形成了中国式学术博大精深的通人气象。通人学术反对死守章句，反对流于琐屑的考据，而主张不同学术之间的贯通，主张"士当以器识为先"⑥。清人以小学为基、以典章为辅、治诸艺而会于经的学术理念，在现代学术语境里有了新的表述，即"打通""会通"。钱锺书式的"打通"侧重的是中西文化之间的沟通融

---

① 戴震撰，汤志均校点：《戴震集》卷一一《题惠定宇先生授经图》，上海古籍出版社1980年版，第214页。

② 钱大昕撰，吕友仁校点：《潜研堂集》卷三九《戴先生震传》下册，上海古籍出版社2009年版，第710页。

③ 梁启超：《清代学术概论》，朱维铮校注《梁启超论清学史二种》，复旦大学出版社1985年版，第24页。

④ 梁启超：《清代学术概论》，朱维铮校注《梁启超论清学史二种》，复旦大学出版社1985年版，第39页。

⑤ 梁启超：《清代学术概论》，朱维铮校注《梁启超论清学史二种》，复旦大学出版社1985年版，第10页。

⑥ 顾炎武撰，华忱之点校：《顾亭林诗文集·顾亭林文集》卷四《与人书十八》，中华书局1983年版，第96页。

合,而张舜徽式的"会通"则侧重于融贯古今。

中国式学术的考证,不是细碎烦琐的索隐,而是广博贯通的证明。梁启超将以顾炎武为代表的清人考据方式概括为"本证""旁证""参证":"本证者,诗自相证也";"旁证者,采之他书也"[①];参证者,曰"参验耳目闻见以求实证"[②]。"本证""旁证""参证"构成了中国式学术的"博证"方式。陈寅恪将朴学的"三证"做了具有现代学术意义的解读,他在论及王国维的学术内容及治学方法时说:"殆可举三目以概括之者:一曰取地下之实物与纸上之遗文互相释证。凡属于考古学及上古史之作,如《殷卜辞中所见先公先王考》及《鬼方昆吾玁狁考》等是也。二曰取异族之故书与吾国之旧籍互相补正。凡属于辽金元史事及边疆地理之作,如《萌古考》及《元朝秘史之主因亦儿坚考》等是也。三曰取外来之观念与固有之材料互相参证。凡属于文艺批评及小说戏曲之作,如《红楼梦评论》及《宋元戏曲考》等是也。"[③] 在陈寅恪这里,传统的"本证""旁证""参证",变成了现代学术背景下新的三重证明,即"释证""补证""参证"。这样的解读既是对王国维学术的理解,也是在现代学术背景下的思想开拓。

(四) 非体系化、短章札记式的学术表达

系统性、逻辑性是欧美学术鲜明的特点,这恰恰与中国式学术形成了区别。与鸿篇巨制的古希腊史诗相比,中国史诗在篇章上较短小。这不仅表现在文学上,学术上也如此。比起西方学术经典,早期中国的学术经典都呈现出篇章短小的形式特点。《论语》《孟子》等都以对话的形式出现,思想的表达具有现场感,不同于西方哲学著作惯常的逻辑化和体系化的表达。西方学术经典长于体系建设,而中国古典学术往往依经傍注,附属于经学,因此也呈现出松散、即兴的特征。郑玄是中国学术史上最具代表性的人物之一,他遍注儒家经典,学贯今古文经学,呈现出百科全书式的知

---

① 顾炎武:《音学五书·音论》卷中,《顾炎武全集》第2册,上海古籍出版社2012年版,第55页。
② 梁启超:《中国近三百年学术史》,朱维铮校注《梁启超论清学史二种》,复旦大学出版社1985年版,第165页。
③ 陈寅恪:《王静安先生遗书序》,《王国维遗书》第1册,上海书店出版社1983年版,第1—2页。

识结构，但其全部学术都依附于经学的阐释之下，而不是建立自身独立的学术体系。郑玄的笺注依经而立，随文笺注，积少成多，连缀成篇，表现出札记式的灵活自由的学术特征。

札记式的学术表达是中国古典学术的表现形式。所谓札记，是读书时摘记的要点、心得或随笔记事等文字。古称小木简为札，条记于札，故称札记。章炳麟云："是故绳线联贯谓之经，簿书记事谓之专，比竹成册谓之仑，各从其质以为之名，亦犹古言'方策'，汉言'尺牍'，今言'札记'也。"① 札记的特点：一是形式短小，连贯成篇；二是随时而作，即兴记载。这些特点决定了其随笔式的形式特征，而正因其即兴的、随时的形式特征，更能反映其深刻而简练、自由而灵活的学术特征。

顾炎武的《日知录》是典型的札记式学术著作。《日知录》是顾炎武"稽古有得，随时札记，久而类次成书"②的著作，顾氏自谓其"积三十年，乃成一编"③。其学生潘耒也说："（先生）精力绝人，无他嗜好，自少至老，未尝一日废书。出必载书数簏自随，旅店少休，披寻搜讨，曾无倦色。有一疑义，反复参考，必归于至当；有一独见，援古证今，必畅其说而后止。"④ 从这里可以看出札记式学术的长时间积累、即兴记载的特点，这样的学术表达虽然没有体系式的鸿篇巨制的庄严宏大，但却呈现出放松自然的特点，这对中国古典学术风格产生了重要影响。王国维的《观堂集林》是开一代风气的著作，特别是其"取地下之实物与纸上之遗文互相释证"，运用"二重证据法"，以出土文献解释历史，代表了现代学术新的发展趋向。全书三十四卷，分艺林、史林、缀林三个部分，细流成海，集腋成裘，仍然是短章札记式的写作形式。张舜徽先生的学术风格表现出对中国传统学术风格的继承，这不仅体现在他的研究对象和语言风格上，也体现在他的学术表达形式上。其《清人文集别录》《清人笔记条辨》和《爱晚庐随笔》等著作都是以读书笔记和札记的形式完成的。钱锺书的《管锥编》是当代中国最具代表性的成果之一，其体大思精，表现出融通古今、打通中西的宏大学术视野，而其写作形式仍然是札记式

---

① 章太炎撰，陈平原导读：《国故论衡》，上海古籍出版社2003年版，第54页。
② 潘耒：《原序》，顾炎武著，陈垣校注《日知录校注》上册，安徽大学出版社2007年版，第20页。
③ 《日知录校注·日知录目次》上册，安徽大学出版社2007年版，第1页。
④ 潘耒：《原序》，《日知录校注》上册，安徽大学出版社2007年版，第19—20页。

的。柯灵在评价《管锥编》的写作体例时说："笔记是中国独有的文学形式，笔精墨妙，挥洒自如，以简御繁，有余不尽，可惜'五四'后几成绝响。钱氏以最经济曼妙的文字，凝聚长年累月的心得，将浩浩如长江大河的古籍经典，点化评析，萃于一编，正是量体裁衣、称身惬意的形式，更便于流传久远，嘉惠后人。"①《管锥编》体现的就是中国式学术的思想内容与表现形式的统一。钱锺书的这种写作方法常常为人诟病，以为其缺少体系，缺少理论构架，但他坚持的正是中国式的学术表达，虽然看似没有贯通的体系，但却如吉光片羽，灵光闪现，一线贯穿。在他看来，体系的大厦最容易倒塌，而倒塌后的断瓦残垣却仍有学术价值。理解中国式学术的风格特征，对现代中国学术品格的建立具有重要意义。中国式文学批评也正是在中国式学术的基点上生成的。

二 宗经传统与中国式文学批评的民族立场和精神坚守

"中国式文学批评"这一命题，必须基于中国文学的基本事实，立足于中国文学的历史土壤。恩格斯说："每一个时代的理论思维……都是一种历史的产物，在不同的时代具有非常不同的形式，并因而具有非常不同的内容。因此，关于思维的科学，和其他任何科学一样，是一种历史的科学，关于人的思维的历史发展的科学。"② 也就是说，理论总是历史的理论，基于历史的基础。中国式文学批评当然也要从中国自身的文学历史和思想传统出发，这是中国式文学批评的基本原则。

中国文学批评一直强调"宗经"，所谓"宗经"就是坚守传统，坚持守正。刘勰《文心雕龙》专设《征圣》《宗经》二篇，强调的就是文学从传统出发的守正原则。《宗经》云："经也者，恒久之至道，不刊之鸿教也。故象天地，效鬼神，参物序，制人纪，洞性灵之奥区，极文章之骨髓者也。"③ 按照《说文解字》的解释，"经"的本义是"织也"，是纺织

---

① 柯灵：《促膝闲话中书君》，《读书》1989年第3期。
② ［德］恩格斯：《自然辩证法》，《马克思恩格斯选集》第3卷下，人民出版社1972年版，第465页。
③ 刘勰著，范文澜注：《文心雕龙注》卷一，上册，人民文学出版社1958年版，第21页。

物中的经线；后来被引申为"常""法"等表达稳定永恒的抽象意义。段玉裁注云："织之从丝谓之经，必先有经，而后有纬，是故三纲、五常、六艺谓之天地之常经。"①《文心雕龙》的"宗经"立场是从经学的阐释出发的，因此很容易被理解为对经学精神的固守。其实《文心雕龙》的"宗经"立场与"原道""征圣"是一个思想单元，"宗经"是在"原道""征圣"的基础上提出的，并在"原道"的总体思想原则下进行。这里的"道"有两方面的意味：一是"文心"，所谓"道之为文也"，"为五行之秀，实天地之心。心生而言立，言立而文明"②，指文学传达的充满温情的人文主义精神；二是"原道"，即在"庖牺画其始，仲尼翼其终"的历史过程中表现出的"写天地之辉光，晓生民之耳目"的现实主义传统。这就是中国文学的"常"与"正"，是历代圣贤和经典所遵循的思想道路。尽管《文心雕龙》的宗经立场是由经学与经典引发的，但其本质上还是对文学的人文主义精神和现实主义传统的宗法与坚持。

历史的每一次进步总是以既有的历史为基点开始的，脱离历史的进步几乎是不可能的，文学也是如此。文学和文学批评的每一次前进都必须从面对传统、反思传统、总结传统、解释传统，甚至是质疑传统开始。在1840年以来中西文明的碰撞与对话中，中国传统文化一直处于弱势的地位，因此激烈的反传统声音一直不绝于耳，甚至出现了"不读中国书"的极端表述。而当人们从挫折中渐渐冷静，历史的理性渐渐战胜极端的情绪表达之后，就会发现一个民族的真正强大和崛起，还须从对民族文化和精神的坚守开始，无条件放弃中华民族文化本位立场而进行的批评和质疑是没有意义的。因此，我们还得从建设的目的出发，从"了解之同情"的角度来对待中国传统文化：一方面，"对其本国已往历史，应该略有所知"；另一方面，"对其本国已往历史有一种温情与敬意"③。

传统并不是固定不动的东西，任何传统都包含着当下人对现实的理解和创造。伽达默尔说："传统并不只是我们继承得来的一种先决条件，而是我们自己把它生产出来的，因为我们理解着传统的进展并且参与到传统

---

① 许慎撰，段玉裁注：《说文解字注》，上海古籍出版社1981年版，第644页。
② 刘勰著，范文澜注：《文心雕龙注》卷一《原道》上册，人民文学出版社1958年版，第1页。
③ 钱穆：《国史大纲》"凡读本书请先具下列诸信念"，上册，商务印书馆1994年版，第1页。

的进展之中，从而也就靠我们自己进一步地规定了传统。"① 文学的继承性，则包含着传统文学和文学传统两方面的内容："传统文学是一个文本的世界，而文学传统则是一个涉及作品、作者以及各种文学现象的更为复杂的世界。……传统文学的概念可以直接表述为'我们有什么'，文学传统的概念则基本上可以表述为'我们怎样有'。前者是后者的前提，具有较强的客观性；后者是前者合乎逻辑的选择，具有较强的主观色彩，也就是更为生动活泼的部分。"② 传统文学与文学传统是一个问题的两个方面，传统文学是已经发生的文学事实，而文学传统则是对传统文学的理解、消化、总结、反思，带有强烈的时代感和一定的主观色彩。新时代语境中的中国式文学批评，应该有一个民族基本的文化自信。一方面，中国式文学批评要立足于传统文学的"文本的事实"；另一方面，新的文学传统又是以传统文学为基点而建立的，是一种被激活的生动的文学精神。

坚守中国式文学批评的民族立场，首先应基于中国文学的基本事实，在传统文学的思想传统和艺术精神里，寻找有益于当代中国文学发展的历史资源。中国文学理论中那些具有独特风格的术语，凝聚着中国文学生动的历史事实，潜藏着中国文学独特的审美意蕴，也指示着中国文学发展的时代趋向。中国式现代文学批评的话语体系与传统文学的话语体系总是有某种逻辑联系，这应该引起我们注意。

（一）兴感与兴寄——中国文学的本体发生

"兴最诗之要用也。"③ "兴"是中国古典诗学最根本也是最核心的理论术语。从"兴"的原始意义出发，中国古典文论在回答艺术起源的问题时，并不是把文学的发生简单机械地归结为反映与表现的二元对立，而是提出缘情而发、感物而动的文学"兴感"发生论，认为文学是心物相应、主客统一的情感表现，这与或心或物的西方艺术起源论形成了明显的差别。兴感也称"感兴"，是心与物相互作用而兴起的情感表达形式。"感兴"一词出于《文镜秘府论》④，但是感物而动、缘情兴怀的文学理

---

① [德] 伽达默尔：《时间距离的解释学意蕴》，甘阳译，《哲学译丛》1986年第3期。
② 仇洪伟：《传统文学与文学传统》，《对外经济贸易大学学报》1990年第2期。
③ 方东树著，汪绍楹校点：《昭昧詹言》卷一八，人民文学出版社1961年版，第419页。
④ 《文镜秘府论·地卷·十七势》："感兴势者，人心至感，必有应说，物色万象，爽然有如感会。"[日]遍照金刚著，周维德校点：《文镜秘府论》，人民文学出版社1975年版，第41页。

论却有着悠久的历史传统。《诗大序》云:"情动于中而形于言,言之不足,故嗟叹之;嗟叹之不足,故永歌之;永歌之不足,不知手之舞之,足之蹈之也。"① 这一理论颇为流行,它描绘了"言—嗟叹—永歌—舞蹈"这一诗歌情感的表现过程。情感是诗乐舞艺术生成的基础,而这种情感的发生不是任意的,而是感物而兴的,是外物与心灵交流融合的结果。《礼记·乐记》云:"凡音之起,由人心生也。人心之动,物使之然也。感于物而动,故形于声。……乐者,音之所由生也。其本在人心之感于物也。"② 音由心起、感物兴情的文学发生理论具有相当进步的意义,这既不是完全脱离客观物象的主观情感的表现,也不是对客观物象的机械反映,而是主客融为一体、心物相互交流的感应论。

"兴寄"一词,语出陈子昂的《与东方左史虬修竹篇序》,是在批判六朝以来绮靡的形式主义文风的时候提出的:"仆尝暇时观齐梁间诗,采丽竞繁,而兴寄都绝。每以永叹,思古人常恐逶迤颓靡,风雅不作,以耿耿也。"③ 陈子昂所说的"兴寄",就是诗歌的比兴寄托,是以《诗经》为代表的现实主义的优秀思想传统,其特点就是借助"因物喻志""托物起兴"的艺术表现方法,寄托诗人的思想意志,以表达政治上、思想上的"美刺""讽喻",发挥诗歌介入社会、介入政治的社会功用。在中国文学史上,"兴寄"是一种不断被强调、被坚持的文学精神,正是这样的精神,使中国文学始终走在现实主义的道路上,保持了关心社会、关怀苍生的入世精神。

(二) 言志与载道——中国文学的思想表达

"诗言志"是中国文学最早的理论话语,朱自清的《诗言志辨》称其为中国诗学"开山的纲领"④。《尚书·尧典》载:"诗言志,歌永言,声依永,律和声。八音克谐,无相夺伦,神人以和。"⑤ 闻一多认为在中国

---

① 毛亨传,郑玄笺,孔颖达疏:《毛诗正义》卷一,《十三经注疏》第 1 册,中华书局 2009 年版,第 563 页。
② 郑玄注,孔颖达疏:《礼记正义》卷三七,《十三经注疏》第 3 册,中华书局 2009 年版,第 3310—3311 页。
③ 陈子昂:《陈拾遗集》,上海古籍出版社 1992 年版,第 10 页。
④ 朱自清:《朱自清古典文学论文集》上册,上海古籍出版社 1981 年版,第 190 页。
⑤ 孔安国传,孔颖达疏:《尚书正义》卷三,《十三经注疏》第 1 册,中华书局 2009 年版,第 276 页。

文学的发源时期,"诗"与"志"具有相同的意义。他说:"志与诗原来是一个字。志有三个意义:一记忆,二记录,三怀抱,这三个意义正代表诗的发展途径上三个主要阶段。"① 我们应该认识到"诗言志"的理论是一个动态发展的概念,就历史的演变而言,应作这样的理解:第一,"诗言志"的"志"是集体的"志"。"诗言志"的艺术活动是同"神人以和"的宗教情感表达联系在一起的,因此其抒发的只能是民族的集体怀抱和意志,而不是个人情志。第二,"诗言志"的"志"是"情志合一"。虽然先秦文学中已经有了"情"的思想的单独表述,如上博简《孔子诗论》"诗亡隐志,乐亡隐情,文亡隐言"②,在诗乐关系中,分而言之,情志分途,各有侧重;但是诗乐合一,总而论之,则"情志合一","志"为统帅,"志"的意义包含了"情"的意义。因此《诗大序》说:"诗者,志之所之也。在心为志,发言为诗。情动于中而形于言,言之不足,故嗟叹之;嗟叹之不足,故永歌之;永歌之不足,不知手之舞之,足之蹈之也。"③ 第三,"诗言志"的理论观念存在从"言志"到"缘情"的历史转变。随着诗的个性精神被强调,诗学中"情"的表述渐渐从以志为主、"情志合一"的理论体系中独立出来,形成了与"志"平行的文学观念。陆机《文赋》"诗缘情而绮靡"的提出,表明了文学个性化和形式化的审美追求。

但应该指出的是,在中国古代文学理论话语中,"诗缘情"理论是对"诗言志"理论的丰富和补充,而不是截然的对立。无论是"言志"还是"缘情",都还统一于"道"的总体追求之下。刘勰在《文心雕龙·原道》中提出"道沿圣以垂文,圣因文而明道"④ 的主张,"原道""征圣""宗经"是相互联系、相互依存的逻辑体系,"道"既包含着宏大的集体意志,也包含具体的个体悲欢。"文以载道"理论是"诗言志"理论的思想延伸,"文以载道"的真正内蕴是"文"与"道"之间的谐调,而不是对立。周敦颐谓"文辞,艺也;道德,实也。笃其实,而艺者书之,

---

① 闻一多:《神话与诗》,上海人民出版社2006年版,第151页。
② 濮茅左主编:《上海博物馆藏楚竹书·孔子诗论》(与《子羔》《鲁邦大旱》合刊),中西书局2014年版,第12页。
③ 《毛诗正义》卷一,《十三经注疏》第1册,第563页。
④ 刘勰著,范文澜注:《文心雕龙注》卷一,上册,人民文学出版社1958年版,第3页。

美则爱，爱则传焉"①，强调的是"文""道"相互依存的关系。这一理论既包含凸显"道"的精神的"文以载道"的意义，也包含注重"文"的存在的"道以文传"的思想。钱穆特别指出，"所谓'文以载道'，其实是要在文学里表现出作者的人生"②。这样的解释打通了"言志"与"缘情"的理论壁垒，实现了文学世界中集体意志与个人性情、思想原则与美学情趣的统一。

（三）中正与中和——中国文学的美学原则

中正平和是中国古代美学的代表形式，而中和美学思想是由以阴阳为基础的二分对立的哲学理论推导出来的。上古人类在对自然界的上下、高低、盈亏、冷暖等认识中，渐渐产生了对立、对称的二分观念。甲骨卜辞中已经有了"东西""出入""有无""福咎"等对立的语词，《周易》《尚书》《诗经》等经典文献形成了"先后""左右""大小""泰否""进退""君子小人""休咎"等对立的语词体系，而"阴阳"观念正是二分对立思想的最终表达。《庄子·天下》谓"《易》以道阴阳"③，《周易》将林林总总的自然现象归结为抽象的哲学表达，概括为一阴一阳两个基本符号，"阴阳"是二分对立思想的系统总结。《国语·周语》就把西周三川皆震的现象作了阴阳失序的哲学解析。但是中国古典哲学最有价值的是，在对立的体系中找到平衡、协调，而不是强化两者之间的冲突。这种平衡、协调的法则就是"中"与"和"，"中"与"和"意味着在阴阳对立中实现平衡与协调。

"中"的本义是旗帜。唐兰释"中"谓："中者最初为氏族社会中之徽帜。"④徽帜立于旷野，召集众人，只有不偏不倚，立于地中，才能作为氏族之标志，稍有偏斜，旗帜便可能倾倒，由此生发出"中"和"尚中"的思想理念。"和"是将有差别的事物放到一起，形成一种新的事物，是多样性、丰富性的融合，而不是纯粹单一的"同"。所以《国语·郑语》有一个著名的哲学论断，即"和实生物，同则不继"，认为只有不同的事物融合才能形成丰富多彩的世界；而如果所有事物完全相同，世界

---

① 周敦颐著，陈克明点校：《周敦颐集》，中华书局1990年版，第36页。
② 钱穆：《中国文学论丛》，生活·读书·新知三联书店2002年版，第71页。
③ 郭庆藩撰，王孝鱼点校：《庄子集释》卷一〇，下册，中华书局2012年版，第1067页。
④ 唐兰：《殷墟文字记》，上海古籍出版社2016年版，第82页。

就没有了延续的可能。在这样的哲学认识基础上,便产生了中国古典中和美学理论。《尚书·尧典》说:"帝曰:'夔,命汝典乐,教胄子。直而温,宽而栗,刚而无虐,简而无傲。'"这里完整地提出了中和中正的人格精神,所谓"直而温,宽而栗",即正直而温和,宽厚而凌厉,强调的是两种对立人格之间的统一,体现为"A而B"的调和关系;而"刚而无虐,简而无傲",即刚烈而不暴虐,简洁而不傲慢,主张的是不过分,不将一种人格推向极致,体现为"A而不B"的关系。在对立中找到平衡,在冲突中相互协调,是中正人格的精神本质。应该指出的是,这种人格思想是在"典乐"背景下,在"诗言志"的文学理论基础上提出的,因此就其本质而言也是一种诗学精神。在对立中找到平衡,在冲突中相互协调,从而形成四种对称而不对立、平衡而不偏颇的新的人格精神。《左传·襄公二十九年》载季札观乐,他对《颂》诗作了"直而不倨,曲而不屈,迩而不偪,远而不携,迁而不淫,复而不厌,哀而不愁,乐而不荒,用而不匮,广而不宣,施而不费,取而不贪,处而不底,行而不流"[①] 的至高评价,更揭示了春秋中和美学的底蕴。季札的审美标准代表了周代诗学的基本主张。孔子对《关雎》"乐而不淫,哀而不伤"[②] 的评价,同样是中正平和美学精神的体现。中和美学原则有两个基本精神:一是不对立,二是不极端。这一美学原则成为中国美学的基本原则,与西方美学所强调的矛盾的彻底对立和激烈冲突形成了鲜明对比。

(四) 意象与意境——中国文学的艺术实践

意象与意境是最具中国文学话语风格的理论概念。"象"是中国哲学与艺术的基本元素,以孔子为代表的思想家很早就意识到语言的局限性,提出了"立象以尽意"[③] 的主张。"象"的本义是自然物象,而这个"象"一旦进入哲学和艺术领域,经过"观物取象"的主观反映,就浸润

---

① 孔安国传,孔颖达疏:《尚书正义》卷三,《十三经注疏》第1册,中华书局2009年版,第276页。杜预注,孔颖达疏《春秋左传正义》卷三九,《十三经注疏》第4册,中华书局2009年版,第4359页。

② 何晏注,邢昺疏:《论语注疏》卷三《八佾》,《十三经注疏》第5册,中华书局2009年版,第5360页。

③ 王弼、韩康伯注,孔颖达疏:《周易正义》卷七《系辞上》,《十三经注疏》第1册,中华书局2009年版,第171页。

了人的思想精神和审美情趣，成为中国文学的特殊语词。意象融入人的主体精神，是经过人的主体精神参与的思想形式。以"月亮"和"夕阳"为例，二者本来是自然现象，但经过千百年来的精神灌注和艺术表现，除了自然的符号意义之外，"月亮"与"夕阳"还带有了特殊的思想和审美意味，从而构成了中国古典哲学和文学的特殊语词，成为一个民族思想和艺术的意象。康德说："我所说的审美的意象是指想象力所形成的一种形象显现，它能引人想到很多的东西，却又不可能由任何明确的思想或概念把它充分表达出来，因此也没有语言能完全适合它，把它变成可以理解的。"[1] 意象属于第二自然形式，意象是比语言更丰富的艺术符号，是存在于语言之外的审美表达。

意象是意境的构成要素，意境是从经营意象开始的。刘勰将"意象"引入文学领域，强调文学"窥意象而运斤"的艺术手段，并将其从单一的"象征"演化为"神用象通，情变所孕"的普遍创作原则[2]，引申出"心物交融""情景交融"等理论新说，从而为"意境"理论的成熟奠定基础。

意境理论是在中国文化土壤中生长出来的理论观念，王国维熔中西古今于一炉，赋予意境说以新的内涵，拓展了意境理论的新境界。意境理论包含着以下几种理解：第一，意境是以意象为基石的，意象是形成意境的基本条件。第二，意境以意为先，体现着主体精神的活动，显示着生命的生机和力量。宗白华说："一切美的光是来自心灵的源泉：没有心灵的映射，是无所谓美的。……一个鸢飞鱼跃，活泼玲珑，渊然而深的灵境；这灵境就是构成艺术之所以为艺术的'意境'。"[3] 第三，意境突出艺术和审美的效果，强调艺术和审美精神的自然呈现，尽量减少主观的说教。第四，意境是一种整体性的言说形式，力图将"有我之境"和"无我之境"融会贯通，达到余味深长的审美效果。

中国文学独特的理论话语形式和审美方式，是构建新时代中国式文学话语体系的基础。一切"创新"都应该以"守正"为前提，守马克思主义的理论指导之正，守中华优秀文化的传统之正。恩格斯在《自然辩证

---

[1] 转引自朱光潜《西方美学史》，人民文学出版社 1979 年版，第 390 页。

[2] 参见刘勰著，范文澜注《文心雕龙注》卷六《神思》下册，人民文学出版社 1958 年版，第 493—495 页。

[3] 宗白华：《美学散步》，上海人民出版社 1981 年版，第 59—60 页。

法·论辩证法》一文中说："在希腊哲学的多种多样的形式中，差不多可以找到以后各种观点的胚胎、萌芽。因此，如果理论自然科学想要追溯自己今天的一般原理发生和发展的历史，它也不得不回到希腊人那里去。"[①] 在欧美文化传统中，无论是现代科学的发展，还是哲学的发展，总能找到古希腊的影子，总要"回到希腊人那里去"。中国也是如此，中国式文学批评的新时代话语，也必须坚守中华民族的精神立场，也必须重回中华文化本源，在中华优秀传统文化的历史创造中寻找精神力量。

三 通变观念与中国式文学批评的世界目光和时代气象

中国式文学批评的话语建设，必须坚守中国文学的思想原则，必须坚守中国文学的艺术精神，但是这种坚守是面向世界的坚守，是面向现代的坚守，是面向未来的坚守，而不是沉溺于传统的小圈子里孤芳自赏，也不是脱离世界背景的自言自语，更不是缺少批判与反省的精神自恋。文学批评的中国式话语体系构建，是在"现代化"的历史语境下提出的，这一特点决定了文学批评的中国式话语构建一定是具有世界目光的，一定是充满发展活力的，一定是体现时代气象的。

（一）现代化语境下的中国式文学批评话语体系应当具有通变精神

通变思想是中国古典哲学的重要理论观念，文学的通变观念是从哲学的变通思想演化而来的。"通变"最早见于《易·系辞上》"极数知来之谓占，通变之谓事，阴阳不测之谓神"[②]，就是说占问是通过穷尽卦象的根本思想预知未来，通过贯通事物的演变过程作出判断，阴阳的变幻莫测显示了天地万物的神秘本色。天地自然无不处于运动变化的过程中，变化是整个世界的总体原则和基本规律。《系辞上》云："在天成象，在地成形，变化见矣。……法象莫大乎天地，变通莫大乎四时，县象著明莫大

---

① ［德］恩格斯：《自然辩证法·论辩证法》，《马克思恩格斯选集》第3卷，人民出版社1995年版，第468页。

② 王弼、韩康伯注，孔颖达疏：《周易正义》卷七，《十三经注疏》第1册，中华书局2009年版，第162页。

乎日月。……天地变化，圣人效之。"① 即以诗意的笔触描写天地自然的演化过程，无论是天地、四时，还是活动在时空中的人类，都存在于永不休止的运动变化的状态中。"通变"也称"变通""会通"，《系辞上》云"广大配天地，变通配四时"，"圣人有以见天下之动，而观其会通"②。在运动变化中寻绎历史的发展规律是《周易》的基本原则，而通变的本质是"生"，只有贯穿始终的运动发展才能保持事物的生生不息。"通变"就是在"日新之谓盛德，生生之谓易"③ 的语境中提出的。"生生之谓易"是"通变"理论的前提，日日更新，生生不息，生命只有在流动变化中才能延续、才有生机。有学者认为"通变"是"通"与"变"的组合，两者是并列的。其实"通变"一词，"变"是核心，"通"是以"变"为前提的。《系辞下》谓"易穷则变，变则通，通则久"④，在这个逻辑线索中，"变"是根本，是发源；只有在"变"中才能实现历史的"通"，才能达到永恒的"久"。

即便作为一种文学批评的理论话语，"通变"依然保持了在变动中实现生命永恒的意味。刘勰在《文心雕龙》中专设《通变》一篇，系统阐述了文学革新发展的基本理论，使"通变"成为中国文学的重要理论话语。刘勰的文学通变理论有三个基本意义：第一，"通变"是文学历史的经验总结，即所谓："夫设文之体有常，变文之数无方，何以明其然耶？凡诗赋书记，名理相因，此有常之体也；文辞气力，通变则久，此无方之数也。"⑤ 无论是文体的演变，还是文学风格的革新，通变都是文学发展进步的总的规律。第二，"通变"是对文学现实的批判。刘勰的"通变"理论充满批判精神，对由"魏晋浅而绮、宋初讹而新"演化出的"从质

---

① 王弼、韩康伯注，孔颖达疏：《周易正义》卷七，《十三经注疏》第 1 册，中华书局 2009 年版，第 156—170 页。

② 王弼、韩康伯注，孔颖达疏：《周易正义》卷七，《十三经注疏》第 1 册，中华书局 2009 年版，第 163、171 页。

③ 王弼、韩康伯注，孔颖达疏：《周易正义》卷七，《十三经注疏》第 1 册，中华书局 2009 年版，第 162 页。

④ 王弼、韩康伯注，孔颖达疏：《周易正义》卷八，《十三经注疏》第 1 册，中华书局 2009 年版，第 180 页。

⑤ 刘勰著，范文澜注：《文心雕龙注》卷六《通变》下册，人民文学出版社 1958 年版，第 519 页。

及讹，弥近弥澹"①的新巧轻薄的形式主义文风提出了激烈的批判，并力图在通变的理论旗帜下改变形式主义泛滥的局面。第三，"通变"是文学创新的理论升华。文学之"变"的目的还在于文学的创新：一方面是在"文律运周，日新其业。变则其久，通则不乏"的历史规律下，寻求"通变无方，数必酌于新声"的艺术创新突破；另一方面则是在"矫讹翻浅，还宗经诰"的思想主张下，主张"名理有常，体必资于故实"的具体创新路径。也就是说，艺术的创新是在守正的前提下进行的，即所谓"斯斟酌乎质文之间，而隐括乎雅俗之际，可与言通变矣"②。

"若无新变，不能代雄"③，"通变"思想为文学创作和文学批评提供了强大的理论支持，形成了中国文学批评的重要思想观念。每当文学出现变革之际，人们总是以通变思想作为文学革命的理论支撑。文学通变思想的影响既包括形式上的"惟陈言之务去"④，也包括思想上的"文者以明道"⑤。

（二）现代化语境下的中国式文学批评话语体系应当具有世界眼光

现代化的本来意义就是相对于世界性而言的，脱离世界的整体环境，不会存在一个民族和国家的单独的现代化问题。从这个意义上说，文学批评也必须从世界性的角度来说才有意义，文学的通变也从古代的"古今之通"，演变为"古今之通"与"中外之通"的融合。

马克思早就意识到，随着现代文明和生产方式的建立，各民族相对隔绝的历史越来越紧密地联系在一起，历史已从各民族、各国家独立发生的历史转化为"全世界的历史"。他说："各个相互影响的活动范围在这个发展进程中愈来愈扩大，各民族的原始闭关自守状态则由于日益完善的生产方式、交往以及因此自发地发展起来的各民族之间的分工而消灭得愈来

---

① 刘勰著，范文澜注：《文心雕龙注》卷六《通变》下册，人民文学出版社1958年版，第520页。
② 参见刘勰著，范文澜注《文心雕龙注》卷六《通变》下册，人民文学出版社1958年版，第519—521页。
③ 萧子显：《南齐书》卷五二《文学传》第2册，中华书局1972年版，第908页。
④ 韩愈著，刘真伦、岳珍校注：《韩愈文集汇校笺注》卷六《答李翊书》第2册，中华书局2010年版，第700页。
⑤ 柳宗元撰，尹占华、韩文奇校注：《柳宗元集校注》卷三四《答韦中立论师道书》第7册，中华书局2013年版，第2178页。

愈彻底，历史也就在愈来愈大的程度上成为全世界的历史。"① 马克思"全世界的历史"的理论，源于人类活动的基本事实：一是人类活动空间不断扩大；二是闭关自守的状态逐渐被打破；三是民族之间的分工逐步缩小。工业文明的机器轰鸣打破了相对温馨的农耕文明的田园牧歌，将人类无情地带入开放喧嚣的世界格局之中。马克思、恩格斯认为，现代生产方式的建立，是"由于一切生产工具的迅速改进，由于交通的极其便利，把一切民族甚至最野蛮的民族都卷到文明中来了"②。现代文明以强有力的形式，将各民族联系在一起，形成了新的世界性的格局。马克思指出："历史向世界历史的转变，不是'自我意识'、宇宙精神或者某个形而上学怪影的某种抽象行为，而是纯粹物质的、可以通过经验确定的事实，每一个过着实际生活的、需要吃、喝、穿的个人都可以证明这一事实。"③ 马克思提醒人们注意到"历史向世界历史的转变"，意味着历史从局部的历史发生转向世界范围的整体语境，任何一个地区或民族范围内的历史事件都有整体的世界意义。简言之，所谓世界历史，就是"世界的历史"，是"全世界的历史"。随着信息化时代的到来，马克思"全世界的历史"的观点，不但被证明，而且被强化、凸显了，世界性是一个人们必须面对的客观事实。真正的世界历史，不是各个国家和民族历史的简单组合，而是对局部历史的超越，是各个国家和民族历史相互联系、相互融合、相互影响的过程。世界的历史存在内在联系的发展逻辑，看似寻常的局部历史事件往往具有影响和带动世界的整体意义。

不仅有"世界的历史"，也有"世界的文学"。歌德最早提出了"世界文学"（Weltliteratur）概念，但必须指出的是，真正的"世界文学"并不是各民族独立发生的文学历史的集合，而是指各个民族、各个国家在相互联系、相互作用下的新的文学历史面貌。

马克思、恩格斯在《共产党宣言》中说："各民族的精神产品成了公共的财产。民族的片面性和局限性日益成为不可能，于是由许多种民族的

---

① ［德］马克思、恩格斯：《费尔巴哈》，《马克思恩格斯选集》第1卷，人民出版社1972年版，第51页。

② ［德］马克思、恩格斯：《共产党宣言》，《马克思恩格斯选集》第1卷，人民出版社1972年版，第255页。

③ ［德］马克思、恩格斯：《费尔巴哈》，《马克思恩格斯选集》第1卷，人民出版社1972年版，第51—52页。

和地方的文学形成了一种世界的文学。"①马克思、恩格斯认为，在现代历史条件下，历史具有了前所未有的世界意义，世界历史演变成"世界的历史"，精神产品也"成了公共的财产"。不仅历史成为"世界的历史"，文学也成为"世界的文学"。"世界的文学"不是"世界文学"，"世界的文学"不是世界各民族文学的数量组合，而是在世界性背景下的整体追求。"世界的文学"是相对于"世界文学"的独立性、自主性而言的，摒弃的是"民族的片面性、局限性"，而强调的是联系性、整体性。"世界的文学"意味着任何一个民族的文学产品都会超越民族的单一界限，而将民族的文学融入世界格局之中。在"世界的文学"背景下，文学研究应该具有"世界眼光"。

文学的世界眼光是带有批判意识和反省精神的，一个民族真正的自信，并不是对历史的自我沉醉，而是对民族历史和传统有自我反省意识和批判精神。"五四"新文学运动对传统文化的激烈批评，确实有"将洗澡水连同婴儿一起倒掉"的偏颇，但其对于我们民族的"中华文化中心主义"的批判反思，对于促进中华民族的精神觉醒，还是具有历史进步意义的。构建新时代的中国式文学批评话语，依然应该有批判与继承的双重意识，批判精神和怀疑意识仍然是文学理论进步的思想力量。

文学的世界目光要求我们应当站在当代学术前沿，充分吸纳中外一切先进的文明和思想成果，在吸纳中坚守民族立场，在交流中熔铸民族精神。鲁迅说"国民精神之发扬，与世界识见之广博有所属。今且置古事不道，别求新声于异邦"②，是将"民族精神"放置到"世界识见"的历史背景下思考。鲁迅对传统文化有深湛的了解，他的"置古事不道"是暂时的、策略性的，目的是在中华民族的特殊时刻突出强调"别求新声于异邦"的思想作用。所谓"新声"，就是来自欧洲的革命的浪漫主义文学精神。在《摩罗诗力说》中，鲁迅介绍了拜伦、雪莱、普希金、莱蒙托夫、密茨凯维支、斯洛伐克斯基、裴多菲等几位诗人的生平与创作，其目的就是以异邦的文学"新声"来唤醒古老的中国民众。鲁迅对异邦文学的态度，对建构现代化背景下的中国式文学批评话语体系仍然具有启示

---

① ［德］马克思、恩格斯：《共产党宣言》，《马克思恩格斯选集》第1卷，人民出版社1972年版，第255页。

② 鲁迅：《坟·摩罗诗力说》，《鲁迅全集》第1卷，人民文学出版社1982年版，第65页。

意义。

中国现代学术精神表现为学术的世界性眼光,王国维在坚守民族优秀文化立场的同时,也将现代考古学成果和西方哲学引入中国文学的研究和批评,陈寅恪以"三重证明"概括其学术精神。所谓"三重证明",即地下实物与传世文献的"互相释证",异民族故书与汉民族旧籍的"相互补证",外来观念与传统材料的"相互参证"。这是对中国现代学术世界性、现代性的系统表述,不仅体现了中华文化的本位立场,也表现了中国学术的现代精神和世界眼光;不仅表现为现代学术方法,也表现为现代学术理念。钱锺书认为,"东海西海,心理攸同;南学北学,道术未裂"①,强调的就是学术的贯通性、世界性,倡导一种沟通中外的世界眼光。在学术上,他以"打通"自许,对通人的学术境界做了现代意义上的诠释,他在写给郑朝宗的信中说:"弟之方法,并非(比较文学),intheusualsens-etheterm,而是求打通,以中国文学与外国文学打通,以中国诗文词曲与小说打通。"② 钱锺书的研究是中国式文学研究的典型代表,其着眼点是中国的、传统的,而其方法却是世界的、现代的。

(三) 现代化语境下的中国式文学批评话语体系应当具有时代气象

现代学术体系的建立应当从历史出发,应当继承优秀的学术传统,但传统与历史只能是前进的力量,而不是前行的负担。历史只有启示现实才有意义,传统只有唤醒时代才有活力。在谈到历史与时代的关系时,马克思说:"历史不外是各个世代的依次交替。每一代都利用以前各代遗留下来的材料、资金和生产力;由于这个缘故,每一代一方面在完全改变了的条件下继续从事先辈的活动,另一方面又通过完全改变了的活动来改变旧的条件。"③ 马克思、恩格斯描述了人类社会"依次交替"的历史演进,这种历史的演进是从历史的积累中开始的,是以前代遗留下来的物质空间为起点的,因此每一代都在改变了的条件下"继续从事先辈的活动",而马克思主义哲学从来都是面对现实、面对时代的。马克思、恩格斯在认识到"先辈活动"的历史的延续性的同时,更强调"通过完全改变了的活动"去"改变旧的条件"。"改变旧的条件"是面向时代的,是指向未来

---

① 钱锺书:《谈艺录》(补订本)"序",中华书局1984年版,第1页。
② 郑朝宗:《〈管锥编〉作者的自白》,《人民日报》1987年3月16日。
③ [德]马克思、恩格斯:《费尔巴哈》,《马克思恩格斯选集》第1卷,第51页。

的，就是在变化了的历史空间里开拓新的文明格局，创造出富有时代精神的新的文化气象。

时代性一直为哲学家们所注意。意大利历史学家贝奈戴托·克罗齐曾提出一个著名观点："一切历史都是当代史。"克罗齐的这一观点经常因为过度强调历史的主观感受而被批评，但我们不能忽视这一理论命题对时代性和现实性的积极思考。克罗齐说："当代史固然是直接从生活中涌现出来的，被称为非当代史的历史也是从生活中涌现出来的，因为，显而易见，只有现在生活中的兴趣方能使人去研究过去的事实。"① 克罗齐特别强调历史的"生活兴趣"，无论是当代历史，还是非当代历史，都应该表达当代人的思想与感受，必须具有时代意义。在克罗齐看来，脱离现实土壤和时代要求，"那些历史就不是历史，充其量只是一些历史著作的名目而已"②。

无论如何客观，历史都绝不是一堆凝固冷静的事实，而总带有现代人的理解和思考。从这个意义上说，"一切历史都是当代史"，也可以理解为每个时代都有每个时代的古代，每个时代都有每个时代的历史。文学也是如此。清人焦循将"楚骚""汉赋""魏晋六朝隋五言诗""唐人律诗""宋词""元曲""明人八股"等列为文学中的"一代之所胜"，作为一个时代的典范文学形式。其《易余籥录》云："夫一代有一代之所胜，舍其所胜，以就其所不胜，皆寄人篱下者耳。"③ 历史更迭，此落彼兴，一个时代有一个时代的文学"之所胜"。这一思想被王国维发展为"一代有一代之文学"的经典表达："凡一代有一代之文学，楚之骚、汉之赋、六代之骈语、唐之诗、宋之词、元之曲，皆所谓一代之文学，而后世莫能继焉者也。"④ 胡适更是以"一时代有一时代之文学"的理论作为"文学革命"的思想武器，总结出"凡此诸时代各因时势风会而变，各有其特长。

---

① ［意］贝奈戴托·克罗齐：《历史学的理论和实际》，傅任敢译，商务印书馆1982年版，第2页。
② ［意］贝奈戴托·克罗齐：《历史学的理论和实际》，傅任敢译，商务印书馆1982年版，第3页。
③ 焦循著，剑建臻点校：《焦循诗文集》下册，广陵书社2009年版，第843页。
④ 王国维：《宋元戏曲考》"序"，《王国维遗书》第9册，上海书店1983年版，第493页。

吾辈以历史进化之眼光观之,决不可谓古人之文学皆胜于今人也"① 的历史规律,从而为构建新文学运动的理论话语寻找理论依据。

"文变染乎世情,兴废系乎时序"②,在文学创作上,一个时代有一个时代的艺术风貌,文学批评和文学理论也代表了一个时代独特的思想主张和艺术话语。文学批评的中国式话语,必须面向中国文学的历史现实,解答中国文学的时代问题。在世界文学的历史环境中,我们应该构建中国文学批评的独特语词,在文学理论上发出中国声音。

文学理论的"失语症"问题,曾引起理论家们的普遍关注。曹顺庆认为:"中国现当代文坛,为什么没有自己的理论,没有自己的声音?其基本原因在于我们患上了严重的失语症。我们根本没有一套自己的文论话语,一套自己特有的表达、沟通、解读的学术规则。"③中国文学批评的话语构建是一个紧迫的问题,也是一个艰难的问题。理论话语的建设不可能仓促上阵,草草应付,匆忙完成。过于急躁的反应,反倒容易让我们失去真正的话语表达。在新时代背景下,文学批评的中国话语构建既需要立足于传统的坚守和学术的积累,更需要面向时代的创新和世界的眼光。

"日新"是中国古典哲学对创新意识的特殊语言表达。《周易·大畜·象》"刚健笃实辉光,日新其德,刚上而尚贤"④,《系辞上》谓"日新之谓盛德,生生之谓易","日新"便是时时变化,日日更新,生命只有时时更新变化,才能绵延不息,充满生机和辉光。《礼记·大学》云:"汤之《盘铭》曰:'苟日新,日日新,又日新。'《康诰》曰:'作新民。'《诗》曰:'周虽旧邦,其命维新。'是故君子无所不用其极。"⑤ 这是"日新"思想的体系性表述,从商汤《盘铭》到《尚书·康诰》再到

---

① 胡适:《文学改良刍议》,姜义华、沈寂主编《胡适学术文集·新文学运动》,中华书局1993年版,第21页。

② 刘勰著,范文澜注:《文心雕龙注》卷九《时序》下册,人民文学出版社1958年版,第675页。

③ 曹顺庆:《重建中国文论话语》,《中外文化与文论》第1辑,四川大学出版社1996年版。

④ 王弼、韩康伯注,孔颖达疏:《周易正义》卷三,《十三经注疏》第1册,中华书局2009年版,第80—81页。

⑤ 郑玄注,孔颖达疏:《礼记正义》卷六〇,《十三经注疏》第3册,中华书局2009年版,第3632页。

《诗经·大雅·文王》,"日新"意识形成了一个有机联系的历史线索。"日新"是人格道德之新,是精神的时时更新;"新民"意味着对民众的整体塑造,是集体性格的显现;而"其命维新"则是周人坚持的政治路线,"日新"的精神贯穿于人格、思想和国家政治的各个方面。哲学的"日新"精神,在中国文学批评中得到了很好的体现。"日新"一词频频出现在《文心雕龙》中,成为文学创新思想的经典表述,贯穿于《文心雕龙》文学思想的各方面,既包括文学本体的"原道""宗经",如《原道》云"逮及商周,文胜其质,雅颂所被,英华日新",《宗经》云"至根柢槃深,枝叶峻茂,辞约而旨丰,事近而喻远,是以往者虽旧,余味日新"[1];也包括文学体裁的"铭箴""杂文""论说""封禅""奏启",如《铭箴》云"成汤盘盂,著日新之规;武王户席,题必戒之训",《杂文》云"智术之子,博雅之人,藻溢于辞,辞盈乎气,苑囿文情,故日新殊致"[2],《论说》云"逮江左群谈,惟玄是务;虽有日新,而多抽前绪矣"[3],《封禅》云"虽复道极数殚,终然相袭,而日新其采者,必超前辙焉",《奏启》云"后之弹事,迭相斟酌,惟新日用,而旧准弗差"[4];还包括文学创作方法的"通变""养气",如《通变》云"文律运周,日新其业。变则其久,通则不乏。趋时必果,乘机无怯。望今制奇,参古定法"[5],《养气》云"战代枝诈,攻奇饰说;汉世迄今,辞务日新,争光鬻采,虑亦竭矣"[6]。"求新求变"成为文学批评的理论追求。在《文心雕龙》的理论话语里,"日新"是一个核心语词,围绕"日新"的总体思想,《文心雕

---

[1] 刘勰著,范文澜注:《文心雕龙注》卷一,上册,人民文学出版社1958年版,第2、22页。

[2] 刘勰著,范文澜注:《文心雕龙注》卷三,上册,人民文学出版社1958年版,第193、254页。

[3] 刘勰著,范文澜注:《文心雕龙注》卷四,上册,人民文学出版社1958年版,第327页。

[4] 刘勰著,范文澜注:《文心雕龙注》卷五,下册,人民文学出版社1958年版,第395、423页。

[5] 刘勰著,范文澜注:《文心雕龙注》卷六,下册,人民文学出版社1958年版,第521页。

[6] 刘勰著,范文澜注:《文心雕龙注》卷九,下册,人民文学出版社1958年版,第646页。

龙》中还出现了"追新""维新""意新""逐新""知新"等语词①。在《文心雕龙》的文学理论话语里,"新"是文学的总体原则,文学的生命力在于不断地"追新""逐新""维新",这对我们构建新时代的文学话语体系是具有指导意义的。

"温故而知新,可以为师矣。"中国式文学批评话语构建不仅要有对历史的"温故",更要有对时代的"知新","温故"的目的还在于"知新"。但应该指出,回忆历史并不是回到历史,历史的"古"或"故",其实是蕴藏着巨大的现实基础和时代能量的。马克思在谈到古典时代的人的精神时,一方面指出古代人的自由意识受到了时代因素的桎梏,另一方面也在讴歌古代文明中积极的人性之光:"希腊人将永远是我们的老师,因为这种素朴性把每一事物可以说是毫无掩饰地、在其本性的净光中亮出来——尽管这光还是晦暗的。"② 马克思所说的"希腊人将永远是我们的老师",并不是重新回到古希腊人那里去,而是如梁启超《清代学术概论》所说的"以复古为解放"③,呼唤朴素的人性光芒,通过激活传统而获得前行的力量。这一点,对我们构建中国式文学批评的话语体系有特别的启示意义。

---

① 如《明诗》:"情必极貌以写物,辞必穷力而追新。"(《文心雕龙注》卷二,上册,第67页)《封禅》:"绝笔兹文,固维新之作也。"(《文心雕龙注》卷五,下册,第394页)《风骨》:"昭体故意新而不乱,晓变故辞奇而不黩。"(《文心雕龙注》卷六,下册,第514页)《声律》:"夫吃文为患,生于好诡,逐新趣异,故喉唇纠纷。"(《文心雕龙注》卷七,下册,第553页)《练字》:"雅以渊源诂训,颉以苑囿奇文,异体相资,如左右肩股,该旧而知新,亦可以属文。"(《文心雕龙注》卷八,下册,第624页)

② [德]马克思:《关于伊壁鸠鲁哲学的笔记》,《马克思恩格斯全集》第40卷,人民出版社1982年版,第148页。

③ 梁启超:《清代学术概论》,朱维铮校注《梁启超论清学史二种》,复旦大学出版社1985年版,第6页。

努力赓续和复兴中国传统文学的创造方式

彭玉平

一 从传承与创造两个方面复兴中华优秀传统文化

"全面推进中华民族伟大复兴"是党的二十大报告的主题之一[1]，而过去五年的主要成就即包括"中华优秀传统文化得到创造性转化、创新性发展"[2]。"两创"是针对传统文化与当代文化的关系而言的，而传统文化对当代文化建设的奠基意义则是不言而喻的。习近平要求"加强基础研究，突出原创，鼓励自由探索"[3]，"培育造就大批德艺双馨的文学艺术家"[4]。党的二十大报告的第八部分"推进文化自信自强，铸就社会主义文化新辉煌"，在全部十五个部分中居于中间位置，显然具有一定的承上启下、通观全局的重要意义[5]。基础研究的学术性与文学创作的原创力，是报告并重的两个方面。"文化兴则国家兴，文化强则民族强。"[6] 习近平

---

[1] 参见习近平《高举中国特色社会主义伟大旗帜　为全面建设社会主义现代化国家而团结奋斗——在中国共产党第二十次全国代表大会上的报告》，人民出版社2022年版，第1页。

[2] 《高举中国特色社会主义伟大旗帜　为全面建设社会主义现代化国家而团结奋斗——在中国共产党第二十次全国代表大会上的报告》，人民出版社2022年版，第10页。

[3] 《高举中国特色社会主义伟大旗帜　为全面建设社会主义现代化国家而团结奋斗——在中国共产党第二十次全国代表大会上的报告》，人民出版社2022年版，第35页。

[4] 《高举中国特色社会主义伟大旗帜　为全面建设社会主义现代化国家而团结奋斗——在中国共产党第二十次全国代表大会上的报告》，人民出版社2022年版，第45页。

[5] 《高举中国特色社会主义伟大旗帜　为全面建设社会主义现代化国家而团结奋斗——在中国共产党第二十次全国代表大会上的报告》，人民出版社2022年版，第42—46页。

[6] 习近平：《习近平谈治国理政》第4卷，外文出版社2022年版，第320页。

要求"全方位全景式展现新时代的精神气象"①,"要挖掘中华优秀传统文化的思想观念、人文精神、道德规范,把艺术创造力和中华文化价值融合起来,把中华美学精神和当代审美追求结合起来,激活中华文化生命力"②。综上所述,当代新文化的形成既需要深厚的古典文学资源,也需要作家和批评家的共同努力。

"每一个时代的文学,都有新的手法。"③ 2014 年 10 月 15 日,习近平在京主持召开文艺工作座谈会并发表重要讲话,指出"要高度重视和切实加强文艺评论工作"④,"把好文艺批评的方向盘"⑤。这是习近平对文艺评论工作者提出的殷切期望。习近平指出:"文艺批评要的就是批评,不能都是表扬甚至庸俗吹捧、阿谀奉承,不能套用西方理论来剪裁中国人的审美,更不能用简单的商业标准取代艺术标准,把文艺作品完全等同于普通商品,信奉'红包厚度等于评论高度'。"⑥ 这是习近平对新时代文艺批评提出的新要求。批评家当然应该具备丰富的知识积累、宏阔的批评眼光和正确的思想导向,但要把好文艺批评的方向盘,批评家还应具有丰富的创作经验。中西方的许多著名文艺批评家,本身就是作家出身,如柏拉图首先是一个诗人,所以,他的《理想国》既有理论的锋芒也有诗性的情感。鲁迅把《理想国》称为"一部诗人的梦书"⑦,大概也是基于其诗人与理论家的双重身份。但就当下的情况来看,这样的两栖批评家还不算多,还未形成足够的规模,这客观上制约了文艺批评的格局和方向。

关于具体的文艺批评,习近平指出:"文艺批评就要褒优贬劣、激浊扬清,像鲁迅所说的那样,批评家要做'剜烂苹果'的工作,'把烂的剜掉,把好的留下来吃'。"⑧鲁迅在《关于翻译(下)》中说:"我在那《为翻译辩护》中,所希望于批评家的,实在有三点:一,指出坏的;

---

① 习近平:《习近平谈治国理政》第 4 卷,外文出版社 2022 年版,第 322 页。
② 习近平:《习近平谈治国理政》第 4 卷,外文出版社 2022 年版,第 324 页。
③ 柳青:《生活是创作的基础》,《柳青文集》第 4 卷,人民文学出版社 2005 年版,第 332 页。
④ 习近平:《在文艺工作座谈会上的讲话》,人民出版社 2015 年版,第 29 页。
⑤ 习近平:《在文艺工作座谈会上的讲话》,人民出版社 2015 年版,第 30 页。
⑥ 习近平:《在文艺工作座谈会上的讲话》,人民出版社 2015 年版,第 29 页。
⑦ 鲁迅:《诗歌之敌》,《集外集拾遗》,《鲁迅全集》第 7 卷,人民文学出版社 2005 年版,第 247 页。
⑧ 习近平:《在文艺工作座谈会上的讲话》,人民出版社 2015 年版,第 29 页。

二，奖励好的；三，倘没有，则较好的也可以。"①鲁迅就翻译引发的议论，有具体的背景和语境。他先说租界内水果店有鲜红的苹果、通黄的香蕉，但因为经济实力不足，中国人其实很少进去，"我们大抵只好到同胞摆的水果摊上去，化几文钱买一个烂苹果"，"我们先前的批评法，是说，这苹果有烂疤了，要不得，一下子抛掉。然而买者的金钱有限，岂不是大冤枉，而况此后还要穷下去。所以，此后似乎最好还是添几句，倘不是穿心烂，就说：这苹果有着烂疤了，然而这几处没有烂，还可以吃得"。因为有不足而否定整个作品，鲁迅认为这不是文学批评的正道。这个世界或许会有相当完美的作品，但一定没有绝对完美的作品，就这一意义而言，所有的文学作品都是有瑕疵的，也都是有"烂疤"的，与其憧憬着不可触及的完美，不如面对稍有瑕疵的不完美。正因如此，鲁迅说："我又希望刻苦的批评家来做剜烂苹果的工作，这正如'拾荒'一样，是很辛苦的，但也必要，而且大家有益的。"②鲁迅主张放弃幻想，面向现实，先做好切实有效的批评，把有用的东西介绍给读者，而有害的部分则坚决剔除掉。鲁迅对批评家的期待是建立在那个特殊的时代之上的，而且是退后一步的要求了。但他提出批评的职责首在发现问题，却是合乎批评的良知和要求的。

真正精准的批评家如果本身就有种植苹果的实践经验，了解苹果何以会烂，又知道如何防止苹果腐烂，就可以为苹果的健康生长和合理保存指引一条便捷之路。从理论上说，"剜烂苹果"只是不得已而为之，是后期对不完美成品的被动处理。鲁迅曾经总结中国文化的进化情形，认为有两种很特别的现象：一种是新的来了好久之后而旧的又回复过来；另一种是新的来了好久之后而旧的并不废去。③这说明"旧的"文化总是与新的文化共生共存或循环相续。而中国传统文化的创造方式，似乎也正是如此。

从"五四"新文化运动以来，新文体的勃兴已经成为中国现当代文学的学科主干，但旧文体其实也从未退场。批评家对此的关注甚多，且

---

① 鲁迅：《关于翻译（下）》第5卷，《鲁迅全集》，人民文学出版社2005年版，第316页。
② 鲁迅：《关于翻译（下）》第5卷，《鲁迅全集》，人民文学出版社2005年版，第316—317页。
③ 参见鲁迅《中国小说的历史的变迁》，《鲁迅全集》第9卷，人民文学出版社2005年版，第311页。

不说钱基博的《现代中国文学史》兼论新旧体文学，即便在现当代文学史形成基本的格局之后，从文学史编纂的时代性而言，也不断有学者呼唤关注旧体文学。而在当下，旧文体的复兴已经成为一种比较突出的创作现象，如中国诗词大会对旧体诗词的关注，已经在一定程度上引发了一种近乎全民关注的现象，而各地各高校频繁举办的诗词大赛，也在不同的层面赢得良好的社会反响。所以，旧的文学创作方式，不仅一直与新文学并驾齐驱，而且其影响也时或在新文学之上。这就是传统文学创造方式生生不息的体现。如果我们把从传统中升华、生成新文化作为一种当代文化的基本来源的话，那么从体制上赓续传统文学的创造方式就变成一件刻不容缓的事情。

二　融汇实践与理论两端的文明书写

文明最初都是实践的产物，在无数的实践中，逐渐优胜劣汰，去除粗鄙的、邪恶的、丑陋的和无序的，提炼出令人愉悦的、雅致的、轻松的和审美的文化。书写文明则是将初步成型的文化予以文字组织和精准表述，从而在继承和传播中光大文明的力量，辐射到更广阔的人群，由此而凝聚成一种民族和国家精神。文明书写的重要性自是不言而喻的。停留在实践阶段的文明形态难免是散乱的、局部的，而脱离实践的纯粹理论书写，则很可能是虚无的、蹈空的，也就很难有指导意义和传播价值。

不同的文明自然有不同的书写方式，但大致不过依托实践与理论两端，偏于一端的文明表述虽然各有特色，而融汇两端的文明书写，才是丰富、生动而有感染力的。近年来，党中央、国务院一直致力于实现中华民族伟大复兴。作为中华民族精神的优秀传统文化，当然值得我们去学习、思考、总结和传承。但一种文化的生命永远是在创造之中延续的，如果我们在全面复兴中华优秀传统文化的同时，也在一定程度上赓续和复兴这种优秀文化的创造方式，就能更好地将创造性转化、创新性发展真正落到实处，从而将优秀传统文化与当代文化结合在一起，让新文化从传统中来，扎根于深厚的文化土壤；也让旧文化在新时代得以长足发展，焕发出传统文化的新活力。赓续和复兴中华优秀文化传统的创造方式，在一定程度上比传承文化本身更为重要。一种文化的产生往往有因时而起的特点，故而其跨时代的穿透力往往是有选择性的,所以赓续和复兴只是一种态度,只是就其具有跨时代的文化特性而言的,这是文化再生产的起点。传统文化在这种大复兴的格局中经受淬炼、再生和发展,才是文化生生不息的命脉。

文明的内涵广大,就中国文学而言,梳理文学发生发展的历史并总结其规律,构成了我们今天的文学史;梳理历代对文人、文体、文学作品、文学现象等的评论历史、批评观念和范式,构成了我们今天的批评史。文学史以作品为中心,原则上属于创作史;批评史则属于理论史,关于批评史的再研究又构成新的批评学术史。就高校文学学者来说,如何从文学批评的角度将中国文学的精髓总结、提炼和弘扬出来,在新时代发扬光大,不是单纯依靠理论批评就能彻底解决的,而应该注意激活传统文学的创造方式,将"复兴"二字真正落到实处,将复兴的意义真正落实到国家的希望和民族的未来中去。

文学在学科独立意义上讲究内涵的纯粹和表达的艺术,但被遮蔽或被部分侵蚀了意义的文学,已经部分失去了文学性。现在的文艺批评界流行讲文学的现代性、后现代性等,这固然有其特定的时代意义和理论意义,但一切的"他性"都不如文学的"自性"来得深刻而切实。毫无疑问,文学性是文学的本体和命脉所在。王国维曾在《文学小言》中说:"昔司马迁推本汉武时学术之盛,以为利禄之途使然。余谓一切学问皆能以利禄劝,独哲学与文学不然。""故民族文化之发达,非达一定之程度,则不能有文学。""餔餟的文学绝非真正之文学也。"[①] 一个纯粹的没有利禄观念的文学家,才能给这个世界贡献作为美的象征之一的文学。

文学从内容和思想上当然要关注现实、政治乃至整个社会,这就好像白居易《与元九书》说的"文章合为时而著,歌诗合为事而作"[②]。但时与事岂非一切学科都应关注的对象?所以,文学与其他学科的差异并非完全体现在表现对象的差异上,而主要体现在对表现对象的理解角度和表述方式的差异上,并因其各自不同的表述方式而形成各学科的特点。作为文学"自性"的存在,虽然也经历着不断的调整,但其主要特点仍在于感性、意象与审美。这些文学要素,有些在学术研究可以把

---

① 王国维:《文学小言》,谢维扬、房鑫亮主编《王国维全集》第 14 卷,浙江教育出版社、广东教育出版社 2010 年版,第 92—93 页。

② 白居易著,谢思炜校注:《白居易文集校注》卷八,第 1 册,中华书局 2011 年版,第 324 页。

控的范围之内，有些则可能溢出于可以把控的范围之外。一个显而易见的事实是，并非所有的文学研究都来自理性的研判，也有部分来自感性的体验。换言之，理性在文学研究中并不是万能的，理性的贡献和局限都是显在的。在相近学科中，历史学者可以通过分析史料，总结历史发生发展的规律；哲学家既可以从哲学史中汲取营养，也可以从生活现象中升华出更宏阔、更深沉的思考。

除了很特殊的情况外，文学史家对文学作品的分析一般只能停留在作品形成之后，所面对的是文学成品，至于成品形成之前的过程，则大多是隐约迷离的，而文学意义的生成正来源于文学生产的过程。文学批评的困境很多，如理论素养、阅读范围、比较意识与时空隔阂等，它们都有可能导致批评的局限和偏差。鲁迅说：

> 阮籍作文章和诗都很好，他的诗文虽然也慷慨激昂，但许多意思都是隐而不显的。宋的颜延之已经说不大能懂，我们现在自然更很难看得懂他的诗了。[①]

为何同代的颜延之已经难以自如地进入阮籍的诗文世界呢？这当然与阮籍刻意选择隐晦以避祸的创作方式有关。李善《文选注》在阮籍《咏怀》诗下引颜延之语云："嗣宗身仕乱朝，常恐罹谤遇祸，因兹发咏，故每有忧生之嗟。虽志在刺讥，而文多隐避，百代之下，难以情测，故粗明大意，略其幽旨也。"[②] 这就是批评的困境。如果没有类似的经历、心态、创作动机和能力，要全面而精准地理解阮籍，确实是困难重重的。

被尘封了创作过程的文学成品，其实包含着大量未知和不确定的因素，而这些因素正是决定文学意义最重要、最根本的来源。文学批评史上的以意逆志、知人论世等，当然可以部分解决创造主题和思想倾向的问题，但依然难以精准地解决审美的问题。因为即便了解作品的生产过程，审美问题依旧可能是一种恍惚的存在。也就是说，文学作为一种有意味的形式，作为文学载体的语言，其神奇一方面可以分析出来，另一方面则需要感受出来，而纯粹理性的分析对此经常是无能为力的，有时

---

① 鲁迅：《魏晋风度及文章与药及酒之关系》，《鲁迅全集》第3卷，人民文学出版社2005年版，第533页。

② 萧统编，李善注：《文选》卷二三，中华书局1977年版，第322页。

分析出来的结果甚至南辕北辙。这种"感受"的能力要从创作实践中来。

刘勰《文心雕龙·知音》曾有"操千曲而后晓声,观千剑而后识器"[①]之说,这一说法广为流传,为批评家对作品的熟读深思提供了理论支持。王世贞说:"十首以前,少陵较难入,百首以后,青莲较易厌。"[②]这就是从阅读而来的直接感受,少陵极具家国情怀,用思既深且广,故精准把握的难度较大;而青莲逸怀浩气,读来令人神观飞越,而久之毕竟面目相似,这大概是他们一者难入、一者易厌的原因所在,此种感觉皆非静心把玩而不可得。所以无论是多么沉浸在抽象世界中的理论家,也往往要反复强调自己对作品的熟悉,以免受理论脱空之讥。而作家的情况则稍显复杂,大概公开声称受到某一理论的直接影响,会使人觉得部分失去了创作的主体性,甚至有落入理论窠臼之嫌,所以主动或反复强调理论指引的并不多见,反而是自证自家、实证实悟的居多。但这两种情况与其说是两种不同的创作形态,不如说是两种心理现象的反映。说到底,只是因为理论的影响有显与隐、强与弱、前与后之分而已。

刘勰说的"晓声"和"识器"不过是对乐曲和剑器的反复研磨而已,面对的是成品。而乐曲和剑器的精气神其实是在创制过程中不断被赋予的,在这一被赋予的过程中,包含着大量斟酌取舍、调整升华等思维活动,而这些作为意义底蕴的东西,在作品已然形成之后,便大体退隐在作品背后,往往令人无从寻觅了。所以刘勰所谓知音,严格来说,还是不彻底、不完备的。如果知者能有一定的作曲和铸剑的能力,则每一个音符的产生过程,每一寸剑器的打造过程,自然是随着自己创作思维的发展而逐渐成熟的。从这一角度来说,刘勰的知音理论是有欠缺的,尚未能从本根上做起。操千曲、观千剑当然是重要的,但这还只是理论意义上的操和观,实践意义上的作和铸不应被排除在批评与鉴赏之外。这是一种对知者素养的更高的要求,虽然这一要求在当前的学术分工中不能完全落实,但这个方向是必须坚守的。

---

① 刘勰著,范文澜注:《文心雕龙注》卷一〇,下册,人民文学出版社1958年版,第714页。

② 王世贞:《艺苑卮言校注》,罗仲鼎校注,齐鲁书社1992年版,第168页。

三 传统文学批评的身份事实：作家客串批评家

文学批评的缥缈虚无感，已成为一种学术痼疾。那种放大一点而不顾其余、关注现象而失却本根的文学批评，事实上已经走向了穷途末路。而具有创作基础的批评家则可以在一定程度上有效遏制批评中的蹈空虚无之弊，让文学批评更深刻地触及作品的灵魂和本根，这也是新时代对文学批评家提出的新要求。

衡诸中国文学批评的历史，这一看上去"新"的要求，其实是从历史深处一路走来的。罗根泽在他的《中国文学批评史》一书中说："中国的批评，大都是作家的反串，并没有多少批评专家"[1]，就揭示了古代的批评家基本上是作家客串的事实。罗根泽这一表述中的主次关系是清晰的：第一身份是作家，第二身份才是批评家，第二身份是附加在第一身份之上的；若无第一身份，第二身份实际上就无从说起。罗根泽并非故作惊人之论，而是从批评史的大量事实中总结出来的，所以结论不可移易，稳如泰山。

刘勰的《文心雕龙》被誉为"体大思精"之作，并以一书成一学，可见其巨大的影响力。刘勰为什么能写出旷世巨著《文心雕龙》？除了与他出色的理论思维能力密切相关外，也与他卓越的创作能力有不可分割的关系。《梁书·刘勰传》说《文心雕龙》初成时"未为时流所称"[2]，稍后的文坛领袖沈约读了《文心雕龙》，却称赞其"深得文理"[3]，认为刘勰对文章之理了解得很在行，分析得很专业，体系构筑得很稳健，其书始得流行。而刘勰能"深得文理"的背景之一便是他精于创作。所以传文又说："勰为文长于佛理，京师寺塔及名僧碑志，必请勰制文。"[4] 据说刘勰曾有文集行于世，今已失传。刘勰长于佛理，说明其理论思维能力突出，而京师寺塔记文与名僧碑志，皆是重要且有影响之文，传中用一"必"字，足见刘勰的创作地位不仅是当时其他人难以企及的，也是无法

---

[1] 罗根泽：《中国文学批评史》，商务印书馆 2015 年版，第 19 页。
[2] 姚思廉：《梁书》卷五〇《文学下》第 3 册，中华书局 1973 年版，第 712 页。
[3] 姚思廉：《梁书》卷五〇《文学下》第 3 册，中华书局 1973 年版，第 712 页。
[4] 姚思廉：《梁书》卷五〇《文学下》第 3 册，中华书局 1973 年版，第 712 页。

替代的，可见其创作能力是支撑《文心雕龙》理论成就的重要力量。《梁书·刘勰传》说"昭明太子好文学，深爱接之"①，可见"文学"是萧统对刘勰刮目相看的主要原因。靠创作赢得当世的地位，靠理论赢得后世的地位，刘勰的情况非常鲜明地体现了创作与理论的关系。刘勰"开左藏以赈贫"②，何况其理论思维能力并不"贫"呢。

在体系性方面，堪与《文心雕龙》相提并论的是清代叶燮的《原诗》。叶燮在"历考汉魏以来之诗"③的基础上提出以"气"为本，以"理""事""情"为用④，参乎"才""胆""识""力"等⑤，将创作的主客体关系进行了颇为全面的整合和提升，《原诗》也因此堪称古典诗歌理论的集成性著作。但叶燮在当时也有"诗文宗匠"⑥之称，沈珩《原诗叙》云："星期先生，其才挥斥八极，而又驰骋百家。读《已畦诗》，风格真大家宗传。其铦锋绝识，洞空达幽，足方驾少陵、昌黎、眉山三君子。"⑦现在看来，这个评价或许过高，但叶燮的创作水平至少是不容低估的。今存叶燮《已畦集》二十二卷，其中《原诗》四卷，诗集十卷，诗集残余一卷。他的《原诗》被誉为是继《文心雕龙》之后最有体系性、理论性的著作，其与这十多卷诗歌的关系，当然是值得研究的。尤其值得注意的是，叶燮现存诗歌与《原诗》都撰写于晚年隐居山林之时，当时他一手从事文学创作，一手从事理论创作，二者关联之紧密是不言而喻的。王士禛评价叶燮的诗歌"诗笔皆凿凿有特见，熔铸古昔而自成一家之言"⑧，其《山居杂诗》二十九首即以追慕陶潜、李白诗风而饶有时誉。

严羽的《沧浪诗话》在比较唐宋诗歌异同的基础上，揭示了许多诗歌文体和创作上的根本问题，别具只眼。他在《答出继叔临安吴景仙书》中说："仆之《诗辨》，乃断千百年公案，诚惊世绝俗之谈，至当归一之

---

① 姚思廉：《梁书》卷五〇《文学下》第3册，中华书局1973年版，第710页。
② 沈珩：《原诗叙》，叶燮著，蒋寅笺注《原诗笺注》，上海古籍出版社2014年版，第4页。
③ 叶燮著，蒋寅笺注：《原诗笺注》，上海古籍出版社2014年版，第62页。
④ 参见《原诗笺注》，上海古籍出版社2014年版，第135页。
⑤ 参见叶燮著，蒋寅笺注《原诗笺注》，上海古籍出版社2014年版，第150页。
⑥ 林云铭：《原诗叙》，《原诗笺注》，上海古籍出版社2014年版，第1页。
⑦ 沈珩：《原诗叙》，《原诗笺注》，上海古籍出版社2014年版，第3—4页。
⑧ 王士禛：《大司寇王公书》，叶燮《已畦集·诗集》卷首，清康熙间叶氏二弃草堂刻本。

论。其间说江西诗病，真取心肝刽子手。以禅喻诗，莫此亲切。是自家实证实悟者，是自家闭门凿破此片田地，即非傍人篱壁、拾人涕唾得来者。李杜复生，不易吾言矣。"① 严羽自称"参诗精子"，认为自己论诗"若哪吒太子析骨还父，析肉还母"，"于古今体制，若辨苍素，甚者望而知之"②。其对诗史的熟悉毋庸置疑，完全当得起刘勰说的"操千曲而后晓声，观千剑而后识器"，由书中诗体、诗法、诗评与考证各部即备见其熟读诗歌的功力。但严羽如果只是熟参他人之诗，没有《沧浪吟卷》的诗歌创作实践，大概也很难写出《沧浪诗话》，尤其难以分辨出各种诗体、诗风的差异以及种种创作心理的变化。严羽在当时以能诗知名，论者云："羽诗虽太祖唐人，然其体裁匀密，词调清壮，无一语轶绳尺之外。"③ 面对"仆于作诗，不敢自负"④ 的严羽，我们尚且不能遗忘这一点，何况创作成就更大的作家呢。

杜甫乃一代诗歌圣手，关于诗歌问题便多有感慨，他也曾客串过批评家，写了著名的《戏为六绝句》，不仅因此开创了论诗诗这一新的批评体式，而且从一个诗人的立场发现的诗歌问题确实是真正的问题。李白对玄宗诗坛的评论主要集中于《古风》五十九首，并以此来推行其"圣代复元古"⑤ 的复古诗学观。李白既有高超的创作水平，又有丰富的创作实践，当然有引领诗歌发展的资格和底气，所以其对诗坛方向的宏观把握才会精准切要。李清照词艺一流，其《词论》也极有眼界，高屋建瓴，沿着词史发展一路批评下来。尽管有人批评她"自恃其才，藐视一切……其妄不待言，其狂亦不可及也"⑥，这里面的性别歧视，当然不必再费口舌，但也正好反映了李清照具备卓越的创作能力，才能发现诸家之失，从而为填词一道指明方向。李清照指点江山的语气确实偏大，但她的底气来自其绝大的创作才情。王夫之《夕堂永日绪论》论诗，别具眼界和境界，

---

　　① 严羽著，郭绍虞校释：《沧浪诗话校释》"附录"，人民文学出版社 1983 年版，第 251 页。

　　② 严羽著，郭绍虞校释：《沧浪诗话校释》，人民文学出版社 1983 年版，第 253、252 页。

　　③ 郑方坤编辑：《全闽诗话》卷四，福建人民出版社 2006 年版，第 218 页。

　　④ 严羽著，郭绍虞校释：《沧浪诗话校释》，人民文学出版社 1983 年版，第 252 页。

　　⑤ 詹锳主编：《李白全集校注汇释集评》第 1 册，百花文艺出版社 1996 年版，第 24 页。

　　⑥ 冯金伯：《词苑萃编》，唐圭璋编《词话丛编》第 2 册，中华书局 1986 年版，第 1972 页。

这除了与他"阅古今人所作诗不下十万"的广泛阅读有关外，更与他"十六而学韵语"①的创作经历密切相关。

王国维"体素羸弱，性复忧郁"②，因而特别关注人生之问题，又幸得东文学社日本教员藤田丰八的鼓励和指导，比较系统地钻研了德国古典哲学。这一时期，他写了不少介绍、诠释欧洲哲学的文章，还将哲学之思融入填词创作中，创作了不少形上之词，这就是在晚清具有开启风气意义的《人间词甲乙稿》。王国维填词在前，而撰著词话在后，如果没有充足而有实效的填词实践，《人间词话》的方向在哪里还真说不准。尤其是其"有我之境"与"无我之境"之分③，实际上把填词的最高境界引向"无我之境"，故其所谓"词以境界为最上"④，此"最上"之境界，实际上就是指融入普泛性哲思的"无我之境"。王国维从创作导向理论的路径十分清晰。因此，研究其《人间词话》，必以研究其《人间词甲乙稿》为前提，否则有不少理论的盲区无法打通。

像严羽这样极为自诩其理论批评独创性的毕竟不多，兼事创作与理论批评的人，往往更自得自信的是其创作，这大概也是罗根泽要将批评家定位为作家"客串"的原因所在。晚唐司空图素来被视为唐诗的重要总结者之一，即便不计在疑似之间的《二十四诗品》，其在《与李生论诗书》《与极浦书》等文中所展现的理论思考也足以名垂千古。尽管司空图可以谦称自己的理论，但他对于创作却是十足的自信。其《与李生论诗书》云：

> 愚幼常自负，既久而愈觉缺然。然得于早春，则有："草嫩侵沙短，冰轻著雨销。"……得于山中，则有："坡暖冬生笋，松凉夏健人。"……得于江南，则有："戍鼓和潮暗，船灯照岛幽。"……得于丧乱，则有："骅骝思故第，鹦鹉失佳人。"……虽庶几不滨于浅涸，亦未废作者之讥诃也。……皆不拘于一概也。
>
> 绝句之作，本于诣极，此外千变为状，不知所以神而自神也，岂

---

① 王夫之著，夷之校点：《姜斋诗话》，人民文学出版社1961年版，第145页。
② 王国维：《自序》，《王国维全集》第14卷，浙江教育出版社、广东教育出版社2010年版，第119页。
③ 参见彭玉平《人间词话疏证》，中华书局2011年版，第188页。
④ 彭玉平：《人间词话疏证》，中华书局2011年版，第181页。

容易哉？①

司空图虽然说自己曾经很自负，后又觉得有不足，但一气举出自己如此多得于不同地方、事物或心境的作品，用以说明创作"不知所以神而自神"，足见其对自身创作能力和水平的自得之意。而他在《与极浦书》中所论则更将理论的窘迫与创作的独造加以对照：

> 戴容州云："诗家之景，如蓝田日暖，良玉生烟，可望而不可置于眉睫之前也。"象外之象，景外之景，岂容易可谭哉？然题记之作，目击可图，体势自别，不可废也。愚近作《虞乡县楼》及《柏梯》二篇，诚非平生所得者，然"官路好禽声，轩车驻晚程"，即虞乡入境可见也。又"南楼山最秀，北路邑偏清"，假令作者复生，亦当以著题见许。其《柏梯》之作大抵亦然。②

司空图虽然认同戴容州的说法，但也感叹纯粹理论的表述难以做到精到的地步，而文学创作如题记之作，"目击可图"，理论的指引反而在其次。为了强调现场感之于理论的优越性，他举了自己《虞乡县楼》《柏梯》二诗，欲扬先抑，先说"诚非平生所得者"，继而又说《虞乡县楼》"入境可见"，"假令作者复生，亦当以著题见许"，则仍是将现场感置于理论性之上。虽然司空图诗歌创作的能力在唐代诗人中并不特别出彩，理论的体系性（不计疑似之间的《二十四诗品》）也不强，但尚且如此重视自己的创作，则创作地位和影响力更高并兼有理论批评的人，在裁断两者地位时，其倾向性更是不言而喻了。

虽然王国维对拈出"境界"二字略有自得之意，以为高出严羽之"兴趣"、王士禛之"神韵"③，但这一点自得比之他对填词的自得，简直不能以道里计。在填词一事上，他认为，自己足可与五代北宋之大词人相提并论，而南宋仅辛弃疾一人可与之抗衡。其晚年对陈乃乾欲单行《人

---

① 司空图著，祖保泉、陶礼天笺校：《司空表圣诗文集笺校》，安徽大学出版社2002年版，第194页。

② 司空图著，祖保泉、陶礼天笺校：《司空表圣诗文集笺校》，安徽大学出版社2002年版，第215页。

③ 参见彭玉平《人间词话疏证》，中华书局2011年版，第295页。

间词话》尚有所迟疑，或也可从此一窥其心理。

大概正是这种源自创作的自负，造成了文人相轻的现象。曹丕《典论·论文》说：

> 文人相轻，自古而然。傅毅之于班固，伯仲之间耳，而固小之，与弟超书曰："武仲以能属文为兰台令史，下笔不能自休。"夫人善于自见，而文非一体，鲜能备善，是以各以所长，相轻所短。里语曰："家有弊帚，享之千金。"斯不自见之患也。①

相比于理论的自负，创作的自负确实更为普遍，而且自负的程度也更深。曹丕认为这种"各以所长，相轻所短"的陋习乃是"自古而然"。其实，文人相轻的痼疾之所以难以根除，未必是"不自见"的问题，更多的是因为过于看重其带来的功名心与千秋心。曹丕其实也有意无意地谈及这一问题。他说：

> 盖文章经国之大业，不朽之盛事。年寿有时而尽，荣乐止乎其身，二者必至之常期，未若文章之无穷。是以古之作者，寄身于翰墨，见意于篇籍，不假良史之辞，不托飞驰之势，而声名自传于后……古人贱尺璧而重寸阴，惧乎时之过已。而人多不强力……遂营目前之务，而遗千载之功。②

古人意识到文章既具有经国济世的力量，又能延续个体的精神生命，因此"贱尺璧而重寸阴，惧乎时之过已"，对文章一道寄予厚望，希望通过自己的文字使"声名自传于后"。古人如此重视创作的根源正在这里。由以上种种事实可知，实践不仅出真知，实践也出理论。一旦失去或减弱了实践意义，理论和批评本身的价值便也大打折扣了。

四 创作与批评互生互发的关系

批评的根基在作品，文学批评是由创作繁盛而引发的现象。钟嵘

---

① 萧统编，李善注：《文选》卷五二，中华书局1977年版，第720页。
② 萧统编，李善注：《文选》卷五二，中华书局1977年版，第720—721页。

《诗品序》对此所言尤为真切：

> 使穷贱易安，幽居靡闷，莫尚于诗矣。①
> 故词人作者，罔不爱好。今之士俗，斯风炽矣。才能胜衣，甫就小学，必甘心而驰骛焉。于是庸音杂体，各各为容。至使膏腴子弟，耻文不逮，终朝点缀，分夜呻吟。独观谓为警策，众睹终沦平钝。②

因为诗歌具有安抚人心的力量，所以作者甚多，彼此争胜之心也因此而起。钟嵘虽然是在批评创作中的种种乱象，但也可见当时创作风气之盛。作诗的人多了，自然会出现水平参差不齐的情况，而同时出现的就是评论随意、缺乏标准的问题。在这种情况下，有责任感和使命感的批评家便应运而生。钟嵘说：

> 嵘观王公搢绅之士，每博论之余，何尝不以诗为口实。随其嗜欲，商榷不同。淄渑并泛，朱紫相夺；喧哗竞起，准的无依。近彭城刘士章，俊赏之士，疾其淆乱，欲为当世诗品，口陈标榜，其文未遂。嵘感而作焉。③

大量的诗歌作品，给诸人"以诗为口实"提供了可能。从历史发展的角度来看，文学批评的后发确乎是一个事实，但评论中的"随其嗜欲""准的无依"，也呼唤着富有学理意义的文学批评。此前刘士章即拟立文学批评的标准，可惜未能成篇，钟嵘《诗品》则继刘士章之志而起。

钟嵘说的是由创作之繁盛而带来的批评之繁荣。陆机《文赋》则基本上立足于自身创作体验，将自己在创作过程中的所思所感、具体过程、心理变化、斟酌修辞等一一叙来，所以，他不是如钟嵘一般对相关诗人品第高下，而是回顾创作从心思初萌到形成作品的过程，并予以详细描述，其个人的创作基础就成为批评理论的当然前提。如其《文赋》有"谢朝华于已披，启夕秀于未振"④之句，在王夫之看来，就与陆机《悲哉行》

---

① 钟嵘著，曹旭笺注：《诗品笺注》，人民文学出版社 2009 年版，第 28 页。
② 钟嵘著，曹旭笺注：《诗品笺注》，人民文学出版社 2009 年版，第 32 页。
③ 钟嵘著，曹旭笺注：《诗品笺注》，人民文学出版社 2009 年版，第 37 页。
④ 陆机著，张少康集释：《文赋集释》，人民文学出版社 2002 年版，第 36 页。

的创作直接相关①。理论的形成与创作的感受在陆机那里也确实是直接对应着的。换言之，品第高下之事，尚主要依靠眼界与判断，而描述过程的精微甚至难以言喻之快乐，非亲历其事则难以感知。这当然与陆机天然兼具创作的敏感度和批评的逻辑性有关。这两者的关系愈紧密，其理论批评形态受容创作感受的程度就愈充分。

但是，强调创作实践并非无限度夸大其作用和意义。实践当然有作用和意义，这是前提和基本认知，但实践对理论具有怎样的意义却因人因时而不同。简言之，理论的高度并不是任何时候都与创作的高度成正比的。事实上，大量的作家几乎没有形成相对稳定并付诸文字的理论。即便是一流作家，也有很多需要从其创作现象中概括、提炼的创作理论，而且这个过程可能还是十分艰难的，因为在创作中偶尔表现出来的一鳞半爪的理论，要形成整体之思，无疑是困难重重的。如谢朓的诗歌在当时极为有名，据钟嵘说，"朓极与余论诗，感激顿挫过其文"②，认为其诗论在其创作之上。但是，谢朓精彩的论诗之语未能流传下来。陶渊明、李白、辛弃疾等人的创作特点是鲜明而独特的，偶尔也有因感慨而涉及创作理念的文字，但大多分散各处，难以整合。而理论卓越的批评家，很可能其创作水平是二流甚至三流的，即如前揭严羽和叶燮等人，便是理论水平远在创作之上的显例。潜心阅读、研究过《沧浪吟卷》的文学理论家和批评家，在熟读《沧浪诗话》的学者中，比例大体是比较低的。

也曾有学者认为，只有具有高于他人创作水平的人，才有资格批评他人。曹植在《与杨德祖书》中说："盖有南威之容，乃可以论于淑媛；有龙泉之利，乃可以议于断割。刘季绪才不能逮于作者，而好诋诃文章，掎摭利病。"③ 他认为，只有美如南威，才能评价别的女性是否贤惠美丽；只有拥有如龙泉一样锋利的宝剑，才能谈论剑是否足够锋利。曹植特别提到刘表之子刘修（字季绪），认为他创作才能不及别人，却总喜欢在别人文章中挑刺。刘季绪创作数量不多，或许是因其矜于下笔④。但曹植把创

---

① 王夫之《古诗评选》卷一评陆机《悲哉行》云："平原所云'谢朝华''启夕秀'者，殆自谓此。"（王夫之评选，张国星校点《古诗评选》，文化艺术出版社1997年版，第33页。）
② 钟嵘著，曹旭笺注：《诗品笺注》，人民文学出版社2009年版，第180页。
③ 曹植著，赵幼文校注：《曹植集校注》，人民文学出版社1984年版，第154页。
④ 李善引挚虞：《文章流别志》曰："刘表子，官至乐安太守，著诗、赋、颂六篇。"（萧统编，李善注《文选》卷四〇，中华书局1977年版，第593页。）

作与批评的关系强调过了头,便未免对文学批评的特性有偏颇的理解。大概因为他自身创作水平一流,所以对批评家的资格要求也就特别高。批评家之所以被认为是作家最大的"敌人",或许正是部分根源于此。

所以,强调创作实践之于文学批评的重要意义,并不是要批评家都成为一流的作家,这不仅没有必要,事实上也不可能,而是鼓励批评家要有充足的创作体会,因为批评本身就是从创作中来的。自古至今,想成为诗人的人很多,而真正能成为诗人的人其实不多。因为在很多情况下,不是通过勤奋和努力就能达到很高的创作境界,而往往需要天赋的加持,才能使一个业余爱好者、初步涉猎者、略有水平者成长为一个文学大成者。陆机《文赋》开篇就说:"余每观才士之所作,窃有以得其用心。夫放言遣辞,良多变矣。妍蚩好恶,可得而言。每自属文,尤见其情。恒患意不称物,文不逮意。盖非知之难,能之难也。"① 评论他人作品相对容易,而一旦自己操笔撰文,则每感捉襟见肘了,这就是创作"能之难也"。这种"意不称物,文不逮意",并非通过努力就能完全消除的,其中灵感来去之无端,实难把控,连陆机自己也不得不承认:"虽兹物之在我,非余力之所勠。故时抚空怀而自惋,吾未识夫开塞之所由。"② 天赋灵感确实需要深厚的创作积累,同时也带有一定的神秘感和偶然性。陆机"少有异才,文章冠世"③,钟嵘称之为"太康之英"④,但他在文学创作时犹有困惑甚至无助之感,何况他人。

但不管怎么说,达到基本的创作水平,是可以作为一个目标的,也是有路径可循的。事实上,完全没有创作经验的古代批评家还是很难发现的,这也是笔者提倡复兴古代文学创作方式的历史依据和事实依据。

文学史与文学批评史的事实已经充分证明,创作对理论的影响力是任何人无法否定的。一个批评家可以放弃创作的尝试,但一定无法否定创作之于批评的意义。现代文学史上的胡适、郭沫若、郁达夫、徐志摩等,既是文学创作高手,同时又在中国文学研究方面卓有成绩。近几年学术界出现了一个很好的现象:一些中国古代文学学科的学者们,也积极尝试诗词歌赋的写作,老中青学者中都有一些享有诗誉的人物,相形之下,倒是年

---

① 陆机著,张少康集释:《文赋集释》,人民文学出版社 2002 年版,第 1 页。
② 陆机著,张少康集释:《文赋集释》,人民文学出版社 2002 年版,第 241 页。
③ 房玄龄等:《晋书》卷五四《陆机传》第 5 册,中华书局 1974 年版,第 1467 页。
④ 钟嵘著,曹旭笺注:《诗品笺注》,人民文学出版社 2009 年版,第 19 页。

轻学者的创作积极性总体上弱一点。

民国时期大学国文系课程中有"诗选与习作""词选与习作""曲选与习作"等，诵读分析前人之作与采风写作构成这些课程的基本部分。原中央大学曲学教授吴梅走进曲学课堂，经常随身携带一支笛子，讲得兴起，便即兴来一段。至于诗词课堂之外的访花、雅集就更是一种常态。这就是一种对大学中文系教学体系的很好示范，可惜由于种种原因，这个传统逐渐消失了。更成问题的是，因为消失的时间久了，也就形成了一种认知习惯。

可喜的是，在批评与创作彼此隔离了一个比较长的时期后，情况开始发生了一些变化，这或许可以看作一种新的气象。但我们如果追溯传统，就应该清楚这其实是新时代对旧气象的复兴。复兴中国传统文化，也应该包括复兴中国传统文化的创造方式。唯其如此，被复兴的传统文化才是鲜活的、有生命力的和直抵人心的。

五　中文学科的历史使命与时代要求

由上述问题进一步联想到一个由来已久的问题：中文专业要不要以培养作家为己任？其实作家岂是"要"培养就能培养出来的？中文系的意义就是为文学提供一切可能的土壤，让未来的作家、批评家在这里接受教育、培育兴趣、发现天赋，然后各自发展。所以中文系是否培养作家，原本不应该成为一个话题，提供文学史的背景、资料和历史，营造文学创作和文学研究的氛围，就是中文教育的基本任务。在此基础上，能培养出一流的作家当然好，培养不出一流的作家，形成一种创作的风气也很好。人才培养总是水到渠成的事情，硬性堵住人生发展的通道与揠苗助长都是不合理的。以前的体制客观上堵住了人才培养的这一通道，现在也只是在合理范围之内凿通这一通道而已。

但明确说中文系不培养作家，这既是一种对传统的漠视，也是一种对中文学科基本责任的回避。在中文学科内部讨论这样的问题，未免贻人口实。或然的问题才有讨论的空间，当然的问题要讨论的不是问题本身，而是推进解决问题的途径和方法。这就与在哲学系讨论要不要培养哲学家，是一样的道理。恐怕没有人能否定哲学系对未来哲学家的期待，在哲学系那里，哲学家是当然的人才培养方向。只是哲学家的悬格更高，而文学家的念想更容易亲近而已。

为什么王国维在钻研了数年德国古典哲学后，从哲学转向文学？其基本前提是哲学与文学关注的都是宇宙人生的根本问题，彼此相通。此外，当其无法忍受哲学之抽象与间接时，文学所能给予的安慰更为直接，自然令王国维心旌动摇。而且文学在掀起思想革命的动力方面，也堪与哲学比肩。他在《德国文豪格代希尔列尔合传》中说："呜呼！活国民之思潮、新邦家之命运者，其文学乎！"① 不仅学科领域可以就近转移，而且既往追求的精神也是可以连贯而下、不至间断的。不过这只是王国维学术转向的一个原因，更重要的原因是，他发现自己如果继续研究哲学，最多只能做一个哲学史家，而他的理想是做一个哲学家。他觉得既然无望成为一个哲学家，则哲学史家的身份也可以放弃了。在王国维的观念里，哲学史家的地位是在哲学家之下的，因为哲学家更具思想原创的精神。

王国维是一个极具反思精神的人，他在三十岁的时候写了两篇自序，其中第二篇说：

> 今日之哲学界，自赫尔德曼以后，未有敢立一家系统者也。居今日而欲自立一新系统，自创一新哲学，非愚则狂也。近二十年之哲学家，如德之芬德、英之斯宾塞尔，但搜集科学之结果或古人之说，而综合之、修正之耳，此皆第二流之作者，又皆所谓可信而不可爱者也。此外所谓哲学家，则实哲学史家耳。以余之力，加之以学问，以研究哲学史，或可操成功之券。然为哲学家则不能，为哲学史则又不喜，此亦疲于哲学之一原因也。②

从时代角度，王国维否认了哲学家"自立一新系统，自创一新哲学"的可能，愚者不足自立，狂者妄自树立，王国维自觉远离了"非愚则狂"的人生区间。王国维不愿意做哲学史家，还有一个原因就是他还有一条退路，可以转移阵地到他同样熟悉并热爱的文学中去。因为他自感兼备哲学

---

① 王国维著，佛雏校辑：《王国维哲学美学论文辑佚》，华东师范大学出版社1993年版，第299页。

② 王国维：《自序二》，《王国维全集》第14卷，浙江教育出版社、广东教育出版社2010年版，第121—122页。

家和文学家的双重天赋与素养,所以他说:

> 余之性质,欲为哲学家,则感情苦多而知力苦寡;欲为诗人,则又苦感情寡而理性多。诗歌乎?哲学乎?他日以何者终吾身,所不敢知,抑在二者之间乎?①

并不是任何人都可以自如地跨越哲学与文学两界的,王国维所说的感情与知力在哲学家和文学家两种身份中的权重问题,我们当然也可以理解为他对自己具备这种跨界能力的自矜。现在我们当然知道,王国维最终的人生定位,既不是哲学家,也不是诗人,而是一个以经史、地理与文字驰名的一代国学名家。但谁也无法否认,哲学与诗歌的双重修养对王国维日后的研究其实起了非常重要的作用。他的《人间词甲乙稿》便徘徊在哲学与诗歌之间,他的《人间词话》也因为立说在二者之间而具有了特殊的意义。他在三十自序里对自身填词水平的骄傲便根源于此。他说:

> 余之于词,虽所作尚不及百阕,然自南宋以后,除一二人外,尚未有能及余者,则平日之所自信也。虽比之五代、北宋之大词人,余愧有所不如,然此等词人亦未始无不及余之处。②

恐怕很难想象一个大体以保守、木讷、冷峻面目示人的王国维,在年轻时有过如此自负的言论。而在了解了王国维的自我省思后就更明白,他心目中五代之大词人"不及余之处",其实就是他们没有以词这一文体去表现系统性哲思的自觉意识。而这种意识不仅在王国维的填词过程中有着清晰的实践,而且还上升为《人间词话》中的部分理论形态。这正是王国维有勇气与五代北宋之大词人一比高低的原因。

哲学的情形在这方面似乎比较普遍,如冯友兰,这位以研究、撰写中国哲学史驰名并在哲学思想上卓有建树的优秀学者,晚年说的话却是:"我与王国维有同感,就是说,我不愿只做一个哲学史家。所以写完了我

---

① 王国维:《自序二》,《王国维全集》第 14 卷,浙江教育出版社、广东教育出版社 2010 年版,第 121 页。

② 王国维:《自序二》,《王国维全集》第 14 卷,浙江教育出版社、广东教育出版社 2010 年版,第 122 页。

的《中国哲学简史》以后,我立即准备做新的工作。"① 冯友兰更看重的"新的工作",便是所谓"贞元六书",即从1939年到1946年这七年间先后完成的《新理学》《新世训》《新事论》《新原人》《新原道》《新知言》六种原创性哲学著作,以此构成其新理学思想体系的基本格局。他在《新原人》自序中表达了自己宏阔的哲学志愿:"'为天地立心,为生民立命,为往圣继绝学,为万世开太平。'此哲学家所应自期许者也。况我国家民族值贞元之会,当绝续之交,通天人之际、达古今之变、明内圣外王之道者,岂可不尽所欲言,以为我国家致太平,我亿兆安心立命之用乎? 虽不能至,心向往之。非曰能之,愿学焉。此《新理学》、《新事论》、《新世训》及此书所由作也。"② 哲学家的自我期许加上时代要求,促成了冯友兰的自觉追求。冯友兰一生著述丰富,而他引以为傲的首先在此"贞元六书",其次才是其哲学史著作。因为前者的体系是自创的,是自己的哲学,而后者则是研究他人之哲学。看来仅从王国维和冯友兰二人的经历和心态来看,哲学学科的学者一等理想是做哲学家,其次才是哲学史家,应该具有相当的普遍性。哲学学科的特点当然不能任意放大,中文学科有与哲学学科相似的一方面,但也有自己的特点,自然不能简单套用,但做一个有创作实力的批评家,何尝不是一种很有情怀、很有学理的想法呢?

王国维在哲学与文学之间游刃有余,算是一个有点极端的例子,但未尝不是哲学学科潜在矛盾的反映。中文学科的人当然未必要当作家,但说一定不当作家,就显得不合情理了。

笔者觉得很有必要重温一下王国维在《人间词话》中提出的"出入"说:

> 诗人对自然人生,须入乎其内,又须出乎其外。入乎其内,故能写之;出乎其外,故能观之。入乎其内,故有生气;出乎其外,故有高致。③

---

① 冯友兰:《中国哲学简史》,《三松堂全集》第6卷,河南人民出版社2000年版,第280页。

② 冯友兰:《新原人》,《三松堂全集》第4卷,河南人民出版社2000年版,第463页。

③ 彭玉平:《人间词话疏证》,中华书局2011年版,第383页。

这当然是针对如何成为一个优秀的诗人来讲的,如果稍微变换一下角度,也可以这样认为:入乎其内,才有可能做好一个诗人;出乎其外,才有可能做好一个批评家。但这个批评家既有入乎其内的功夫,又有出乎其外的能力,这样的批评家是不是更值得期待呢?没有生活经历和创作体会,批评有可能偏离方向。如六朝人诗"至城东行散",这与六朝人好服五石散有关,因为既要靠它延长生命,服完之后又需要把毒性散发出来,否则就有生命危险,"因此吃了之后不能休息,非走路不可,因走路才能'散发',所以走路名曰'行散'","后来做诗的人不知其故,以为'行散'即步行之意,所以不服药也以'行散'二字入诗,这是很笑话的"①。这就是批评家入乎其内,具有创作体会的意义所在。

在文学研究领域,如何拓展学术研究的格局?笔者觉得一个研究者要有两重文明书写的自觉诉求,兼顾文学创作和文学批评。当然这也不是硬性规定,而是希望能变成学者们自觉的追求,从而获得批评之外的特别快乐,因为对另一种才华的发现而获得快乐,因为快乐而使学术生命更有活力和意义。毕竟优秀传统文学是通过传统文体创造的,从本质上说,文体虽有新旧,却无尊卑和是非。尤其是那些曾经创造了优秀传统文化的文体,就更具有特定的意义。我们在复兴中华优秀传统文化的过程中,一方面要择其优秀作品,结合时代需求,造就新时代的新文学;另一方面也要以传统文体反映新时代的新气象、新精神。赓续和复兴传统文化创造方式的意义也正在于此。这不是另立高标、特立新说,而只是为湮没的历史拂去尘埃,用历史的镜子来映照今天的现实。所以,以上种种不过是根据建设新时代新文学的要求,在一定程度上回到传统的日常,让中国学者更中国、更传统、更本色而已。

---

① 鲁迅:《魏晋风度及文章与药及酒之关系》,《鲁迅全集》第 3 卷,人民文学出版社 2005 年版,第 529 页。

从"自信"到"自主":关于建构
中国文论知识体系的思考

罗剑波

在中国特色社会主义建设的新时代,我们把"文化自信"奉为精神支柱,力求在文化建设和各学科、各领域知识体系建构上,坚定地走出依傍西方,走向"独立自主"。尤其是在认真学习了2022年4月25日、2023年6月2日习近平总书记在考察中国人民大学和出席文化传承发展座谈会所发表的重要讲话精神之后,我们对"加快构建中国特色哲学社会科学,归根结底是建构中国自主的知识体系"有了更为明确的认识,也更加清晰地感受到"在新的历史起点上继续推动文化繁荣、建设文化强国、建设中华民族现代文明,要坚定文化自信,坚持走自己的路,立足于中华民族的伟大历史实践和当代实践,用中国道理总结好中国经验,把中国经验提升为中国理论,实现精神上的独立自主"[1]的重要性和必要性。在"建构中国自主的知识体系"的呼声和探讨越来越热烈之际,我们除了从学科高度提出较为宏观的文化建设思路,还应切实从不同视角、不同领域,提出建构中国自主性知识体系的可能性理论依据和可行性操作策略,并在此基础上提出一系列建构中国自主的理论体系的实施方案。

首先,我们在经历了"等闲险被西风误"的危机后,站在增强"文化自信"的新时代,建构中国自主的文论知识体系已具有刻不容缓的紧迫性。一部中国近现代史,是一部从饱受屈辱、奋力自拔到自强自立的历史。1840年以来,西方列强凭着坚船利炮打开中国大门,许多中国人的自信心不断遭到摧毁,崇洋媚外一度成为许多学人的心理病症,文化自卑现象多有出现。20世纪30年代,面对这种困境,鲁迅曾经写过《中国人

---

[1] 《担负起新的文化使命 努力建设中华民族现代文明》,《人民日报》2023年6月3日。

失掉自信力了吗?》,认为"我们从古以来,就有埋头苦干的人,有拼命硬干的人,有为民请命的人,有舍身求法的人",他理直气壮地指出:"说中国人失掉了自信力,用以指一部分人则可,倘若加于全体,那简直是诬蔑。"①有效回应了当时人们的疑惑和不安。这篇文章虽然不是直接针对文化建设而言,但鲁迅对"中国人失掉自信力了"的反驳,掷地有声,对当下我们增强民族文化自信,仍有激励意义。

20世纪初至今,在文化及各种理论建设中,在某些时段,学界的确存在过底气不足的现象,依靠西方理论及话语补养自己的风气有时还很严重,甚至给人们留下了很大的心理阴影,照搬照抄、生搬硬套等问题一度特别突出,以至于给人以中国传统文论话语被遮蔽、被盖过的印象,因而不断有学者感叹中国文论研究患上了"失语症"。曹顺庆在《文论失语症与文化病态》(《文艺争鸣》1996年第2期)、《重建中国文论话语》(《中外文化与文论》1996年第1期)等论文中,用医学名词"失语"喻说20世纪90年代中国文学理论最突出的问题,他指出:"我们根本没有一套自己的话语,一套自己特有的表达、沟通、解读的学术规则。我们一旦离开了西方文论话语,就几乎没有办法说话,活生生一个学术'哑巴'。"(《文论失语症与文化病态》)显然,这一论断所表达的,是一个站在中国本位立场上的学者对中国古代文论研究生态和现状的忧虑和忧患。相应地,我们在应用当代西方文论过程中出现有效性和合法性问题时,也会时常"背离文本话语,消解文学指征,以前在立场和模式,对文本和文学作符合论者主观意图和结论的阐释"②。这种阐释,乃至"生搬硬套",使我们的文论建设陷入一场劫难,"强制阐释"也让我们的文论应用陷入"失语"甚至"失效"的危机。

在一些学者倾心搬弄西方文论的同时,许多较为清醒的中国古代文论研究者却意识到中国知识体系建设必须立足本土,为中国文论的"本土性"研究、"外来文论的内化"做了不懈的努力。尤其是21世纪以来,学界开始通过传统文论话语的"现代转换"进行自救。于是,海内外不少学人不断地呼吁用中国话语或概念来言说中国问题,如法国当代著名汉学家于连就曾讲过:"在世纪转折之际,中国知识界要做的应该是站在中

---

① 鲁迅:《中国人失掉自信力了吗?》,《太白》1934年第1卷第3期。
② 张江:《强制阐释论》,《文学评论》2014年第6期。

西交汇的高度,用中国概念重新解释中国思想传统。"就中国自主文论体系建构而言,要想做到"不隔",就必须"以中国自己的概念来诠释中国思想"①。近些年,在对待西方文论问题上,学界也在不断地推动由盲目"搬用"逐渐回归到有限"借鉴"和"守正创新"的路子上来。

关于建构中国本土自主文论体系的呼声不绝于耳。在这场文论自救、自新过程中,"本土化""自主性"迅速成为学界关于"建构中国文论知识体系"的由衷选择、集体共识和身体力行,各种带有"中国"品牌的文论体系和方法纷纷出现。其中,既有诸如"中国叙事学"(杨义、浦安迪、傅修延)、"中国文体学"(吴承学)、"中国阐释学"(周裕锴)、"中国文化修辞学"(陈炯)这样的以参照、镜照西方文论为主的文艺理论体系建构;也有诸如"中国文学学"(黄霖)、"中国文学史学"(陈伯海、董乃斌)、"中国写人学"(李桂奎),以及"中国小说学""中国戏剧学""中国诗经学""中国楚辞学"等各种不同层次的理论方法和体系建构。这些文论知识体系的建构与研究,相对于西方文论是另起炉灶,相对于传统文论是立足于本土。

其次,在具体实施中,中国自主性文论谱系建构要坚持"咬定青山不放松",注重植根中国本土。古人云:"不抶其根,日滋灌培,但培其恶。"② 根深才能叶茂,只有抓住多样繁杂的中国传统文论之"根本",中国传统文论的现代知识体系构建才能奏效。好在中国传统文论的现代性建设一开始便有意识地注重"中国"性质。20世纪伊始,早期的文论建构性著作即多注重本土内部发掘,如李笠《中国文学述评》(中华书局1928年版)、杨鸿烈《中国诗学大纲》(商务印书馆1928年版)、段凌辰《中国文学概论》(中华书局1929年版)、陈怀《中国文学概论》(中华书局1931年版),以及刘麟生《中国文学概论》(世界书局1934年版)等。这些著作虽然大多注重借鉴西方文论框架以建构中国文论体系,但由于均冠以"中国"名义,把本土性作为一种学术自觉,故而成为一种良好的开局。后来,中国传统文论以及传统文学批评研究者在整理与撰写中国文学批评史的过程中,尽管出现过这样或那样的偏差,甚至有一定的"崇洋媚外"之嫌,但总体来看,中国传统文论研究基本上没有脱离(当然

---

① 于连:《新世纪对中国文化的挑战》,《二十一世纪》1999年总第52期。
② 欧阳竟无著,梅愚校点:《孔学杂著》,崇文书局2016年版,第36页。

也未远离、背离)"中国本土化"这一轨道。对此,黄霖通过全面回顾和分析百年来中国文学批评史著编写的情况,得出结论说:"事实上,百年来的中国文学批评史著不论用何种体例来编写,都是致力于从'中国的'实际出发,梳理'中国的'文学批评的历史过程,即使中间或多或少地借鉴、引进了一些外来的词语、观念和理论,即使出现过这样或那样的问题,也并不影响绝大多数文学批评史著作的基本面貌是'中国的',不能与一般的中国文学批评研究与现代文学批评的话语运用中出现的'失语'情况等量齐观。"[1] 这表明,中国传统文论及文学批评研究者还是一向坚持中国文论自信的,这自然是我们今后继续进行"中国文论知识体系建构"的基础和资本。

再次,在中国自主性文论知识体系建设中,中国道路、中国经验、中国创新等底蕴和财富值得发扬推广、扩大影响。在人类命运共同体的同构共建过程中,在文化建设的全球化进程中,我们深深感到,作为文明古国、大国的中国的参与融入、引领共赢非常重要。就中国文论而言,它不仅具有东方特色,而且具有堪与西方文论媲美的勃勃生命力,而今必须在总结以往建设道路、经验、创新的基础上,实现代表时代高度的现代自主性建构。在这方面,我们首先要看到作为中国传统文论、中国文学批评史研究重镇的复旦大学给我们提供的一系列研究经验和学术成果,兼取南京大学、北京大学、中国人民大学、四川大学、南开大学、华东师范大学、暨南大学等各高校同人共同努力所创造的创新性成就。众所公认,在民国时期诞生的几部奠定中国文学批评史学科基础的著作中,中国文学批评史的第一代学人发挥了引领作用。其中复旦大学的郭绍虞、朱东润推出的《中国文学批评史》(1934)、《中国文学批评史大纲》(1944)和中央大学(现南京大学)的陈中凡、罗根泽分别推出的两部同名《中国文学批评史》影响最大。这几部著作虽然不同程度地借用西方的文学观与史学观来解释中国的一些文学观点及演变情况,但总体上遵循"以文学批评还给文学批评,中国还给中国,一时代还给一时代"[2] 的原则。复旦大学的王运熙、顾易生注重宏观与微观结合,致力于把古代的文学创作和文学批评结合起来考察,代表性成果是他们主编的三卷本《中国文学批评史》

---

[1] 黄霖:《中国文学批评史著编写的百年回望》,《文学评论》2023年第1期。
[2] 朱自清:《诗文评的发展》,《文艺复兴》1946年第1卷第6期。

(1964—1985)、七卷本《中国文学批评通史》(1989—1996)。其后，在继续发扬以中国传统文论为本位的基础上，王运熙、黄霖主持推出了理论体系建构方面的创新成果，即《中国古代文学理论体系》(包括《原人论》《范畴论》《方法论》三卷)，致力于"从世界性中抓住特殊点""从历时性中找出统一点""从多元性中找出融合点"。尤其是该书提出的"原人论"，认为儒、道、佛诸家的原"道"，虽然从表面看是"各道其所道"，但实际上他们都是在"天人合一""道不远人"的思想统领下，将立足点牢牢地定在"人"的基点上。而正是这样一个统一的基点，才使整个中国文论在众声喧哗中相生互补，构建成一个独特体系。在黄霖主编的"马工程"教材《中国文学理论批评史》中，他注意阐明中国文论的民族特点与优秀传统，例如关于"文学批评""纯文学"这些主要概念的阐释，用事实来说明它们都是在中国传统观念的基础上，吸取了西方的一些合理的因素后，在近现代形成的、中西融合后的新概念，而不能简单地认为是"舶来品"。又如关于中国文论的核心精神，是在"天人合一""道不远人"的思想主导下，以"人"为本，不同于西方。不仅回应了"文学即人学"观念，更重要的是注重从"人"的心灵学、灵魂学、精神学等角度切入，进一步对传统文学文论的"原人"这一基本特质作系统总结和把握。

最后，经过几个历史阶段、几代学人的共同努力，以中国文学批评史为重点的中国传统文论研究，逐渐形成影响深远的"中国自主性"学术特色。所谓中国文论知识体系建构的"中国道路"，就是前辈学人开创的以"中国的"传统文论为基础和核心梳理中国文论体系的道路。研究者的学术资历和出身通常会影响甚至决定研究的立场和路数，投身于中国传统文论建设和研究的代代学人，大多具有中国古代文学和文化研究的知识背景和学术经历。从郭绍虞、朱东润、刘大杰等第一代筚路蓝缕的奠基者，到王运熙、顾易生、黄霖等各位发扬光大的披荆斩棘者，"搞中国文学理论批评史的，都是搞古代文学出身的，而且也都是中国古代文学研究的生力军，其特点或长处就是都比较重视基础文献工作"[①]。其他研究者的知识背景也大多如此。由此说来，中国传统文论研究一向注重扎根于中

---

① 李桂奎：《信守"中国的""理论的""有用的"三大关键——黄霖先生中国文学批评史研究通观》，《名作欣赏》2022年第25期。

国传统的文学文本,这就非常有利于避免脱离文本、从理论到理论的"强制阐释"。这种扎根于古代文学、古代文论文本的优势,为中国文论知识体系建设蓄积了雄厚基础和实力,也形成了一套行之有效的"中国经验"。所谓中国文论知识体系建构的"中国经验",就是强调围绕中国文论自身梳理文论发展演变史,并进而在"史""论"相结合的基础上建构"理论体系"的经验。对此,黄霖曾经说:"从事批评史研究之路就是,由'史'而'论',由'论'而'史'。……这些工作侧重于资料爬梳、体系建构的'史'的研究。""总体看来,那种还原性的研究、实证性的工作要做,可以使得我们更准确地把握过去,分辨其精芜细粗;对于历史的纵向研究,梳理出发展的脉络也十分必要,可以使我们更了解事物发展的来龙去脉与把握前进的方向;与此同时,在'诠证古今,沟通中外'的基础上进行横向的研究,尽力地去探究中国古代文论的主要精神与理论体系,显然可以更直接、更简明地为现实提供借鉴,自有其不可小觑的价值在。"[1] 在中国自主性文论知识体系建构的过程中,关于中国文学批评史的"史"的梳理与建构现代文论体系的"论"的探讨,同样重要。

所谓"中国创新",就是注重立足传统文化,在中国文论知识体系建构中,扎扎实实,稳步推进,以实现对文论传统的推陈出新、守正创新。还是以复旦大学为例,中国文学批评史的第一代学人,包括郭绍虞、朱东润、刘大杰等,他们的主要贡献是"别开生面""标新立异",致力于"中国文学批评史"学科的缔造和创立,其学术声名享誉海内外。以王运熙、顾易生、黄霖、蒋凡、杨明等为代表的后继研究者们,在继承复旦大学中国古代文学批评史研究传统的过程中,踔厉奋发,大胆创新,既注重新资料的发掘,又注重新的理论体系建构,为探索建构中国文论知识体系作出了筚路蓝缕的贡献。

当下,随着中华民族走向崛起、中国的国际地位不断提高,我们这一代学人有幸赶上了强调文化自觉、文化自信的新时代。从对中国传统文化的"自信"到知识体系构建的"自主",用"自主"的知识体系建构,增强对中国文化"自信",从而责无旁贷地肩负起"中国自主知识体系建

---

[1] 杜清:《由"史"而"论"由"论"而"史"——黄霖先生文学批评史研究访谈录》,《中文自学指导》2006年第5期。

构"的使命。特别是，我们要根据习近平总书记在文化传承发展座谈会上发表的重要讲话所指出的，"中华文明具有突出的创新性，从根本上决定了中华民族守正不守旧、尊古不复古的进取精神"，在中国现代文论的"自主性"建构中，"要坚持守正创新，以守正创新的正气和锐气，赓续历史文脉、谱写当代华章"①，并进而把中国文论知识体系现代建构的优秀成果"送出去"，从而在世界文论建设的全球化进程中扩大影响、贡献力量。

---

① 《担负起新的文化使命　努力建设中华民族现代文明》，《人民日报》2023年6月3日。

编后记

2023年6月2日，习近平总书记出席文化传承发展座谈会并发表重要讲话，指出：在五千多年中华文明深厚基础上开辟和发展中国特色社会主义，把马克思主义基本原理同中国具体实际、同中华优秀传统文化相结合是必由之路，并强调只有全面深入了解中华文明的历史，才能更有效地推动中华优秀传统文化创造性转化、创新性发展，更有力地推进中国特色社会主义文化建设，建设中华民族现代文明。习近平总书记围绕新时代文化建设提出了一系列新思想新观点新论断，是新时代党领导文化建设实践经验的理论总结，丰富和发展了马克思主义文化理论，构成了习近平新时代中国特色社会主义思想的文化篇，形成了习近平文化思想，为做好新时代新征程宣传思想文化工作、担负起新的文化使命提供了强大思想武器和科学行动指南。作为习近平文化思想的重要内容和有机组成部分，习近平总书记关于哲学社会科学的重要论述，为新时代加快构建中国特色哲学社会科学，阐释中国道路、解读中国实践、构建中国理论指明了前进方向，也为新时代文学研究发展提供了根本遵循。

《文学遗产》创刊70年来，一直在继承、宣传中华优秀传统文化，推进中国文化建设方面承担着重要作用。为更好地学习贯彻习近平总书记在文化传承发展座谈会上的重要讲话精神，深入领悟习近平文化思想，深刻理解"两个结合"的重大意义，更好担负起新的文化使命，我刊积极响应中国社会科学院及文学研究所的号召，主动统筹规划，从2023年第4期开始，连续组织了"文化传承发展的跨学科思考""习近平文化思想阐释专栏""中华优秀传统文化与马克思主义中国化""立足中华文化立场，深化中华文学研究"等专栏，分别由李科、马旭、朱曦林担任专栏编辑，其他同志共同参与完成专栏稿件编刊工作。

2024年是《文学遗产》创刊70周年，为赓续和发扬本刊优良传统，发挥本刊在中国古代文学领域的马克思主义坚强阵地作用，经文学所党委同意，编辑部将四个专栏的 25 篇文章，按照"担负起新时代新的文化使命，建设中华民族现代文明""文化传承发展的跨学科思考""中华优秀传统文化与中国文学自主知识体系的建构"三个主题，编辑为《文化传承发展与中华民族现代文明》论文集，并作为《文学遗产》创刊 70 周年系列纪念文集之一。衷心感谢文学所党委对本刊纪念创刊 70 周年系列活动的支持！

本书编辑策划工作由孙少华统筹负责，编辑部刘京臣、石雷、马昕、崔瑞萍、李科、马旭、朱曦林、左怡兵共同负责文稿编辑工作，最后由朱曦林负责完成书稿统编。本书的出版得到了文学研究所专项经费的资助，在此要衷心感谢文学研究所党委书记刘玉宏、纪委书记兼副所长饶望京、副所长安德明（主持所务工作）对本书出版的大力支持！感谢中国社会科学院学部委员、《文学遗产》编辑委员会主任刘跃进对本书编辑出版工作的指导和支持！感谢文学研究所科研处处长李超在本书申报期间的支持！最后还要感谢中国社会科学出版社宫京蕾编辑为本书出版所付出的辛劳！

《文学遗产》编辑部
2023 年 10 月